Заключительный отчёт сорокового Консультативного совещания по Договору об Антарктике

КОНСУЛЬТАТИВНОЕ СОВЕЩАНИЕ
ПО ДОГОВОРУ ОБ АНТАРКТИКЕ

Заключительный отчёт сорокового Консультативного совещания по Договору об Антарктике

Пекин, Китай
22 мая – 1 июня 2017 г.

ТОМ I

Секретариат Договора об Антарктике
Буэнос-Айрес
2017 г.

Secretariat of the Antarctic Treaty
Secrétariat du Traité sur l' Antarctique
Секретариат Договора об Антарктике
Secretaría del Tratado Antártico

Maipú 757, Piso 4
C1006ACI Ciudad Autónoma
Buenos Aires - Argentina
Tel: +54 11 4320 4260
Fax: +54 11 4320 4253

Данный документ также можно получить по адресу: *www.ats.aq* (цифровая версия) и экземпляры, приобретенные через Интернет

ISSN 2346-9919
ISBN (Том I): 978-987-4024-54-1
ISBN (полный сборник): 978-987-4024-52-7

Содержание

ТОМ I

ТОМ II

Акронимы и сокращения

АКАП	Соглашение о сохранении альбатросов и буревестников
ЗБРА	Заповедные биогеографические регионы Антарктики
ОУРА	Особо управляемый район Антарктики
АСОК	Коалиция по Антарктике и Южному океану
ООРА	Особо охраняемый район Антарктики
СДА	Система Договора об Антарктике или Секретариат Договора об Антарктике
КСДА	Консультативное совещание по Договору об Антарктике
СЭДА	Совещание экспертов Договора об Антарктике
ВР	Вспомогательный документ
АНТКОМ	Конвенция о сохранении морских живых ресурсов Антарктики и (или) Комиссия по сохранению морских живых ресурсов Антарктики
КОАТ	Конвенция о сохранении тюленей Антарктики
CCRWP	Рабочая программа ответных мер в отношении изменения климата
ВООС	Всесторонняя оценка окружающей среды
КООС	Комитет по охране окружающей среды
КОМНАП	Совет управляющих национальных антарктических программ
ОВОС	Оценка воздействия на окружающую среду
СЭОИ	Система электронного обмена информацией
ИМП	Историческое место и памятник
МААТО	Международная ассоциация антарктических туристических операторов
КОТ	Ключевая орнитологическая территория
ИКАО	Международная организация гражданской авиации
МКГ	Межсессионная контактная группа
ПООС	Первоначальная оценка окружающей среды
IGP&I Clubs	Международная группа ассоциаций (клубов) взаимного страхования
МГО	Международная гидрографическая организация
ИМО	Международная морская организация
МОК	Межправительственная океанографическая комиссия
Фонды IOPC	Международные фонды для компенсации ущерба от загрязнения нефтью
IP	Информационный документ
МГЭИК	Межправительственная группа экспертов по изменению климата
МСОП	Международный союз охраны природы
МАРПОЛ	Международная конвенция по предотвращению загрязнения с судов
МОР	Морской охраняемый район
СКЦ	Спасательно-координационный центр
ПСО	Поисково-спасательные операции
СКАР	Научный комитет по антарктическим исследованиям
НК-АНТКОМ	Научный комитет АНТКОМ
SGCCR	Вспомогательная группа по ответным мерам в отношении изменения климата
ВГПУ	Вспомогательная группа по планам управления
СОЛАС	Международная конвенция по охране человеческой жизни на море
SOOS	Система наблюдений Южного океана
SP	Документ Секретариата

БПЛА/ДПАС	Беспилотный летательный аппарат / дистанционно пилотируемая авиационная система
ЮНЕП	Программа ООН по окружающей среде
РКИК ООН	Рамочная конвенция ООН об изменении климата
ВМО	Всемирная метеорологическая организация
WP	Рабочий документ
ВТО	Всемирная туристическая организация

ЧАСТЬ I
ЗАКЛЮЧИТЕЛЬНЫЙ ОТЧЁТ

1. Заключительный отчёт XL КСДА

Заключительный отчёт Сорокового Консультативного совещания по Договору об Антарктике

Пекин, Китай, 23 мая–1 июня 2017 года

(1) В соответствии со Статьёй IX Договора об Антарктике представители Консультативных Сторон (Австралии, Аргентины, Бельгии, Болгарии, Бразилии, Великобритании, Германии, Индии, Испании, Италии, Китая, Нидерландов, Новой Зеландии, Норвегии, Перу, Польши, Республики Корея, Российской Федерации, Соединённых Штатов Америки, Украины, Уругвая, Финляндии, Франции, Чешской Республики, Чили, Швеции, Эквадора, Южно-Африканской Республики и Японии) собрались в г. Пекине в период с 23 мая по 1 июня 2017 года с целью обмена информацией, проведения консультаций и обсуждения и выработки рекомендаций своим правительствам в отношении мер, направленных на осуществление принципов и целей Договора.

(2) В работе Совещания также приняли участие делегации следующих участников Договора, не являющихся Консультативными Сторонами: Беларуси, Венесуэлы, Дании, Исландии, Казахстана, Канады, Колумбии, Корейской Народно-Демократической Республики, Малайзии, Монако, Пакистана, Португалии, Румынии, Словацкой Республики, Турции и Швейцарии.

(3) В соответствии с Правилами 2 и 31 Правил процедуры в работе Совещания приняли участие Наблюдатели от Комиссии по сохранению морских живых ресурсов Антарктики (АНТКОМ), Научного комитета по антарктическим исследования (СКАР) и Совета управляющих национальных антарктических программ (КОМНАП).

(4) В работе Совещания приняли участие Эксперты от следующих международных и неправительственных организаций: Коалиции по Антарктике и Южному океану (АСОК), Международной ассоциации

антарктических туристических операторов (МААТО), Международной группы ассоциаций (клубов) взаимного страхования (IGP&I Clubs), Международной гидрографической организации (МГО), Международных фондов для компенсации ущерба от загрязнения нефтью (Фонды IOPC), Международной морской организации (ИМО) и Всемирной метеорологической организации (ВМО).

(5) Китай в качестве принимающей страны выполнил все требования в отношении информационного обеспечения Сторон Договора, Наблюдателей и Экспертов путем рассылки информационных бюллетеней и писем Секретариата и размещения информации на специально предназначенном для этих целей веб-сайте Секретариата.

Пункт 1. Открытие Совещания

(6) Официальное открытие Совещания состоялось 23 мая 2017 года. От имени правительства принимающей страны и в соответствии с Правилами 5 и 6 Правил процедуры г-жа Го Сяомэй (Guo Xiaomei), глава Секретариата правительства принимающей страны, объявила Совещание открытым и предложила кандидатуру г-на Лю Чжэньминя (Liu Zhenmin), заместителя министра иностранных дел Китая, в качестве Председателя XL КСДА. Предложение было принято.

(7) Председатель тепло поприветствовал все Стороны, Наблюдателей и Экспертов, собравшихся в Китае. Председатель отметил вклад Китая в освоение Антарктики в течение трёх последних десятилетий и обратил внимание на тот факт, что Китай впервые выступает в роли страны, принимающей КСДА и заседание КООС. Председатель пожелал делегатам успехов в предстоящей работе.

(8) Делегаты почтили память ушедших из жизни д-ра Гордона Гамильтона (Gordon Hamilton), капитана Уильяма Крэнфилда (William Cranfield), г-на Малкома Макфарлейна (Malcom MacFarlane) и майора Элистера Макколла (Alistair McColl) минутой молчания. Профессор Гамильтон, гражданин США, был выдающимся гляциологом, профессором Университета штата Мэн и научным сотрудником Института по изучению изменений климата при Университете штата Мэн.

(9) В работе Совещания принял участите его превосходительство Чжан Гаоли (Zhang Gaoli), вице-премьер Государственного совета Китайской Народной Республики. Вице-премьер Чжан Гаоли тепло поприветствовал делегатов,

отметив при этом, что Китай впервые принимает у себя Совещание. Он особо подчеркнул уникальность географического положения и окружающей среды Антарктики и её важное значение в вопросах глобального изменения климата и выживания и развития человечества. Он высоко оценил роль Договора об Антарктике в поддержании мира, стабильности и сотрудничества в Антарктике. Отметив высокие результаты, достигнутые благодаря плодотворному сотрудничеству государств в рамках Системы Договора об Антарктике, он призвал все Стороны и впредь руководствоваться принципами Договора об Антарктике и прилагать неослабные усилия для обеспечения лучшего будущего для Антарктики и всего мира. Он подробно остановился на участии и вкладе Китая в обеспечение мирного, стабильного и не приносящего вреда окружающей среде сосуществования в Антарктике, а именно: на существенной роли Китая в вопросах управления и регулирования деятельности в Антарктике, его весомом вкладе в осуществление научной деятельности и действенном участии Китая в охране окружающей среды Антарктики. Он особо отметил, что со времени присоединения к Договору об Антарктике в 1983 году Китай сохраняет твёрдую приверженность целям и принципам Договора и всеобщим интересам международного сообщества, строго соблюдая принципы, определяющие его права и обязанности в рамках Договора, неустанно способствуя делу сохранения Антарктики и сочетая силу юности с мудростью старости в деле обеспечения более глубокого понимания Антарктики, её охраны и использования на благо всего человечества.

(10) Подчеркнув, что сотрудничество в Антарктике способствует делу мира и процветания во всём мире, вице-премьер Чжан Гаоли предложил КСДА уделить внимание в своей работе пяти вопросам, изложенным ниже. Прежде всего он подчеркнул, что мир и стабильность в Антарктике являются первоосновой всех видов деятельности человека в регионе. Он призвал Стороны к дальнейшему укреплению взаимного доверия, усилению чувства коллективной ответственности, расширению диалога и консультаций и оказанию содействия в реализации совместных программ и мероприятий, направленных на решение сложных проблем, стоящих перед регионом. Во-вторых, принимая во внимание положительные результаты деятельности Системы Договора об Антарктике, Сторонам следует и впредь совершенствовать управление деятельностью в Антарктике в соответствии с действующими основополагающими принципами и с соблюдением процедуры принятия решений на основе консенсуса. В-третьих, вице-премьер

Чжан Гаоли настоятельно призвал Стороны к расширению границ и сфер эффективного совместного управления путём стимулирования консультаций и и укрепления сотрудничества на равноправной основе. В-четвёртых, он поддержал соблюдение и содействие укреплению принципа свободы осуществления научных исследований в Антарктике и высказал мысль о том, что изучение последствий глобального изменения климата и окружающей среды должно стать приоритетным направлением исследований. В-пятых, он заострил внимание на необходимости охраны природной среды Антарктики и обеспечения поддержания экологического равновесия и устойчивого развития в регионе. В заключение вице-премьер пожелал Сторонам плодотворной работы на Совещании и призвал их к дальнейшей деятельности по обеспечению охраны окружающей среды Антарктики. Полный текст выступления вице-премьера Чжана Гаоли представлен в Части III, Раздел 1.

Пункт 2. Выборы должностных лиц и формирование рабочих групп

(11) Посол Маурисио Эфрейн Баус Паласиос (Mauricio Efrain Baus Palacios), глава делегации Эквадора, являющегося принимающей страной XLI КСДА, был избран заместителем Председателя Совещания. В соответствии с Правилом 7 Правил процедуры функции Секретаря Совещания были возложены на д-ра Манфреда Райнке (Manfred Reinke), Исполнительного секретаря Секретариата Договора об Антарктике. Функции заместителя Секретаря были возложены на г-жу Го Сяомэй, главу Секретариата принимающей страны. Обязанности Председателя Комитета по охране окружающей среды продолжит выполнять представитель Австралии г-н Юэн Мак-Айвор (Ewan McIvor).

(12) Были сформированы две Рабочие группы:

- Рабочая группа 1 по концептуальным, правовым иинституциональным вопросам;
- Рабочая группа 2 по вопросам операционной, научной и туристической деятельности.

(13) Председателями Рабочих групп были избраны:

- Рабочая группа 1: г-жа Тереза Йохансен (Therese Johansen), Норвегия;
- Рабочая группа 2: г-н Максимо Гоуланд (Máximo Gowland), Аргентина, и г-жа Джейн Фрэнсис (Jane Francis). Великобритания.

Пункт 3. Принятие Повестки дня и распределение пунктов Повестки дня

(14) Была принята следующая Повестка дня:

1. Открытие Совещания.
2. Выборы должностных лиц и формирование рабочих групп.
3. Принятие повестки дня, распределение пунктов Повестки дня по Рабочим группам и рассмотрение Многолетнего стратегического плана работы.
4. Работа Системы Договора об Антарктике: отчёты и доклады Сторон, Наблюдателей и Экспертов.
5. Отчёт Комитета по охране окружающей среды.
6. Работа Системы Договора об Антарктике: общие вопросы.
7. Работа Системы Договора об Антарктике: вопросы, касающиеся деятельности Секретариата.
8. Ответственность.
9. Биопроспектинг в Антарктике.
10. Обмен информацией.
11. Вопросы образовательной и информационно-просветительской деятельности.
12. Многолетний стратегический план работы.
13. Безопасность и деятельность в Антарктике.
14. Инспекции в рамках Договора об Антарктике и Протокола по охране окружающей среды.
15. Вопросы науки, научного сотрудничества и содействия.
16. Будущие проблемные аспекты научной деятельности в Антарктике.
17. Последствия изменения климата для режима управления в районе действия Договора об Антарктике.
18. Туризм и неправительственная деятельность в районе действия Договора об Антарктике, включая рассмотрение вопросов компетентных органов.
19. Назначение Исполнительного секретаря.
20. Подготовка XLI Совещания.
21. Прочие вопросы.
22. Принятие Заключительного отчёта.
23. Закрытие заседания.

(15) Совещание одобрило следующее распределение пунктов Повестки дня:

- Пленарные заседания: пункты 1, 2, 3, 4, 5, 18, 19, 20, 21, 22.
- Рабочая группа 1: пункты 6, 7, 8, 9, 10, 11, 12.
- Рабочая группа 2: пункты 13, 14, 15, 16, 17.

(16) Совещание также приняло решение направлять проекты документов, подготавливаемых по результатам работы КООС и Рабочих групп, в группу правовых консультаций для рассмотрения правовых и институциональных аспектов этих документов.

Пункт 4. Работа Системы Договора об Антарктике: отчёты и доклады Сторон, Наблюдателей и Экспертов

(17) Во исполнение Рекомендации XIII-2 на Совещании были представлены доклады от правительств-депозитариев и их секретариатов.

(18) Соединённые Штаты Америки, выступая в качестве Правительства-депозитария Договора об Антарктике и Протокола по охране окружающей среды, представили доклад о текущем состоянии Договора об Антарктике и Протокола по охране окружающей среды к Договору об Антарктике (Информационный документ IP 158 rev 2). За прошедший год ни одно новое государство не присоединилось к Договору. В течение прошлого года к Протоколу присоединилось одно государство. Малайзия сдала на хранение документ о присоединении к Протоколу 15 августа 2016 года. Швейцария проинформировала о своём присоединении к Протоколу с 1 июня 2017 года. Соединённые Штаты Америки проинформировали о том, что по состоянию на 1 июня 2017 года участниками Договора являются 53 (пятьдесят три) государства, а участниками Протокола – 39 (тридцать девять) государств.

(19) Австралия, выступая в качестве Правительства-депозитария Конвенции о сохранении морских живых ресурсов Антарктики (АНТКОМ), проинформировала о том, что со времени завершения работы XXXIX КСДА к Конвенции не присоединилось ни одно новое государство. Австралия отметила, что на данный момент участниками Конвенции являются 36 государств (Информационный документ IP 32).

(20) Великобритания, выступая в качестве Правительства-депозитария Конвенции о сохранении тюленей Антарктики (КОАТ), проинформировала о том, что со времени завершения работы XXXIX

КСДА она не получила ни одной заявки на присоединение к Конвенции, равно как и ни одного документа о присоединении к Конвенции (Информационный документ IP 1 rev. 1). Великобритания выразила благодарность всем Сторонам, представившим данные за отчётный год, и призвала всех участников КОАТ к своевременному предоставлению отчётных данных.

(21) Австралия, выступая в качестве Правительства-депозитария Соглашения о сохранении альбатросов и буревестников (АКАП), проинформировала о том, что со времени завершения работы XXXIX КСДА ни одно новое государство не присоединилось к Соглашению и на настоящий момент участниками данного Соглашения являются 13 государств (Информационный документ IP 31). Австралия подчеркнула, что АКАП разделяет природоохранные цели и задачи других соглашений в рамках Системы Договора об Антарктике, и призвала все Стороны, не являющиеся участниками АКАП, рассмотреть вопрос о присоединении к Соглашению.

(22) АНТКОМ представила краткий доклад об итогах работы Тридцать пятого ежегодного совещания АНТКОМ, состоявшегося в г. Хобарте (Австралия) в период с 17 по 28 октября 2016 года (Информационный документ IP 11). Совещание проходило под председательством г-на Василия Титушкина (Российская Федерация). В совещании приняли участие двадцать четыре государства-члена, два присоединившихся государства, одно государство-наблюдатель и Наблюдатели от одиннадцати неправительственных организаций. В докладе были освещены основные итоги совещания, представляющие интерес для КСДА, включая вопросы текущей деятельности в отношении перезаключения соглашения о предоставлении данных системы определения местоположения судов (СОМС) АНТКОМ для оказания помощи при проведении поисково-спасательных операций (ПСО) в районе действия Конвенции (данная инициатива была выдвинута на семинаре по вопросам ПСО, состоявшемся в период проведения XXXVI КСДА). Отметив, что доклад о результатах работы Научного комитета АНТКОМ за 2016 год был представлен на XX заседании КООС, АНТКОМ представила данные по регулируемому АНТКОМ промыслу клыкача и криля в сезоне 2015/16 г., проинформировала о ходе работ по определению морских охраняемых районов (МОР), в частности об определении моря Росса в качестве МОР, и принятии меры, направленной на определение участков для проведения целевых исследований на вновь образованных в результате разрушения

шельфовых ледников морских территориях, затронула вопросы изменения климата и инициатив, направленных на поддержку молодых профессиональных исследователей. В докладе АНТКОМ также было отмечено о создании комиссии по проведению второй оценки эффективности деятельности АНТКОМ, результаты работы которой будут представлены на XXXVI совещании АНТКОМ, которое состоится в октябре 2017 года.

(23) СКАР представил Информационный документ IP 35 *Ежегодный доклад Научного комитета по антарктическим исследованиям за 2016/17 г.* XL Консультативному совещанию по Договору об Антарктике. СКАР обратил внимание Сторон на новый формат своего доклада, целью которого является донесение информации до участников Совещания по самым разным вопросам своей деятельности быстрым и понятным способом. СКАР с удовлетворением проинформировал Совещание о принятии в свои ряды четырёх новых ассоциированных членов (Австрии, Колумбии, Тайланда и Турции) и установлении нового партнёрства с Азиатским форумом полярных исследований. СКАР осветил ряд примеров своей деятельности, включая данные о высоком уровне участия в XXXIV совещании СКАР и Открытой научной конференции (Куала-Лумпур, Малайзия, 20–30 августа 2016 г.) и основные моменты образовательной и информационно-просветительской деятельности, в том числе информацию о мероприятии Wikibomb («Викибомба» – информационный взрыв в рамках Википедии), целью которого является размещение в Википедии развёрнутых биографий 110 женщин-исследователей Антарктики. СКАР отметил заслуги д-ра Роберта Данбара (Robert Dunbar), США, д-ра Генриха Миллера (Heinrich Miller), Германия, и д-ра Франсиско Эрве (Francisco Herve), Чили, удостоенных высших премий на совещании СКАР и Открытой научной конференции. СКАР предложил делегатам Совещания ознакомиться с более подробной информацией о текущей деятельности СКАР на своей веб-странице (*http://www.scar.org/*).

(24) КОМНАП представил Информационный документ IP 9 *Ежегодный отчёт Совета управляющих национальных антарктических программ (КОМНАП) за 2016/17* г., в котором отмечено о недавнем предоставлении малайзийской национальной антарктической программе статуса наблюдателя, в результате чего членами КОМНАП являются тридцать национальных антарктических программ и национальные программы ещё четырёх государств имеют статус наблюдателей. В межсессионный период КОМНАП организовал проведение двух семинаров по

вопросам поисково-спасательных операций (см. Информационный документ IP 10) и по проблемам и трудностям обеспечения зимовки, материалы по которым опубликованы и имеются в свободном доступе. В Информационном документе IP 9 отдельно выделены два проекта, касающиеся доработки базы данных КОМНАП и справочника КОМНАП по научно-исследовательским станциям. КОМНАП отметил, что база данных КОМНАП (см. Информационный документ IP 64) является универсальной информационной системой, содержащей данные об объектах, судах и летательных аппаратах национальных антарктических программ, их контактную информацию, а также целый ряд материалов и руководств, разработанных КОМНАП, включая новую редакцию Информационного руководства по антарктическим перелетам (AFIM). КОМНАП также отметил, что значительная часть информации является общедоступной на веб-сайте КОМНАП благодаря работающей в режиме онлайн интерактивной географической информационной системе (ГИС), а также путём использования справочника КОМНАП по научно-исследовательским станциям (см. Информационный документ IP 12).

(25) В рамках положений пункта 2 Статьи III Договора об Антарктике на Совещании были представлены доклады других международных организаций.

(26) МГО представила Информационный документ IP 4 *Доклад Международной гидрографической организации (МГО) и предложение провести семинар о важности гидрографической деятельности в антарктическом регионе*. В документе основное внимание уделено вопросу нехватки гидрографических данных по Антарктике и обусловленным такой нехваткой рискам для научных и морских операций. По мнению МГО, сами научные исследования и их результаты оказываются под вопросом из-за отсутствия данных о рельефе морского дна и глубинах, что также неминуемо связано с угрозой безопасности. МГО вновь выразила своё мнение о том, что в рамках обычной деятельности по наблюдению за окружающей средой следует всякий раз при совершении плавания в условиях отсутствия ограничений выполнять промер и регистрацию глубин с последующим предоставлением данной информации. МГО предложила КСДА провести в рамках XLI КСДА в Эквадоре в 2018 году семинар МГО по анализу последствий сложившейся ситуации с гидрографической информацией по Антарктике, в особенности в отношении обеспечения безопасности, ведения деятельности, охраны окружающей среды, изменения климата, океанографического моделирования и научных

исследований в регионе. МГО выразила готовность к тесному сотрудничеству со СКАР, КОМНАП, АНТКОМ и МААТО в решении вопросов, связанных с нехваткой данных. МГО также настоятельно призвала Стороны включить в свои основополагающие и (или) нормативные документы, касающиеся эксплуатации всех видов судов, положения, стимулирующие выполнение промеров и регистрацию глубин в рамках обычной деятельности по наблюдению за окружающей средой всякий раз при совершении плаваний в условиях отсутствия каких-либо конкретных на то ограничений с последующим предоставлением данной информации.

(27) ИМО представила Информационный документ IP 139 rev. 1 *An overview of the International Code for Ships Operating in Polar Waters [Краткий обзор Международного кодекса для судов, эксплуатирующихся в полярных водах]*. Напомнив о предшествующем документе, представленном в 2009 году, ИМО отметила, что целью данного документа является доведение до сведения Совещания оперативной информации о деятельности ИМО. В документе содержится обзорная информация о требованиях положений Международного кодекса для судов, эксплуатирующихся в полярных водах (Полярного кодекса) в отношении обеспечения безопасности на море и охраны морской окружающей среды. В документе также говорится о месте Полярного кодекса в существующей глобальной системе регулирования международного судоходства. ИМО заострила внимание на требованиях, предъявляемых к подготовке и дипломированию командного состава и экипажа судов, эксплуатирующихся в полярных водах, заложенных в положениях Международной конвенции о подготовке и дипломировании моряков и несении вахты (STCW). В документе также рассматриваются возможные дальнейшие меры по обеспечению безопасной эксплуатации всех видов судов, работающих в полярных водах, с учётом текущего обсуждения вопросов в рамках ИМО.

(28) ВМО представила Информационный документ IP 112 *Ежегодный доклад ВМО за 2016/17 г.* с информацией о своей деятельности со времени завершения работы XXXIX КСДА. В документе говорится о том, что приоритетная деятельность ВМО в полярных и высокогорных регионах в рамках Стратегического плана работы ВМО на 2016–2019 годы способствует реализации и координированию соответствующих наблюдений, научных исследований и обслуживания, осуществляемых различными государствами и группами государств в Антарктике, Арктике и высокогорных районах. ВМО отметила, что проект «Год

полярного прогноза» (YOPP) рассчитан на 2017–2019 годы, и для Антарктики в нём предусматривается особый период наблюдений с 16 ноября 2018 года по 15 февраля 2019 года (см. Информационный документ IP 116). В документе также говорится об Интегрированной глобальной системе наблюдений ВМО, Антарктической сети наблюдений (AntON) (см. Информационный документ IP 117), Целевой группе ВМО по наблюдению из космоса за полярными районами (см. Информационный документ IP 114), Глобальной службе криосферы (см. Информационный документ IP 113), Всемирной программе исследования климата (WCRP) и о создании антарктической сети Полярного регионального климатического центра (ПРКЦ) (см. Информационный документ IP 118). В заключение отмечается, что ВМО крайне заинтересована в позитивном и взаимовыгодном сотрудничестве со Сторонами Договора об Антарктике в области метеорологических и климатических наблюдений, обслуживания и исследований.

(29) Фонды IOPC представили Информационный документ IP 88 *The International Oil Pollution Compensation Funds [Международные фонды для компенсации ущерба от загрязнения нефтью]*, с кратким обзором принципов и механизмов работы фондов IOPC для облегчения сравнения их с механизмом, предусмотренным в рамках Приложения VI к Протоколу по охране окружающей среды к Договору об Антарктике. В документе напоминается о цели создания этих фондов, а именно: для денежной компенсации государствам-членам ущерба от загрязнения нефтью в результате стойких разливов нефти с танкеров в их водах. В документе отмечается, что по состоянию на 22 апреля 2017 года Фонд, созданный в 1992 году, насчитывает 114 государств-членов, а членами Дополнительного фонда являются 31 государство, при этом подчёркивается готовность Директора и Секретариата Фондов IOPS поделиться своим опытом и в дальнейшем оказывать помощь КСДА в создании фонда, предусмотренного положениями Статьи 12.

(30) Международная группа ассоциаций (клубов) взаимного страхования (IGP&I Clubs) представила Информационный документ IP 87 *Liability Annex: Financial Security [Приложение об ответственности: финансовое обеспечение]*, информирующий Совещание о том, что ассоциация совместного андеррайтинга, образованная 13 основными страховыми компаниями и составляющая Международную группу ассоциаций (клубов) взаимного страхования (IGP&I Clubs), обеспечивает страхование ответственности перед третьими лицами в отношении около 90% мирового тоннажа морских судов. В документе

говорится об обеспечении IGP&I Clubs страхового покрытия широкого спектра рисков, в том числе большинства рисков, с которыми судовладелец может столкнуться в процессе эксплуатации судна. В документе отмечается, что ущерб от загрязнения нефтью является одним из элементов ответственности за загрязнение и обеспечивается страховой защитой. В документе выражается признательность IGP&I Clubs за приглашение на КСДА и возможность предоставления соответствующих консультаций.

(31) АСОК представила Информационный документ IP 146 *Доклад Коалиции по Антарктике и Южному океану*, содержащий краткую информацию о деятельности АСОК в истекшем году и краткое изложение ряда задач первостепенной важности для рассмотрения на данном КСДА. В документе отмечается, что на протяжении истекшего года АСОК и представители организаций-членов принимали активное участие в межсессионных обсуждениях вопросов на форумах КСДА и КООС, а также в работе ряда международных совещаний. АСОК представила три главных приоритета для КСДА: расширение сети охраняемых районов, предупредительные меры по управлению деятельностью человека и меры в отношении изменения климата. В документе представлены рекомендации АСОК по принятию Сторонами Договора об Антарктике мер, способствующих решению указанных выше приоритетных вопросов, а именно: приступить к реализации процесса последовательного планирования мер по охране окружающей среды, направленных на расширение сети охраняемых районов; использовать подход, основанный на принципе «осторожности», в отношении туристической и других видов деятельности и в частности способствовать началу второго этапа работы ИМО в отношении Полярного кодекса; разработка КСДА ответных мер в отношении изменения климата. В истёкшем году АСОК взаимодействовала с целым рядом организаций в рамках Системы Договора об Антарктике, включая МААТО, СКАР, Коалицию законных операторов промысла клыкача (COLTO) и Фонд исследований дикой природы Антарктики (AWR), в целях анализа сильных и слабых сторон в методах и практических подходах, используемых в рамках Системы Договора об Антарктике, и выработки предложений и рекомендаций для восполнения возможных пробелов. В целом же АСОК призвала КСДА действовать в упреждающем режиме в вопросах, оказывающих влияние на значимые ценности Антарктики, и переходить от обсуждения вопросов к их решению.

(32) МААТО представила информационный документ IP 162 *Доклад Международной ассоциации антарктических туроператоров за 2016/17 г.* МААТО вновь подтвердила свою приверженность активной поддержке и содействию экологически безопасного посещения района действия Договора об Антарктике на основе принципов экологической ответственности и выразила готовность использовать любые возможности для сотрудничества с другими организациями. В документе отмечается, что начиная с 2010 года МААТО представляет практически все пассажирские суда, эксплуатирующиеся в водах Антарктики и подпадающие под действие Международной конвенции по охране человеческой жизни на море (СОЛАС). В сезоне 2016/17 г. отмечено одно исключение, касающееся судна *«Ocean Dream»*, специально предназначенного только для туристических рейсов и эксплуатировавшегося в 2016/17 г. японским оператором. МААТО проинформировала, что в сезоне 2016/17 г. общее количество туристов, посетивших Антарктику, составило 44 367 человек, что на 15 % больше по сравнению с предыдущим сезоном. По данным МААТО в сезоне 2016/17 г. было осуществлено 39 000 зарегистрированных высадок на берег, что является рекордным показателем для всех сезонов. МААТО также заострила внимание Совещания на проводимой совместно со СКАР работе по реализации процесса последовательного планирования мер по охране окружающей среды, работе, связанной с подготовкой Полярного кодекса, и своей Программе посланников Антарктики. Кроме того, в документе представлен недавно назначенный новый Исполнительный директор МААТО д-р Дэймон Стэнуэлл-Смит (Damon Stanwell-Smith).

Пункт 5. Отчёт Комитета по охране окружающей среды

(33) Г-н Юэн Мак-Айвор, Председатель Комитета по охране окружающей среды, представил отчёт XX заседания КООС. КООС рассмотрел 30 Рабочих документов и 67 Информационных документов. Кроме того, в рамках пунктов Повестки дня КООС были представлены 5 документов Секретариата и 6 Вспомогательных документов. Председатель КООС остановился на вопросах, по которым КООС выработал конкретные рекомендации для КСДА, однако при этом призвал Стороны ознакомиться со всеми разделами отчёта КООС.

Открытие заседания (Пункт 1 повестки дня КООС)

(34) Председатель КООС предложил Комитету поприветствовать Малайзию в качестве нового Члена Комитета и выразил надежду на возможность обращения с аналогичным приветствием в ближайшее время в адрес Турции и Швейцарии. Он также выразил признательность Комитета многим нынешним и бывшим представителям Членов Комитета и Наблюдателей за их работу на протяжении 20 лет и особую признательность представителям, присутствующим на XX заседании КООС, которые поддерживали тесную связь с Комитетом со времени его первого заседания в Тромсё, Норвегия, в 1998 году.

Стратегическое обсуждение дальнейшей работы КООС (Пункт 3 повестки дня КООС)

(35) Председатель КООС проинформировал об уточнении и дополнении Пятилетнего плана работы Комитета с включением в него мероприятий, выработанных в ходе заседания.

Работа КООС (Пункт 4 повестки дня КООС)

(36) Председатель КООС проинформировал о рассмотрении Комитетом документа, представленного Председателем Комитета, о путях и способах обеспечения у Комитета всех возможностей для оказания поддержки Сторонам в их деятельности по всесторонней охране окружающей среды.

(37) Комитет принял решение проинформировать КСДА о том, что перечень научных потребностей (потребностей в конкретных видах исследований) КООС будет способствовать стимулированию и поддержке научных исследований, направленных на обеспечение более глубокого понимания и решения экологических проблем, стоящих перед Антарктикой, что будет также способствовать улучшению деятельности Комитета и эффективности обсуждения на КСДА вопросов о приоритетных направлениях научных исследований в Антарктике. Комитет доработает перечень научных потребностей КООС, представленный в Рабочем документе WP 34, на XXI заседании КООС. Комитет также признал необходимость поиска дополнительных механизмов, которые бы способствовали решению вопросов, связанных с постоянно возрастающей загруженностью Комитета работой, и пришёл к согласию о том, что повышение эффективности работы

Комитета может быть достигнуто за счёт разумного дополнительного финансирования. В отношении дополнительного финансирования Комитет поддержал предложение Председателя КООС рассмотреть в межсессионный период, после консультаций с Секретариатом и заинтересованными Членами Комитета, возможные варианты дополнительного финансирования Комитета и распоряжения этими денежными средствами.

(38) В отношении перечня научных потребностей, подготовленного КООС, Стороны пришли к согласию о целесообразности данного начинания, которое может стать важным инструментом как в работе КООС, так и для обсуждения вопросов на КСДА; при этом было отмечено, что данные материалы полностью согласуются с обсуждением на КСДА вопросов, касающихся решения непростых научных задач и определения приоритетных направлений научных исследований в будущем. Совещание также выразило надежду на получение в скором времени дальнейшей информации от КООС по итогам рассмотрения возможных вариантов разумного дополнительного финансирования деятельности Комитета. Стороны выразили мнение о том, что любые ходатайства перед КСДА в отношении дополнительного финансирования должны быть конкретными и адресными.

(39) Председатель Комитета также проинформировал о рассмотрении Комитетом документа с оперативной информацией о работе Портала окружающей среды Антарктики, представленного Австралией, Новой Зеландией, Норвегией, США, Японией и СКАР. Комитет поддержал решение, принятое совещанием СКАР (2015 г.) в отношении анализа незатратных для СКАР вариантов принятия на себя управления работой Портала после 2018 года, и пришёл к согласию по вопросу необходимости дальнейшего изучения возможностей для оказания поддержки СКАР в управлении Порталом. Комитет с удовлетворением воспринял выполнение Францией перевода информационного наполнения Портала на французский язык и предложение Нидерландов на заседании в отношении оказания Порталу финансовой поддержки в будущем. Комитет также в целом одобрил План управления информационным наполнением портала.

(40) Совещание выразило благодарность соавторам документа и высоко оценило значимость Портала в качестве быстродоступного источника новейшей научной информации для КООС и КСДА, а также в качестве образовательного и информационно-просветительского источника

для широкой общественности. Совещание пришло к согласию о сохранении аполитичной направленности Портала в качестве рецензируемого источника научной информации и особо отметило важную роль редакционной коллегии в обеспечении непредвзятости всех размещаемых материалов. Совещание с удовлетворением восприняло принципиальное согласие СКАР взять на себя управление Порталом после 2018 года, а также текущую поддержку Портала Францией и предложение Нидерландов по оказанию Порталу финансовой поддержки. Призвав директивные и исполнительные органы к обеспечению возможности полного раскрытия потенциала Портала, Норвегия также проинформировала о своём намерении изучить возможности оказания финансовой поддержки текущей деятельности Портала.

Сотрудничество с другими организациями (Пункт 5 повестки дня КООС)

(41) Председатель Комитета проинформировал о том, что Комитет, на основании своей рекомендации XXXIX КСДА в отношении одобрения рекомендаций, выработанных на совместном семинаре КООС и НК-АНТКОМ по вопросам изменения климата и мониторинга, состоявшегося в Пунта-Аренасе, Чили, признал необходимость осуществления постоянного контроля за ходом выполнения этих рекомендаций. Принимая во внимание наличие в Многолетнем стратегическом плане работы КСДА пункта о рассмотрении на XL КСДА результатов совместного семинара, Комитет пришёл к согласию в отношении информирования КСДА о том, что: НК-АНТКОМ также с удовлетворением воспринял отчёт об итогах семинара и одобрил его рекомендации; усилия КООС по проведению в жизнь рекомендаций семинара в основном были тесно взаимосвязаны с текущей работой во выполнению программы CCRWP; в отношении Рекомендации 16 семинара Комитет принял решение об уточнении и дополнении Пятилетнего плана работы Комитета с включением в него пункта о мероприятиях по подготовке следующего совместного семинара, включая анализ выполнения рекомендаций, выработанных на семинаре 2016 года.

(42) Совещание с удовлетворением восприняло информацию Комитета о работе по выполнению рекомендаций совместного семинара и приветствовало налаживание более тесного взаимодействия между КООС и НК-АНТКОМ, отметив, что это способствует повышению согласованности в действиях структур Договора об Антарктике.

Совещание отметило факт включения Председателя КООС в состав комиссии по проведению второй оценки эффективности деятельности АНТКОМ, что также будет способствовать дальнейшему укреплению сотрудничества между комитетами.

Восстановительные мероприятия и ликвидация экологического ущерба (Пункт 6 повестки дня КООС)

(43) Председатель Комитета проинформировал о принятии Комитетом решения о создании МКГ по пересмотру Руководства по очистке в Антарктике, приложенного к Резолюции 2 (2012 г.).

Последствия изменения климата для окружающей среды: стратегический подход (Пункт 7 повестки дня КООС)

Реализация и пересмотр Рабочей программы ответных мер в отношении изменения климата

(44) Председатель КООС проинформировал о рассмотрении Комитетом отчёта о результатах межсессионного обсуждения вопросов реализации Рабочей программы ответных мер в отношении изменения климата (CCRWP) под руководством Новой Зеландии и документа, содержащего информацию об исследованиях, проводимых рабочими группами СКАР и непосредственно перекликающимися с потребностями CCRWP.

(45) Принимая во внимание положения принятой КСДА Резолюции 4 (2014 г.) о необходимости ежегодного представления оперативной информации о ходе выполнения CCRWP, Комитет вышел с ходатайством перед КСДА о согласовании создания Вспомогательной группы по ответным мерам в отношении изменения климата (ВГОМИК) в соответствии с положениями Правила 10 Правил процедуры и на условиях, представленных в Приложении 2 к Отчёту XX заседания КООС, и оказания помощи Секретариатом в переводе принципиально важных текстовых материалов и технической помощи в координации работы и обмене оперативной информацией в целях обеспечения максимально широкого круга участников и эффективной организации работы.

(46) Кроме того, КООС предложил КСДА принять к сведению крайне положительное восприятие Комитетом исчерпывающего доклада СКАР в отношении исследований, проводимых его вспомогательными рабочими группами, которые напрямую перекликаются с потребностями

CCRWP, что ясно указывает на наличие у этих групп всех возможностей для внесения вклада в работу по выполнению CCRWP, и безусловное одобрение Комитетом предложения ВМО о представлении на XXI заседание КООС доклада о её деятельности, имеющей непосредственное отношение к реализации CCRWP.

(47) Председатель Комитета проинформировал также о рассмотрении Комитетом положения дел в отношении рекомендаций СЭДА по вопросам изменения климата и связанными с этим последствиями для режима управления Антарктикой (2009 г.) и пришёл к согласию, о том, что: необходимые меры по выполнению рекомендаций, имеющих отношение к деятельности КООС, включены в CCRWP за исключением мер по Рекомендациям 18 и 29, работа над которыми предусмотрена в рамках деятельности предложенной ВГОМИК; принятая АНТКОМ природоохранная мера СМ 24-04 по вопросу определения на ограниченный срок участков для целевых исследований на вновь образованных в результате отступления или разрушения шельфовых ледников морских территориях в районе Антарктического полуострова способствует выполнению Рекомендации 26 СЭДА; КООС больше не испытывает необходимости в предоставлении Секретариатом обновлённой информации о мерах, принятых во исполнение рекомендаций СЭДА (возможно данная обновлённая информация всё ещё требуется для КСДА, в особенности в отношении рекомендаций 1–17).

(48) Совещание высоко оценило деятельность КООС по вопросам последствий изменения климата для окружающей среды. Совещание отметило насущную целесообразность создания ВГОМИК в качестве вспомогательного органа КООС по вопросам реализации CCRWP. Совещание также выразило благодарность СКАР и ВМО за их весомый вклад в исследования, связанные с изменением климата и его последствиями, и призвала эти организации к дальнейшему представлению вниманию КООС и КСДА оперативной информации в этом отношении.

(49) Норвегия напомнила о том, что прошло уже десять лет с момента начала предметного обсуждения вопросов изменения климата в КООС и на КСДА, в результате чего в 2010 году состоялось СЭДА по вопросам последствий изменения климата для режима управления Антарктикой, принимающими сторонами которого совместно выступили Великобритания и Норвегия. Она также напомнила, что именно в рекомендациях СЭДА содержалось предложение о разработке CCRWP. Норвегия с удовлетворением отметила принятие CCRWP

КООС и КСДА, с одобрением восприняла текущую деятельность КООС по её выполнению и отметила важную роль ВГОМИК в этой работе. Великобритания выразила согласие с мнением Норвегии. Аргентина настоятельно рекомендовала обеспечить широкое участие в работе ВГОМИК и особо отметила важность обеспечения перевода соответствующих документов на четыре официальных языка Договора, так как в этом вопросе могут усмотреть политический подтекст.

(50) Совещание одобрило создание ВГОМИК в соответствии с положениями Технического задания, представленного в Приложении 2 к Отчёту XX заседания КООС, и выразило надежду на регулярное представление КООС оперативной информации о её работе. Совещание приняло Решение 1 (2016 г.) *Вспомогательная группа по ответным мерам в отношении изменения климата (ВГОМИК) Комитета по охране окружающей среды.*

Оценка воздействия на окружающую среду (ОВОС) (Пункт 8 повестки дня КООС)

Прочие вопросы ОВОС

(51) Председатель КООС проинформировал о рассмотрении Комитетом отчёта о результатах межсессионного обсуждения под руководством Великобритании вопросов, касающихся более широкого стратегического подхода к проведению ОВОС, которые были определены в ходе предшествующей межсессионной работы по пересмотру *Руководства по оценке воздействия на окружающую среду Антарктики (Руководства по ОВОС)*. Комитет принял решение о необходимости уточнения и дополнения *Порядка межсессионного рассмотрения КООС проектов ВООС*, принятого на XVIII заседании КООС, с включением в него стандартного пункта технического задания по оценке качества документа по ВООС в отношении i) полноты определения и учёта воздействия предлагаемой деятельности на окружающую среду и ii) адекватности мер по минимизации (уменьшению или недопущению) воздействия. Комитет также принял решение о включении ряда мероприятий по вопросам ОВОС в свой Пятилетний план работы.

(52) Принимая во внимание наличие в Многолетнем стратегическом плане работы КСДА пункта о рассмотрении на XL КСДА «рекомендаций КООС по проведенному им пересмотру Руководства по оценке воздействия на окружающую среду Антарктики (ОВОС) и обсуждении

основных принципиальных соображений в этой связи», Председатель Комитета проинформировал о предложении КООС для КСДА рекомендовать всем Сторонам своевременно и надлежащим образом предоставлять информацию, предусмотренную в рамках Резолюции 1 (2004 г.). Комитет также запросил у КСДА рекомендации в отношении того, насколько объёмным должен быть начальный этап работы КООС по: разработке для Системы Договора об Антарктике отвечающей требованиям эффективной методики по предупреждению реализации проектов, наносящих ущерб окружающей среде; изучению вопроса о потенциальной возможности применения для Антарктики методов предварительной экологической проверки (screening) и определения подлежащих изучению вопросов (scoping), широко используемых во всем мире в качестве составной части ОВОС для крупномасштабных проектов; разработке порядка проведения регулярного критического анализа осуществления деятельности, разрешенной на основании ВООС (включая оценку её соответствия условиям разрешения, оговоренным соответствующим компетентным органом).

(53) Совещание особо отметило важность проведения ОВОС, являющегося основным инструментом, предусмотренным Протоколом по охране окружающей среды, а также рассмотрения способов, обеспечивающих неизменную актуальность используемой методики, основанной на применении наиболее передовых и эффективных методов. Совещание также заострило внимание на важности соблюдения Сторонами требований Резолюции 1 (2004 г.).

(54) Стороны высказали целый ряд соображений по вопросам, поднятым в обращении КООС к КСДА в отношении выдачи рекомендаций, в том числе было отмечено, что: Стороны располагают целым рядом надлежащих средств и методов, обеспечивающих осуществление деятельности в Антарктике в строгом соответствии с положениями Приложения I; КООС и КСДА регулярно осуществляют пересмотр и доработку Руководства по ОВОС; при рассмотрении механизмов предупреждения осуществления деятельности следует использовать подход, основанный на принципе «осторожности»; КСДА следует настоятельно обратить внимание Сторон на необходимость ускорения включения требований Протокола по охране окружающей среды и его положений в отношении проведения ОВОС в национальное законодательство; внешняя экспертиза документов по ВООС является не совсем желательной; следует обсудить возможность установления конкретных пороговых пределов воздействия деятельности на окружающую среду.

(55) Неустанно подчёркивая необходимость наличия устойчивых и практически применимых методик проведения ОВОС и использования наиболее передовых методов и способов охраны окружающей среды, Совещание с удовлетворением восприняло предложение Комитета продолжить свою работу по вопросам ОВОС с включением мероприятий по соответствующей дальнейшей деятельности в свой Пятилетний план работы и выразило надежду на скорейшее продолжение обсуждения данного вопроса.

Охрана районов и Планы управления (Пункт 9повестки дня КООС)

9а. Планы управления

(56) Председатель КООС проинформировал о рассмотрении Комитетом семи пересмотренных Планов управления Особо охраняемыми районами Антарктики (ООРА) и одного пересмотренного Плана управления Особо управляемым районом Антарктики (ОУРА) и согласии Комитета направить все пересмотренные Планы управления на утверждение КСДА в рамках принятия соответствующей Меры.

(57) В соответствии с рекомендациями КООС Совещание приняло следующие Меры в отношении ООРА и ОУРА:

- Мера 1 (2016 г.) *Особо охраняемый район Антарктики (ООРА) № 109 «Остров Муэ» (Южные Оркнейские острова): пересмотренный План управления*
- Мера 2 (2016 г.) *Особо охраняемый район Антарктики (ООРА) № 110 «Остров Линч» (Южные Оркнейские острова): пересмотренный План управления*
- Мера 3 (2016 г.) *Особо охраняемый район Антарктики (ООРА) № 111 «Южная часть острова Поуэлл и соседние острова» (Южные Оркнейские острова): пересмотренный План управления*
- Мера 4 (2016 г.) *Особо охраняемый район Антарктики (ООРА) № 115 «Остров Лаготельри» (залив Маргерит, Земля Грейама): пересмотренный План управления*
- Мера 5 (2016 г.) *Особо охраняемый район Антарктики (ООРА) № 129 «Мыс Ротера» (остров Аделейд): пересмотренный План управления*
- Мера 6 (2016 г.) *Особо охраняемый район Антарктики (ООРА) № 140 «Части острова Десепшен (Тейля)» (Южные Шетландские острова): пересмотренный План управления*

- Мера 7 (2016 г.) *Особо охраняемый район Антарктики (ООРА) № 165 «Мыс Эдмонсон» (бухта Вуд, море Росса): пересмотренный План управления*
- Мера 8 (2016 г.) *Особо управляемый район Антарктики (ОУРА) № 5 «Южнополярная станция Амундсен-Скотт» (Южный полюс): пересмотренный План управления*

(58) Председатель КООС также проинформировал о рассмотрении Комитетом отчёта о результатах неформального межсессионного обсуждения возможных мер по управлению для района Купол А с целью обеспечения охраны его научных и природных ценностей и с удовлетворением отметил о поступившем от Китая предложении в отношении подготовки проекта Кодекса поведения для района Купол А и готовности возглавить межсессионное обсуждение данного проекта документа.

9b. Исторические места и памятники

(59) Председатель КООС проинформировал о том, что Комитет с удовлетворением воспринял оперативный отчёт, представленный Великобританией и Норвегией, о результатах работы созданной на XIX заседании КООС МКГ по разработке методического руководства по определению подходов к сохранению антарктического наследия в контексте необходимых мер по управлению и пришёл к согласию о продлении мандата МКГ, рассчитывая на представление методического руководства на рассмотрение XXI заседания КООС.

(60) Стороны с удовлетворением восприняли информацию КООС о продлении мандата МКГ и ожидаемом представлении методического руководства вниманию XXI заседания КООС. Аргентина высказала соображения относительно отсутствия в рамках Системы Договора об Антарктике чёткого определения ряда понятий, к примеру, определения концепции «универсальности», которая может войти в противоречие с национальной исторической значимостью объектов. Поэтому, подчеркнула Аргентина, участникам дальнейшего обсуждения в рамках КООС следует привлекать и основываться на мнении национальных экспертов.

9c. Правила поведения для посетителей участков

(61) По вопросу работы Комитета над Правилами поведения для посетителей участков Великобритания отметила существенный прогресс в разработке Правил для наиболее посещаемых участков,

однако заметила, что следует уделять постоянное внимание анализу и уточнению Правил поведения и по мере необходимости разрабатывать новые Правила поведения для посетителей участков.

9d. Пространственная охрана морской среды и меры пространственного управления

(62) Совещание с удовлетворением восприняло согласованное мнение КООС о целесообразности рассмотрения и обсуждения Комитетом в будущем вопроса о средствах и возможностях исследования взаимосвязи суши и океана и эффективности принятия дополнительных Мер в рамках Протокола по охране окружающей среды, в частности Приложения V, в целях поддержки и стимулирования инициатив в области охраны морской среды. Было отмечено, что определение охраняемых районов должно иметь под собой надёжные научные основы, и любые решения АНТКОМ не должны автоматически требовать от Сторон принятия дополнительных мер, а необходимость их принятия должна рассматриваться отдельно в каждом конкретном случае. Норвегия отметила целесообразность обращения КСДА в таких случаях к КООС для изучения вопроса и выдачи рекомендаций в отношении достаточности или недостаточности действующих Мер в отношении суши для районов, сопряжённых с МОР. Было также отмечено отсутствие официального районирования зон интересов и зон ответственности структур, входящих с Систему Договора об Антарктике.

9e. Прочие вопросы, связанные с Приложением V

(63) Председатель КООС проинформировал КСДА о рассмотрении Комитетом результатов работы Вспомогательной группы по планам управления (ВГПУ) по разработке методических материалов по вопросам определения Особо управляемых районов Антарктики (ОУРА), одобрении Комитетом *Руководства по оценке района в контексте необходимости определения его в качестве Особо управляемого района Антарктики* и *Руководства по подготовке Планов управления Особо управляемыми районами Антарктики* и согласии Комитета направить на утверждение КСДА проекта Резолюции, рекомендующей распространение и применение этих документов.

(64) Следуя рекомендациям КООС, Совещание приняло Резолюцию 1 (2016 г.) *Методические материалы по вопросам определения Особо управляемых районов Антарктики (ОУРА)*.

(65) Председатель КООС проинформировал о рассмотрении Комитетом документов *Кодекс поведения при исследовании* и изучении подледниковых водных сред и *Экологический кодекс поведения при осуществлении наземных научных полевых исследований в Антарктике*, разработанных и представленных СКАР. Эти документы были представлены СКАР вслед за согласием Комитета на XIX заседании способствовать распространению и применению разработанных СКАР Кодексов поведения в рамках принятия КСДА соответствующих Резолюций. Комитет с удовлетворением воспринял готовность СКАР к проведению дальнейших консультаций в отношении *Экологического кодекса поведения при осуществлении наземных научных полевых исследований в Антарктике* с намерением представить новую редакцию этого документа вниманию XXI заседания КООС. Комитет одобрил разработанный СКАР *Кодекс поведения при исследовании и изучении подледниковых водных сред* и согласился направить его на утверждение КСДА в составе проекта Резолюции, рекомендующей распространение и применение документа.

(66) Следуя рекомендациям КООС, Совещание приняло Резолюцию 2 (2016 г.) *Кодекс поведения при исследовании и изучении подледниковых водных сред.*

(67) Комитет рассмотрел результаты межсессионной работы под руководством Великобритании и Норвегии по подготовке новой редакции шаблона для предоставления информации, касающейся предварительной оценки необходимости определения Особо охраняемого района Антарктики в соответствии с требованиями документа Рекомендации: Порядок проведения предварительной оценки для определения ООРА и ОУРА, принятого на XVIII заседании КООС Комитет принял решение проинформировать КСДА о доработке Комитетом документа *Рекомендации: Порядок проведения предварительной оценки для определения ООРА и ОУРА*, принятого на XVIII заседании КООС с включением в него необязательного вспомогательного шаблона для предоставления информации, касающейся предварительной оценки необходимости определения ООРА в соответствии с требованиями Рекомендаций. Настоящая редакция документа (*Руководство по проведению предварительной оценки необходимости определения ООРА и ОУРА*) заменяет ранее принятый документ, приложенный к отчёту XVIII заседания КООС в 2015 году.

(68) Председатель КООС проинформировал о рассмотрении Комитетом документа, представленного Австралией, Новой Зеландией и СКАР, с

краткой информацией о последней редакции Заповедных биогеографических регионов Антарктики (ЗБРА), принятых в рамках Резолюции 6 (2012 г.). В новой редакции уточнены слои пространственных данных подстилающих поверхностей, приведены самые последние данные по свободным ото льда территориям Антарктики и добавлен новый (16-й) биологически чётко выраженный регион. В целях обеспечения использования в деятельности КООС и Сторон самых последних пространственно выраженных данных о биоразнообразии наземных экосистем Антарктики Комитет пришёл к согласию рекомендовать КСДА принять новую редакцию Заповедных биогеографических регионов Антарктики (ЗБРА, 2-я редакция) и направить КСДА проект Резолюции для её принятия взамен Резолюции 6 (2012 г.).

(69) Следуя рекомендациям КООС, Совещание приняло Резолюцию 3 (2017 г.) *Заповедные биогеографические регионы Антарктики (ЗБРА, 2-я редакция).*

(70) Председатель Комитета также сообщил, что на основании положений Резолюции 5 (2015 г.) Ключевые орнитологические территории (КОТ) в Антарктике Комитет поддержал предложение, Австралии, Великобритании, Новой Зеландии, Норвегии и Испании о проведении работы в межсессионный период по вопросу выработки критериев оценки необходимости предоставления колониям птиц статуса ООРА и представления Комитету рекомендаций по КОТ, отвечающим этим критериям.

Сохранение антарктической флоры и фауны (Пункт 10 повестки дня КООС)

10а. Карантин и неместные виды

(71) Председатель Комитета сообщил, что Комитет достиг согласия в отношении порядка доработки Руководства по неместным видам, разработанного КООС, и обратился к Секретариату с просьбой о надлежащем обновлении интернет-версии Руководства с включением в неё *Кодекса поведения при проведении исследований подледниковой водной среды*, разработанного СКАР, новой редакции ЗБРА, и Руководства по предотвращению интродукции неместных видов при осуществлении деятельности в рамках национальной антарктической программы, разработанного Аргентиной.

10с. Прочие вопросы, связанные с Приложением II

(72) Председатель Комитета проинформировал о рассмотрении Комитетом ряда документов, освещающих экологические аспекты применения в Антарктике беспилотных летательных аппаратов (БПЛА) / дистанционно пилотируемых авиационных систем (ДПАС), в том числе исчерпывающий доклад СКАР о степени изученности реакции диких животных на эти летательные аппараты.

(73) Отметив тот факт, что в Многолетнем стратегическом плане работы КСДА предусмотрено рассмотрение рекомендаций КООС в отношении применения БПЛА/ДПАС, Комитет пришёл к согласию о представлении на рассмотрение КСДА следующих рекомендаций: поддержать распространение и применение передовых практических рекомендаций по соблюдению мер предосторожности при использовании в Антарктике БПЛА/ДПАС вблизи мест обитания диких животных в том виде, в котором они представлены в Рабочем документе WP 20; признать необходимость рассмотрения вопросов, изложенных в указанном выше документе, при проведении дальнейших исследований в отношении причинения БПЛА/ДПАС беспокойства диким животным Антарктики; одобрить создание МКГ по разработке методического руководства по экологическим аспектам применения БПЛА/ДПАС в Антарктике с представлением его на рассмотрение XXI заседания КООС.

(74) Совещание с удовлетворением восприняло решение Комитета о разработке методического руководства по экологическим аспектам применения БПЛА/ДПАС и выразило благодарность Германии за согласие возглавить работу МКГ. Было отмечено, что в вопросе применения БПЛА/ДПАС следует использовать подход, основанный на принципе «осторожности», и учитывать особенности конкретного участка и конкретных видов животных. Болгария вышла с предложением о рассмотрении КСДА вопроса о возможности подготовки общего руководства на основе соответствующего руководства КОМНАП и планируемого КООС методического руководства по экологическим аспектам с тем, чтобы предоставить операторам единый свод правил.

(75) Председатель КООС проинформировал о рассмотрении Комитетом документа, представленного Аргентиной, содержащего информацию по оценке различных механизмов охраны колонии императорских пингвинов на острове Сноу-Хилл в современных условиях изменения климата и антропогенных нагрузок на окружающую среду.

Комитет выразил поддержку Аргентине в её дальнейшей работе по разработке механизмов охраны колонии и призвал заинтересованных Членов Комитета и Наблюдателей принять ней участие. Комитет проинформировал о своём одобрении документа, представленного Аргентиной, и согласии рекомендовать КСДА введение в действие Правил поведения в районе колонии императорских пингвинов на острове Сноу-Хилл в качестве временной меры до проведения оценки необходимости применения более жёстких мер по охране.

(76) Аргентина заострила внимание на обсуждении на заседании КООС документа, представленного Бельгией, Монако и СКАР, об итогах совещания, состоявшегося в июне 2015 года по вопросам оценки биоразнообразия Антарктики и Южного океана и его природоохранного статуса в контексте Стратегического плана по биоразнообразию на 2011–2020 гг. и его Айтинских целевых задач (см. Рабочий документ WP 13). Аргентина выразила озабоченность в связи с оценкой биоразнообразия на основе целей и показателей, принятых на Форумах Организации Объединённых Наций. Принимая во внимание необходимость отражения биоразнообразия Антарктики во всех глобальных обзорах, Аргентина всё же считает целесообразным привлечь внимание к двум проблемам, изложенным ниже.

a) С технической точки зрения цели и задачи, принятые на многосторонних форумах (к примеру, Айтинские целевые задачи), вполне могут не подходить для района Договора об Антарктике и района АНТКОМ, в том числе и потому, что ни один из них не принимался в расчёт при определении этих целей и задач (качественных и количественных целевых параметров). Отсюда, следует, что их применение может привести к недостоверности выводов, представленных в Рабочем документе WP 13.

b) С политико-правовой стороны, даже несмотря на всемерное стремление участников Договора об Антарктике к сотрудничеству со специализированными учреждениями ООН, совершенно понятно, что нормативно-правовой базой для района Договора об Антарктике является именно Договор об Антарктике. По этой причине к случаям, в основе которых лежит регулирование с различными целями, задачами, параметрами и показателями, следует подходить очень аккуратно.

(77) Аргентина подчеркнула необходимость довести результаты и выводы семинаров до сведения КООС для последующего широкого обсуждения в рамках Комитета.

(78) Отмечая важность сотрудничества и взаимодействия с международными организациями и рамочными конвенциями, ряд Сторон подчеркнули, что разработка в рамках Договора об Антарктике собственного стратегического плана по биоразнообразию в качестве вклада в глобальную оценку предоставляет Сторонам возможность занять лидирующие позиции в области биоразнообразия Антарктики и Южного океана.

(79) Напомнив о вступлении в силу в межсессионный период поправок к Приложению II, Великобритания отметила, что данные поправки распространяются и на виды, встречающиеся в Антарктике естественным образом в результате миграционных процессов, и подчеркнула необходимость разработки методики и критериев определения особо охраняемых видов. В силу этого Великобритания считает важным обеспечить отражение этих изменений в природоохранных мероприятиях, используемых Сторонами в качестве средств для сохранения антарктической флоры и фауны.

Контроль состояния окружающей среды (Пункт 11 Повестки дня КООС)

(80) Председатель Комитета сообщил, что по мнению Комитета ныне проводимая работа по разработке методики оценки чувствительности участков, открытых для посетителей, представленная в документе, подготовленном Австралией, Новой Зеландией, Норвегией и США, способствует выполнению как Рекомендации 3, так и Рекомендации 7, выработанных по результатам исследования КООС в области туристической деятельности (2012 г.). В свете обращения XXXIX КСДА к КООС по вопросу определения ряда пороговых уровней воздействия на окружающую среду на основе наилучшей оценки для использования в качестве ориентиров при проведении мониторинга в соответствии с положениями Рекомендации 7 Исследования по туризму Комитет проинформировал КСДА о том, что рассмотренный Комитетом документ о проводимой работе по разработке методики оценки чувствительности участков к туристической деятельности имеет непосредственное отношение к решению задач, предусмотренных Рекомендацией 3, а также способствует выполнению Рекомендации 7.

Отчёты об инспекциях (Пункт 12 повестки дня КООС)

(81) Председатель Комитета проинформировал о рассмотрении Комитетом в рамках данного пункта Повестки дня документов о совместных

инспекциях, проведённых Аргентиной и Чили в январе и феврале 2017 г и инспекциях, проведённых Австралией в декабре 2016 г. Комитет с удовлетворением воспринял общие выводы о том, что все три проинспектированные станции отвечают требованиям Протокола по охране окружающей среды, а в проинспектированном ОУРА обеспечивается эффективность мер по управлению, для реализации которых он и был определён в качестве такового.

Общие вопросы (Пункт 13 Повестки дня КООС)

(82) Председатель Комитета проинформировал о рассмотрении Комитетом документа, представленного Китаем в соавторстве с рядом других стран, в котором изложена концепция «Зелёной экспедиции», призванная способствовать экологически безопасной деятельности в Антарктике как на этапе планирования, так и на этапе её осуществления, в том числе за счёт использования методов и рекомендаций, подробно представленных в действующих Резолюциях и рассмотренных в ходе обсуждений в рамках КООС и КСДА, а также новых передовых методов современного управления и технологий.

(83) КООС принял решение представить для принятия КСДА проект Резолюции, направленной на поддержку и распространение концепции «Зелёных экспедиций».

(84) Китай выразил благодарность соавторам документа за участие в его подготовке и Комитету за согласие представить новую концепцию вниманию КСДА.

(85) Следуя рекомендации КООС, Совещание приняло Резолюцию 4 (2017 г.) Зелёная антарктическая экспедиция.

Выборы должностных лиц (Пункт 14 повестки дня КООС)

(86) Председатель Комитета сообщил, что Комитет сердечно поблагодарил д-ра Полли Пенхейл (Polly Penhale), США, за безупречную работу и значительный вклад в деятельность Комитета на посту заместителя Председателя КООС. Комитет также избрал д-ра Кевина Хьюза (Kevin Hughes) заместителем Председателя КООС на двухлетний срок.

(87) Совещание сердечно поблагодарило д-ра Полли Пенхейл за добросовестную и безупречную работу на посту заместителя Председателя КООС и поздравило д-ра Кевина Хьюза с избранием заместителем Председателя КООС.

Подготовка следующего заседания (Пункт 15 повестки дня КООС)

(88) Председатель Комитета проинформировал о принятии Комитетом предварительной Повестки дня XXI заседания КООС, которая соответствует Повестке дня XX заседания КООС.

(89) Совещание выразило признательность КООС и дало высокую оценку консультациям и рекомендациям, которые Комитет предоставляет Сторонам по вопросам выполнения и применения положений Протокола по охране окружающей среды. Стороны заострили внимание на необходимости выделения КСДА достаточного времени для рассмотрения рекомендаций КООС, в том числе за счёт соответствующего планирования заседаний КООС и КСДА.

(90) Совещание поблагодарило г-на Мак-Айвора за исчерпывающий отчёт о работе КООС и его руководство КООС.

Пункт 6. Работа Системы Договора об Антарктике: общие вопросы

(91) Уругвай представил подготовленный совместно с Новой Зеландией и Чили Рабочий документ WP 3 *Отчёт Межсессионной контактной группы (МКГ) по разработке системы критериев соответствия Консультативному статусу.* В документе представлен ряд основных вопросов, поднятых в процессе проведения консультаций МКГ.

(92) Совещание отметило, что наличие чётких критериев соответствия статусу Консультативной стороны отвечает интересам как потенциальных Консультативных сторон, так и рассматривающих заявки на предоставление статуса Консультативной стороны. Было отмечено, что предложенное Руководство не является попыткой введения новых требований для Сторон-заявителей на предоставление статуса Консультативной стороны, а предназначено в помощь заявителям и КСДА в отношении чёткого определения характера информации, необходимой для процесса принятия решения по этому вопросу.

(93) По завершении прений по данному вопросу Совещание приняло Решение 2 (2017 г.) *Руководство по предоставлению статуса Консультативной стороны.*

(94) Исполнительный секретарь представил Документ Секретариата SP 3 *Перечень Мер со статусом «Еще не вступило в силу».* Он сообщил, что согласно информации, содержащейся в базе данных СДА, имеется

ряд Мер, всё ещё не вступивших в силу. Великобритания отметила целесообразность ежегодной подготовки и представления такого перечня Секретариатом. Принимая во внимание факт отмены или замены некоторых из Мер, представленных в Документе Секретариата, в рамках принятия соответствующих других Мер, Совещание приняло Решение 3 (2017 г.) *Отменённые Меры.*

(95) Соединённые Штаты Америки представили Рабочий документ WP 6 *Утверждение Наблюдателей в КООС* с предложением о включении двух новых Правил в Правила процедуры КСДА, наделяющих КСДА правом предоставления статуса Наблюдателя в КООС научным, природоохранным и техническим организациям. В документе отмечается, что в действующих Правилах процедуры КСДА отсутствует чёткое положение, регламентирующее право предоставления КСДА статуса Наблюдателей в КООС организациям, не являющимся «международными организациями», и это при том, что согласно пункту 4 Статьи 11 Протокола и Правилам процедуры КООС статус Наблюдателей может предоставляться всем соответствующим «научным, природоохранным и техническим организациям».

(96) Совещание выразило благодарность Соединённым Штатам Америки за представленный документ и привлечение внимания к возможной необходимости внесения большей ясности в Правила процедуры КСДА в отношении предоставления статуса Наблюдателей в КООС. Отметив целесообразность проведения дальнейших консультаций, а также получения рекомендаций КООС по данному вопросу, Соединённые Штаты Америки согласились возглавить проведение дальнейших неофициальных консультаций в межсессионный период с намерением представления соответствующего отчёта вниманию XLI КСДА.

(97) Австралия представила подготовленный совместно с Аргентиной, Великобританией и Норвегией Рабочий документ WP 27 *Назначение председателей Рабочих групп КСДА.* В документе напоминается о принятии XXXIX КСДА решения о разработке порядка избрания председателей и сопредседателей Рабочих групп КСДА. Австралия заметила, что предложенный порядок назначения Председателей Рабочих групп КСДА, представленный в документе, опирается на положения порядка избрания должностных лиц КООС и направлен на обеспечение большей прозрачности, эффективности и результативности работы КСДА. По завершении краткого обсуждения вопроса Совещание

принялo Решение 4 (2017 г.) *Порядок назначения Председателей Рабочих групп Консультативного совещания по Договору об Антарктике.*

(98) Новая Зеландия представила подготовленный совместно с Аргентиной, Соединёнными Штатами Америки, Францией и Чили Рабочий документ WP 32 *Создание морского охраняемого района АНТКОМ в регионе моря Росса.* В документе говорится о принятии на 35-м совещании АНТКОМ, состоявшемся в октябре 2016 года, решения о создании АНТКОМ первого крупного Морского охраняемого района в море Росса (RSRMPA). С площадью охраняемой акватории 1,55 млн км^2 (598 200 кв. миль) RSRMPA является крупнейшим МОР в мире.

(99) Новая Зеландия отметила, что новый МОР, перед которым стоит целый ряд природоохранных и научных целей и задач, является значительным шагом к достижению АНТКОМ поставленной цели по созданию репрезентативной системы МОР в Южном океане. Данное событие, способствующее дальнейшему укреплению принципов научно обоснованного принятия решений о сохранении морских живых ресурсов Антарктики, которые всегда были визитной карточкой Конвенции АНТКОМ, является знаковым и для всей Системы Договора об Антарктике

(100) Ряд Сторон сочли целесообразным предпринять со стороны КСДА и КООС дополнительные действия, направленные на поддержку и поощрение природоохранных усилий АНТКОМ. КСДА было предложено обратиться к КООС за рекомендациями в отношении исследования взаимосвязи суши и океана в Антарктике и эффективности принятия дополнительных Мер в рамках Приложения V в целях поддержки и стимулирования инициатив в области охраны морской среды.

(101) Целый ряд Сторон выразили признательность инициаторам проекта Резолюции по МОР в море Росса и призвали АНТКОМ к дальнейшей работе по созданию репрезентативной системы МОР в Южном океане. Важность данной деятельности была особо подчёркнута Швецией. АСОК высказалась в поддержку принятия Резолюции и дополнительных действий КСДА, направленных на поддержку усилий АНТКОМ.

(102) Ряд Сторон, выразив признательность инициаторам проекта Резолюции, подчеркнули нецелесообразность предрешения со стороны КСДА путей и методов деятельности АНТКОМ, находящихся в пределах её компетенции.

(103) Другие Стороны поддержали точку зрения о том, что создание новых ООРА и ОУРА должно основываться на результатах научно

обоснованной оценки в соответствии с установленным КООС и КСДА порядком их определения.

(104) Совещание приняло Резолюцию 5 (2017 г.) *Создание Морского охраняемого района в море Росса.*

(105) ЮАР представила Информационный документ IP 33 *Gateway Access: Transit Visa Developments in South Africa [Ворота открыты: изменение положения дел с транзитными визами в Южной Африке]*, который является ответом на выраженную на XXXIX КСДА обеспокоенность в связи с трудностями, которые испытывают иностранные граждане по пути следования в Антарктику и возвращения из неё через Кейптаун. Министерство внутренних дел ЮАР приняло специальное постановление, разрешающее отступление от норм для *«научных работников, специалистов и участников экспедиций, использующих Кейптаун в качестве коридора по пути следования в Антарктику и возвращения из неё»*. Южная Африка выразила надежду на удовлетворительное решение вопроса на данный момент и заверила в своей твёрдой приверженности облегчению доступа в Антарктику в научных целях.

(106) Российская Федерация выразила признательность ЮАР за представленный документ и оперативное принятие столь эффективных мер по решению вопросов, поднятых на XXXIX КСДА. Она особо подчеркнула тесное взаимодействие между органами власти ЮАР и РФ в межсессионный период, которое может служить примером высокого духа сотрудничества, являющегося одним из основополагающих принципов Системы Договора об Антарктике.

(107) Чили и Аргентина, также являющиеся странами транзита, выразили признательность ЮАР за предоставленную возможность обмена опытом, отметив наличие у них аналогичных проблем, над решением которых ведётся соответствующая работа. В то время, как Чили в настоящее время решает эти вопросы индивидуально в каждом конкретном случае, Аргентина продвинулась вперёд с новыми иммиграционными правилами, которые находятся на завершающей стадии принятия и призваны урегулировать данные вопросы. МААТО также отметила полезность предоставленной информации в отношении возможности перемещения своего линейного персонала через порты транзита.

(108) Турция представила Информационный документ IP 94 *Ratification of Protocol on Environmental Protection to the Antarctic Treaty by Turkey*

[Ратификация Турцией Протокола по охране окружающей среды к Договору об Антарктике]. В документе сообщается о ратификации Великой национальной ассамблеей Турции Протокола по охране окружающей среды и всех Приложений к нему 14 февраля 2017 года. Турция отметила об окончательном утверждении законодательного акта о ратификации Протокола по охране окружающей среды и публикации его в официальном органе печати. Совещание поздравило Турцию с успешным завершением процесса ратификации Протокола по охране окружающей среды.

(109) Исландия представила Информационный документ IP 169 *Statement by Iceland [Заявление Исландии].* Документ содержит обоснование решения Исландии о присоединении к Системе Договора об Антарктике в октябре 2015 года, заключающееся в осознании важности научных исследований, направленных на изучение океанов, изменения климата и охрану окружающей среды. В документе отмечается, что на сегодняшний день все государства-члены Арктического совета являются Консультативными или Неконсультативными Сторонами Договора об Антарктике.

(110) В отношении проведения межсессионных консультаций Совещание приняло решении о предоставлении Исполнительному секретарю информации о своих представителях и заместителях представителей каждой Стороной в двухнедельный срок после завершения работы КСДА в соответствии с требованиями пересмотренного Правила 46(а).

(111) Китай представил Информационный документ IP 175 rev. 2 *Chair's summary of the Special Meeting "Our Antarctica: Protection and Utilisation" [Краткий отчёт Председателя специально созванного заседания «Наша Антарктика: охрана и использование»]* с информацией о проведении 23 мая 2017 года принимающей страной Совещания специально созванного заседания вне официальной Повестки дня КСДА. В документе сообщается, что специально созванное заседание состоялось под председательством Его Превосходительства г-на Лю Чжэньминя (Liu Zhenmin), заместителя министра иностранных дел Китая, который подчеркнул важную роль Системы Договора об Антарктике и указал на необходимость согласованных действий перед лицом глобальных проблем, стоящих перед Антарктикой. В документе говорится, что Его Превосходительство г-н Чжан Есуй (Zhang Yesui), первый заместитель министра иностранных дел Китая, обратился к собравшимся с установочной речью, в которой подробно изложил свои

соображения в отношении взаимосвязи между охраной окружающей среды и использованием Антарктики. В документе также сообщается о выступлении на заседании восьми других докладчиков из Австралии, Аргентины Великобритании, Китая, Польши, Российской Федерации, США и Чили, приглашённых китайской стороной поделиться своими соображениями по широкому кругу вопросов, касающихся научных исследований и мер по управлению в Антарктике. Материалы краткого отчёта Председателя специально созванного заседания представлены в Информационном документе IP 175 rev. 2.

(112) Соединённые Штаты Америки напомнили Совещанию о праве назначения Сторонами до трёх Арбитров согласно Статье 2 Дополнения к Протоколу по охране окружающей среды к Договору об Антарктике. Информация о назначении доводится до сведения Генерального Секретаря Постоянной палаты арбитражного суда.

(113) В рамках данного пункта повестки дня был также представлен следующий Вспомогательный документ:

- BP 23 *Ingreso no Autorizado a la Estacion Machu Picchu Periodo 2016 – 2017 [Вспомогательный документ BP 23 «Несанкционированный доступ на станцию Мачу-Пикчу» – период 2016/17 г.]* (Перу).

Пункт 7. Работа Системы Договора об Антарктике: вопросы, касающиеся деятельности Секретариата

(114) Турция представила Информационный документ IP 89 *Antarctic Treaty Secretariat Internship Grant for Republic of Turkey [Выделение Турецкой Республике гранта для прохождения стажировки в Секретариате Договора об Антарктике]* с информацией о прохождении четырёхнедельной стажировки в Секретариате Договора об Антарктике г-ном Онуром Сабри Дураком (Onur Sabri Durak), консультанта по правовым вопросам Полярного научно-исследовательского центра при Стамбульском техническом университете. Данная стажировка способствовала более глубокому пониманию турецкой стороной принципов деятельности, функций и обязанностей Секретариата Договора об Антарктике.

(115) Исполнительный секретарь представил Документ Секретариата SP 4 rev. 4 *Отчёт Секретариата за 2016/17 г. финансовый год* с подробной информацией о деятельности Секретариата в течение

2016/17 финансового года (с 1 апреля 2016 года по 31 марта 2017 года). Он выразил признательность посольству Китая в Буэнос-Айресе, посольству Испании (в рамках его образовательного проекта «Antártida Educa») и Instituto Fueguino de Turismo за сотрудничество с Секретариатом в организации литературного конкурса среди учащихся школ Аргентины и Чили на лучшую работу, посвящённую 25-й годовщине подписания Протокола по охране окружающей среды. Материалы, посвящённые 25-й годовщине подписания Протокола по охране окружающей среды, были опубликованы Секретариатом 4 октября 2016 г. Публикация доступна на четырёх официальных языках Договора об Антарктике на веб-сайте Секретариата и на бумажном носителе через интернет-магазин.

(116) Исполнительный секретарь представил Совещанию оперативную информацию о взаимодействии и контактах Секретариата с другими организациями, использовании информационных технологий, публикации Заключительного отчёта XXXIX КСДА, доведении информации до широкой общественности, а также сведения о штате Секретариата и данные по финансовым вопросам. Он проинформировал об отсутствии изменений в штате сотрудников Секретариата. Исполнительный секретарь проинформировал о доработке Системы электронного обмена информацией (СЭОИ) по итогам работы МКГ по пересмотру требований к обмену информацией и обсуждения данного вопроса на XXXIX КСДА. Он вновь подтвердил намерение Секретариата и впредь пополнять диалоговую документную базу данных переводами всех документов.

(117) Исполнительный секретарь представил Документ Секретариата SP 5 rev. 2 *Программа работы Секретариата на 2017/18 финансовый год*, в котором в общих чертах представлены вопросы планируемой деятельности Секретариата в 2017/18 финансовом году (с 1 апреля 2017 года по 31 марта 2018 года). Исполнительный секретарь проинформировал о том, что в 2016 году в Аргентине наблюдался дальнейший рост стоимости жизни, в связи с чем он вышел с предложением предусмотреть компенсацию роста стоимости жизни для сотрудников общей категории в размере шести процентов. Какой-либо компенсации для сотрудников руководящей категории не предусматривается.

(118) Исполнительный секретарь также представил Документ Секретариата SP 6 rev. 1 *Прогнозный пятилетний финансовый план на 2017/18–2021/22*

гг. Отметив, что несмотря на то, что в предшествующем прогнозном плане предусматривались умеренные поправки на рост стоимости жизни в долларах США, в настоящем прогнозном финансовом плане не предполагается каких-либо существенных изменений в 2017/18–2021/22 годах, и принятые в нём допущения обеспечивают возможность нулевого номинального увеличения взносов в этот период.

(119) Совещание поблагодарило Исполнительного секретаря за представление столь подробных отчётов и отметило важность проделанной Секретариатом работы. Китай выразил признательность Секретариату за неоценимое содействие в подготовке XL КСДА.

(120) По завершении прений Совещание приняло Решение 5 (2017 г.) *Отчёт, Программа и Бюджет Секретариата*. Совещание обратилось с просьбой к Секретариату подготовить отдельный Документ Секретариата по вопросу политики в области кадрового обеспечения Секретариата Договора об Антарктике.

(121) Совещание приняло решение о целесообразности внимательного изучения новым Исполнительным секретарём веб-сайта Секретариата с последующим анализом необходимых изменений в целях обеспечения большего удобства для пользователей и информированием КСДА по данному вопросу.

Пункт 8. Ответственность

(122) Исполнительный секретарь проинформировал о выполнении поручения XXXIX КСДА ещё раз направить приглашение Международным фондам для компенсации ущерба от загрязнения нефтью (IOPC Funds), Международной группе ассоциаций (клубов) взаимного страхования (IGP&I Clubs) и ИМО принять участие в работе Совещания для предоставления консультаций по вопросам, касающимся положений Приложения VI к Протоколу. Совещание с удовлетворением восприняло участие в КСДА вышеуказанных организаций.

(123) Консультативные стороны представили оперативную информацию о положении дел с ратификацией их государствами Приложения VI и приведением национального законодательства в соответствие с положениями Приложения VI. Пять Сторон (Нидерланды, Норвегия, Российская Федерация, Финляндия и Швеция) из общего числа Сторон, одобривших Приложение VI (Австралия, Великобритания,

Испания, Италия, Нидерланды, Новая Зеландия, Норвегия, Перу, Польша, Российская Федерация, Финляндия, Швеция, Эквадор и ЮАР) проинформировали о том, что они уже руководствуются приведённым ими национальным законодательством в соответствие с требованиями Приложения VI, не ожидая вступления Приложения VI в силу. Другие Стороны сообщили, что их национальные законодательные акты вступят в силу после вступления в силу Приложения VI.

(124) Ряд Сторон проинформировали о том, что они находятся в процессе приведения национального законодательства в соответствие с требованиями Приложения VI, и в ряде случаев этот процесс может быть завершен уже в текущем законодательном периоде. Германия проинформировала о предположительном завершении процесса ратификации в конце текущего года.

(125) Из числа Неконсультативных сторон Турция проинформировала о ратификации Приложения VI 14 февраля 2017 года.

(126) Совещание призвало Стороны, всё ещё не одобрившие Приложение VI, заняться решением этого вопроса в первоочередном порядке. Совещание отметило, что несмотря на то, что уже пройдена половина пути (получено 14 из 28 требуемых решений об одобрении), прошло уже 12 лет со времени принятия Приложения.

(127) Совещание приняло решение о дальнейшем контроле вопроса, связанного с введением в действие Приложения VI.

(128) Стороны, уже одобрившие Приложение VI к Протоколу, предложили свои услуги по обмену опытом в данном вопросе с другими Сторонами.

(129) Фонды IOPC представили Информационный документ IP 88 *The International Oil Pollution Compensation Funds [Международные фонды для компенсации ущерба от загрязнения нефтью]*, с кратким обзором принципов и механизмов работы фондов IOPC для облегчения сравнения их с механизмом, предусмотренным Статьёй 12 Приложения VI к Протоколу по охране окружающей среды. Фонды IOPC предоставляют государствам-членам денежную компенсацию ущерба от загрязнения нефтью в результате стойких разливов нефти из танкеров в их водах. Как отмечается в документе, несмотря на сокращение в последние годы числа инцидентов с разливами нефти, опасность крупных разливов нефти в условиях ежегодной перевозки около 1 800 млн тонн нефти является вполне реальной. В документе сообщается,

что Фонд, созданный в 1992 году, насчитывает 114 государств-членов, а членами Дополнительного фонда, обеспечивающего возмещение ущерба от более масштабных разливов нефти являются 31 государство. Со времени своего основания Фонд 1992 года и предшествующий Фонд 1971 года участвовали в страховом обеспечении 150 инцидентов различных масштабов по всему миру. До настоящего времени не было ни одного инцидента, затрагивающего или способного затронуть Дополнительный фонд.

(130) Далее документ информирует о принципах функционирования системы возмещения ущерба. В нём отмечается, что судовладелец несёт безусловную ответственность за любой ущерб от загрязнения нефтью, и его материальная ответственность может, как правило, ограничиваться суммой, обусловливаемой вместимостью судна. Возмещение ущерба на данную сумму гарантируется ответственностью страховщика судовладельца, а в случае, если ущерб превышает сумму страхового покрытия ответственности, недостающая сумма компенсации за ущерб, причинённый потерпевшей стороне, покрывается Фондами IOPC. Финансирование Фондов IOPC осуществляется за счёт взносов нефтеперерабатывающей промышленности, а управление – правительствами государств-членов. Руководящие органы Фондов, в которых представлено каждое государство-член Фонда, проводят заседания два раза в год для принятия решений об урегулировании требований, предъявленных к Фондам, решения принципиальных вопросов деятельности и бюджетных вопросов, включая определение размеров взносов. В документе подчёркивается, что в соответствии со Статьёй 3 Международной конвенции о создании Международного фонда для компенсации ущерба от загрязнения нефтью 1992 года Конвенция применяется исключительно к ущербу от загрязнения, причинённому на территории Договаривающегося государства, включая его территориальное море, и в исключительной экономической зоне (EEZ) Договаривающегося государства.

(131) В документе поясняется, что в случае инцидента с загрязнением нефтью страховой иск может быть подан в отношении пяти видов ущерба от загрязнения: имущественный ущерб; стоимость работ по ликвидации последствий разливов нефти на море и побережье; экономический ущерб рыбацких и морских хозяйств; экономический ущерб туристического сектора и стоимость мер по восстановлению окружающей среды. Под ущербом от загрязнения понимается стоимость разумных фактически осуществлённых или планируемых мер по восстановлению окружающей

среды и стоимость осуществления предупредительных мер против ущерба от загрязнения, а также связанные с предупредительными мерами дополнительные убытки или ущерб. Под предупредительными мерами понимаются любые разумные меры, предпринятые любым лицом для предотвращения или уменьшения ущерба от загрязнения, возникшего в результате конкретного инцидента. В документе отмечается, что наряду с выплатой компенсаций в отношении стоимости разумных мер по реабилитации окружающей среды, направленных на ускорение её естественного восстановления после нанесённого ущерба, убытки в виде наказания виновника нанесения ущерба, определяемые по степени его вины, не подлежат возмещению. Задачей Фонда является работа со страховщиками по обеспечению своевременной компенсации потерпевшим сторонам. Члены Фондов установили порядок рассмотрения и определения размеров претензий, который отражён в Практическом руководстве по вопросам, касающимся компенсации ущерба от загрязнения Фонда IOPC 1992 года, в котором наряду с другими официальными документами даётся определение ущерба от загрязнения и определяется практическая методика рассмотрения претензий.

(132) В документе содержится информация по вопросам организации и управления Фондами IOPC, при этом отмечается, что Общие фонды несут административные расходы соответствующих Фондов, включая расходы на содержание Секретариата, а в отношении Фонда 1992 года – расходы, связанные с удовлетворением предъявленных требований и работой по рассмотрению претензий. Для урегулирования претензий по крупным инцидентам созданы отдельные фонды. В документе отмечается, что фонды по урегулированию претензий финансируются не правительством государства-члена, на территории которого имел место инцидент, а получателями нефти. При этом отдельно подчёркивается, что финансирование Фондов IOPC осуществляется за счёт взносов любого юридического лица, которое в течение соответствующего календарного года получило свыше 150 000 тонн облагаемой нефти. Размер взносов определяется по шкале в зависимости от количества полученной нефти. Правительства государств-членов должны в обязательном порядке сообщать обо всех инцидентах.

(133) В документе также сообщается о предоставлении Фондами IOPC ряда услуг (консультаций) своим участникам в целях обеспечения своевременной и справедливой выплаты компенсаций. В частности, Фонды IOPC оказывают помощь в обеспечении правильного применения положений Конвенций, проводят национальные и

региональные семинары по вопросам международной ответственности и режима компенсации, совместно с ИМО и IGP&I Clubs организуют ежегодные курсы обучения, а также проводят образовательные и информационно-просветительские мероприятия, включая презентации на конференциях и выставках в различных организациях.

(134) В документе отмечается, что Фонды IOPC являются частью системы международной ответственности и режима компенсации, которая за 40 лет доказала свою состоятельность, эффективность и неоценимость. Фонды IOPC выразили готовность поделиться своим опытом и в дальнейшем оказывать помощь Сторонам в создании Фонда, предусмотренного положениями Статьи 12 Приложения VI.

(135) Отвечая на вопрос Испании о максимальном размере компенсационных выплат по крупномасштабному инциденту, докладчик проинформировал Совещание о том, что в соответствии с положениями Конвенции о гражданской ответственности 1992 года, Конвенции о создании Фонда 1992 года и Протокола о создании Дополнительного фонда 2003 года страховая защита гражданской ответственности для крупнотоннажных танкеров ограничивается приблизительно 90 миллионами СПЗ (единиц специального права заимствования) или 130 миллионами долларов США. Максимально допустимая сумма компенсационных выплат по условиям режима компенсации составляет около одного миллиарда долларов США. Докладчик отметил, что источником выплаты первой части указанной выше суммы (90 млн СПЗ) являются страховые взносы судовладельца, уплачиваемые в IGP&I Clubs, а остальная сумма выплачивается за счёт взносов юридических лиц нефтеперерабатывающей промышленности государств-членов, а не за счёт средств самих правительств. Докладчик констатировал, что 40-летний опыт деятельности Фондов IOPC показывает, что суммы в один миллиард долларов будет достаточно для покрытия всех расходов по всем разливам нефти, имевшим место на сегодняшний день.

(136) Отвечая на вопрос Нидерландов, докладчик заявил, что у Фондов IOPC отсутствует какой-либо опыт в отношении мер по восстановлению окружающей среды в полярных регионах по причине отсутствия случаев разлива нефти в этих местах. Докладчик также отметил, что тема разливов нефти в полярных регионах активно обсуждалась на целом ряде форумов. При этом он также заметил, что ликвидация разлива нефти в условиях окружающей среды с ледяным покровом представляет собой чрезвычайно трудную задачу.

(137) Отвечая на вопрос Соединённых Штатов Америки в отношении «разумных мер по реабилитации» окружающей среды, направленных на ускорение её естественного восстановления в целом, докладчик разделил этот вопрос на две части. Во-первых, под термином «реабилитация» подразумевалось восстановление и оба эти термина использовались в качестве взаимозаменяемых синонимов. Во-вторых, несмотря на отсутствие практического опыта в осуществлении «разумных мер по реабилитации» в условиях полярных районов, можно сказать, что под разумностью восстановления окружающей среды подразумевается научная обоснованность. Отвечая на просьбу привести примеры случаев отсутствия необходимости или нереальности восстановления, докладчик ответил, что ответные действия по восстановлению будут полностью зависеть от конкретных фактических обстоятельств. Докладчик привёл различные примеры гибкого реагирования в различных условиях окружающей среды, включая случаи, когда естественные процессы восстановления считались наносящими меньший ущерб окружающей среде, нежели вмешательство в ситуацию.

(138) Стороны выразили признательность Фондам IOPC за очень полезный и содержательный документ.

(139) Международная группа ассоциаций (клубов) взаимного страхования (IGP&I Clubs) представила Информационный документ IP 87 *Liability Annex: Financial Security [Приложение об ответственности: финансовое обеспечение]*, информирующий об услугах по финансовому обеспечению, предоставляемых членами группы клубов, и спектре рисков, охватываемых страхованием гражданской ответственности перед третьими лицами. В документе подчёркивается, что каждый клуб представляет собой общество взаимного страхования, в котором застрахованные страхователи являются совместными страховщиками. Члены клуба являются застрахованными страхователями и уплачивают страховые взносы в клуб, при этом клуб не ставит своей целью получение прибыли. Неизрасходованные средства либо возвращаются членам клуба, либо помещаются в резервный фонд, а нехватка средств покрывается за счёт дополнительных страховых взносов членов клуба. В документе отмечается, что каждый клуб обеспечивает страховое покрытие риска в соответствии со своим собственным сводом правил, однако опыт IGP&I Clubs свидетельствует о наличии лишь незначительных различий в правилах между клубами, при этом клубы уделяют много внимания эксплуатационной безопасности судов и предупреждению убытков.

(140) В документе говорится об обеспечении IGP&I Clubs страхового покрытия широкого спектра рисков гражданской ответственности, в том числе большинства рисков, с которыми судовладелец может столкнуться в процессе эксплуатации судна, включая ответственность за загрязнение окружающей среды, ответственность за груз, ответственность за экипаж, ответственность за столкновение судов, ответственность за ущерб имуществу и ответственность за удаление обломков кораблекрушения. В документе отмечается, что как ответственность за загрязнение окружающей среды, так и ответственность за удаление обломков кораблекрушения могут быть отнесены к категории чрезвычайных экологических ситуаций согласно Приложению VI. В документе подчёркивается, что страхование ответственности перед третьими лицами (P&I), предоставляемое клубами, лежит в основе режима ответственности и компенсации, установленного Международной морской организацией (ИМО) для ущерба от загрязнения окружающей среды с судов. В документе отмечается, что Международная конвенция о гражданской ответственности за ущерб от загрязнения нефтью 1992 года и Международная конвенция о гражданской ответственности за ущерб от загрязнения бункерным топливом 2001 года на сегодняшний день действуют соответственно в 136 и 83 государствах. Далее в документе отмечается, что целый ряд негосударственных судов, эксплуатирующихся в водах Антарктики, заключили договор страхования ответственности перед третьими лицами с одним из членов IGP&I Clubs.

(141) В документе напоминается о применении Приложения VI в отношении «чрезвычайных экологических ситуаций», которые означают «любой инцидент, который оказывает любое значительное и вредное воздействие на окружающую среду Антарктики или создает неотвратимую угрозу такого воздействия». В документе приводится мысль о том, что в целом в Приложении VI можно выделить три аспекта обязательств и ответственности, отражающие положения Протокола по охране окружающей среды, а именно: предотвращение чрезвычайных экологических ситуаций и смягчение их последствий, осуществление ответных действий и ответственность по возмещению расходов, понесённых при осуществлении таких ответных действий. В документе также отмечается, что Статья 6 Приложения предусматривает безусловную ответственность оператора, не предпринявшего необходимых ответных действий, по возмещению расходов, понесённых любой другой Стороной при их осуществлении. В документе указывается, что в случае, если

оператор должен был предпринять незамедлительные и эффективные ответные действия, но не сделал этого, равно как и ни одна из Сторон также не предприняла никаких ответных действий, данный оператор обязан возместить оценочную стоимость ответных действий, которые должны были быть предприняты, в фонд, управляемый Секретариатом Договора об Антарктике.

(142) В документе отмечается, что с позиций страхования Стороны должны требовать от своих операторов наличие страхового покрытия или иного финансового обеспечения в объеме, необходимом для покрытия применимого предела гражданской ответственности в соответствии с положениями Приложения VI. Данное страховое (финансовое) обеспечение должно покрывать: ответственность перед Сторонами, которые предпримут требуемые ответные действия, ответственность по возмещению оценочных затрат в Фонд или ответственность перед Стороной, которая может подать против оператора иск с требованием принудительного исполнения в случае, если ни одна из Сторон не предпримет никаких ответных действий. Принимая во внимание тот факт, что пределы гражданской ответственности, предусмотренные Приложением VI, являются такими же, как и пределы ответственности за ущерб имуществу, предусмотренные Протоколом 1996 года об изменении Конвенции об ограничении ответственности по морским требованиям, в документе выражается обеспокоенность тем, что данное Приложение может подразумевать, что в юрисдикциях с исключённой ответственностью за удаление обломков кораблекрушения из режима ограничения ответственности судовладельцы или операторы могут навлечь на себя неограниченную ответственность за оценочную стоимость удаления обломков кораблекрушения в Антарктике.

(143) В документе отмечается, что страхование, предоставляемое IGP&I Clubs, в целом покрывает риски гражданской ответственности «коммерческого оператора» согласно определению Статьи 6 Приложения VI. Определение понятия «оператор» в Статье 2 (c) Приложения VI является существенно более широким и означает «любое физическое или юридическое лицо – будь-то государственное или негосударственное – организующее деятельность, которая должна осуществляться в районе действия Договора об Антарктике». Помимо судовладельцев под данное определение могут подпадать стороны, не имеющие страховой защиты ответственности перед третьими лицами, предоставляемой IGP&I Clubs. В документе отмечается, что согласно положениям о страховании Статьи 11 Приложения VI, стороны, подпадающие под определение понятия

«оператор», должны иметь отвечающее требованиям страховое покрытие риска или иное финансовое обеспечение.

(144) В документе говорится о том, что удостоверение о страховании, известное также как «свидетельство о вступлении» (в клуб взаимного страхования), выдаваемое IGP&I Clubs всем судам, имеющим страхование ответственности перед третьими лицами, должно служить достаточным доказательством наличия на борту страхового покрытия рисков, отвечающего требованиям Приложения VI. Поскольку в положении об обязательном страховании гражданской ответственности не предусматривается право на иск непосредственно к к поставщику услуг страхования, а также требование к страховщикам в отношении их отказа от представления ответных возражений по иску, предусмотренных Правилами Клубов, в документе отмечается, что у страховщиков имеется возможность представления ответных возражений по иску согласно Правилам Клуба, а также использования обстоятельств, освобождающих от ответственности страхователя, предусмотренных в Статье 8 Приложения VI.

(145) Принимая во внимание тот факт, что пределы ответственности, оговоренные с Статье 9 Приложения VI, по-видимому являются минимальным требованием, в документе предлагается ввести пределы ответственности, оговоренные в Приложении VI, взамен юрисдикций с более низкими пределами ответственности с условием обеспечения преимущественной силы юрисдикций с более высокими пределами ответственности.

(146) В документе также отмечается неясность действия Статей 7 и 9 (2) Приложения VI в сочетании с действующими международными режимами ограничения ответственности. Отмечая, что согласно Статье 9 (2) Приложение VI не затрагивает пределов ответственности или права на ограничение ответственности, установленных в рамках любого применимого международного договора об ограничении ответственности, документ указывает на то, что это главным образом касается действующих международных режимов ограничения ответственности, а действующие режимы не содержат собственных оговорок о юрисдикции. В документе также отмечается, что положениями Статьи 7 Приложения VI предусматривается место возбуждения иска, но при этом имеется неясность, как это соотносится со Статьёй 9 (2) и действующими международными режимами ограничения ответственности.

(147) В завершение в документе говорится о Статье 12, в которой используется термин «разумные и обоснованные расходы» в отношении возмещения затрат из средств Фонда без определения значения понятия «расходы», однако неясно, как такое возмещение будет использоваться и как будут оцениваться «разумные и обоснованные расходы», что вызывает некоторое беспокойство. Например, могут ли они использоваться для финансирования обеспечения специального оборудования и ресурсов в Антарктике? Если да, то это не входит в риски Клубов и поэтому P&I Clubs не может обеспечивать страхование этих рисков для судовладельцев и операторов.

(148) Совещание выразило признательность IGP&I Clubs за участие в Совещании и столь полезный и содержательный вклад в его работу.

(149) Ряд Сторон с удовлетворением восприняли информацию, содержащуюся в документе, подтверждающую предоставление страховой защиты перед третьими лицами, как того требует Приложение VI. Ряд Сторон отметили, что вопросы страхования являются достаточно сложными и требуют дальнейшего обсуждения, а некоторые из них могут выходить за рамки компетенции Совещания и потребовать более глубокого понимания того, что из себя будет представлять Приложение VI при вступлении в силу. Они отметили, что представленный документ и налаживаемое сотрудничество с IGP&I Clubs будут способствовать эффективному обсуждению вопросов на национальном уровне.

(150) С позиции антарктических операторов МААТО отметила, что согласно представленному документу страхование ответственности перед третьими лицами охватывает риски судовладельцев, но не обязательно риски уполномоченных Сторонами КСДА операторов, работающих в Антарктике. МААТО отметила важность выяснения вопроса о том, распространяется ли страховая защита в отношении судовладельцев также и на уполномоченных операторов.

(151) Российская Федерация, отметив факт приведения своего законодательства в соответствие с требованиями Протокола VI и проинформировав о том, что в отношении страхования судов своих антарктических экспедиций она уже 15–20 последних лет пользуется услугами компании BNI, заострила внимание на всё ещё нерешённом вопросе в отношении страхования имеющихся в Антарктике оборудования и объектов. Основываясь на своём опыте, Российская Федерация проинформировала о трудностях в нахождении страховых компаний, готовых к предоставлению страхования в Антарктике, по причине

отсутствия квалификации или способности и понимания того, что в вопросе экспертного заключения они будут вынуждены полагаться на национальные антарктические программы.

(152) В ответ на соображения МААТО и Российской Федерации в отношении операторов, не являющихся судовладельцами, Великобритания отметила, что в её представлении под оператором понимается организация, получающая разрешение, и в случае осуществления какой-либо деятельности на борту судна при вступлении в силу Приложения VI она не выдаст никакого разрешения, если на борту судна, используемого оператором, не будет соответствующего свидетельства о страховании. В отношении деятельности, не связанной с судами, Великобритания отметила, что она проводит обширные консультации на рынке страховых услуг Великобритании по вопросу возможных последствий вступления в силу Приложения VI. Проявляя готовность к предоставлению узкоспециализированных страховых продуктов, страховые компании ждут вступления в силу Приложения VI на международном уровне, так как только в этом случае станут понятны все детали требований к гражданской ответственности, без чего выполнение необходимой оценки рисков, являющейся основой страхового продукта, представляет большие трудности.

(153) Отвечая на вопрос Соединённых Штатов Америки в отношении обязанности оператора обеспечить наличие необходимого страхового покрытия риска на всех эксплуатируемых им судах, представитель IGP&I Clubs заметил, что страховое обеспечение может быть выдано на имя судовладельца, а оператор судна может быть состраховател ем с обеспечением такого же уровня страхового покрытием, что и судовладелец. Однако было отмечено, что если оператор также является фрахтователем судна, ему не будет предоставляться страховая защита дополнительно к страховой защите владельца судна, предоставленной IGP&I Clubs, и ему придётся обеспечивать страхование самостоятельно как фрахтователю.

(154) Представитель IOPC Funds посоветовал Сторонам проявлять осмотрительность в отношении выбора страховщиков, так как надлежащая и отвечающая всем требованиям страховая защита обеспечивается только членами IGP&I Clubs. Представитель IOPC Funds дал разъяснения в отношении трёх случаев, в которых Фондом выплачивается компенсация, а именно: если страхователь освобождается от ответственности, если страхователь или судовладелец

являются платёжеспособными и (самый распространённый случай) если ущерб превышает страховое покрытие и ответственность.

(155) Напомнив о том, что по прошествии двенадцати лет Приложение VI так и не вступило в силу, ИМО заявила о своей заинтересованности в предоставлении практических рекомендаций в отношении обеспечения более глубокого понимания вопросов ответственности в рамках Системы Договора об Антарктике. ИМО заявила, что уже имеются средства и механизмы для обеспечения взаимосочетания достижимого в Антарктике, уже имеющегося на рынке и предусмотренного действующими Конвенциями. Она отметила, что Международная конвенция о гражданской ответственности за ущерб от загрязнения бункерным топливом (Бункерная конвенция), принятая ИМО в 2001 году, насчитывает 84 Государства-участника, а Найробийская Международная конвенция об удалении затонувших судов 2007 года – 35 Государств-участников.

(156) ИМО подчеркнула, что международное морское сообщество полагается на установленные режимы ответственности, а основой успеха этих режимов является широкая поддержка как со стороны промышленности, так и со стороны правительств. Она заметила, что для практического применения этих режимов в равной мере требовалась и поддержка государств, и поддержка индустриального сектора. Заметив, что это не её задача трактовать режимы международной ответственности или их возможное частичное дублирование друг друга, ИМО отметила целесообразность изучения различий между ожиданиями Сторон от Приложения VI и конвенций об ответственности, принятых под эгидой ИМО.

(157) ИМО отметила, что после крупнейшего разлива нефти, имевшего место в 1967 году в результате аварии танкера «Torrey Canyon», всем стало ясно и понятно, что для обеспечения надлежащей компенсация за ущерб и установления отвечающего требованиям режима ответственности необходима соответствующая страховая защита. ИМО пояснила, что наряду с тем, что страховым компаниям соответствующих страховщиков, включая IGP&I Clubs, разрешено представлять определённые ответные возражения с целью избежания страховых выплат, им не разрешается, согласно соответствующим конвенциям ИМО, откладывать страховые выплаты по удалению обломков кораблекрушения или бункерного топлива до тех пор, пока не заплатил судовладелец.

(158) ИМО выразила надежду на скорейшее вступление в силу Приложения VI и обратила внимание Сторон на успешную трансформацию Полярного

кодекса, носившего рекомендательный характер, в нормативный документ, обязательный к исполнению согласно конвенциям СОЛАС и МАРПОЛ. Она также отметила успешное расширение запрета МАРПОЛ в отношении мазута и в качестве топлива, и в качестве груза в районе Антарктики. ИМО предложила в случае отсутствия подвижек со вступлением в силу Приложения VI применить вышеупомянутый подход и расширить границы действия конвенций о гражданской ответственности, уже вступивших в силу под эгидой ИМО, на воды Антарктики, что может принести положительный эффект в отношении защиты гражданской ответственности в Антарктике.

(159) Отвечая на вопрос Российской Федерации, представитель IGP&I Clubs проинформировал Стороны о том, что оборудование для ликвидации разливов как правило предоставляется государствами и может храниться на складах нефтяных компаний. Он также добавил, что зачастую ликвидацией разливов занимается правительство, а судовладелец оплачивает разумную стоимость работ по ликвидации разлива. Он пояснил, что клубы, как правило, не возмещают стоимость покупки оборудования для ликвидации разливов, так как расходы на разработку плана действий при разливе нефтепродуктов не считаются рисками судовладельцев или ответственностью, вытекающей из инцидента.

(160) Представитель IGP&I Clubs подтвердил, что в целом требования Приложения VI находятся в пределах объёма страховой защиты, однако при этом отметил ряд мотивированных возражений со стороны Клубов, таких как умышленные неправомерные действия страхователей, предъявление страхователями заведомо непригодного для плавания судна, неосторожная эксплуатация и нарушения нормативных требований, которые будут служить препятствием к предоставлению страховой защиты.

(161) Стороны выразили глубокую признательность IGP&I Clubs, ИМО и IOPC Funds за участие в работе XL КСДА и помощь в разъяснении различных элементов Приложения VI. Ряд Сторон отметили целесообразность и полезность дальнейшего обсуждения вопросов с IGP&I Clubs, ИМО и IOPC Funds, а также привлечения к обсуждению судовладельцев и других специалистов в области эксплуатации судов в процессе введения в действие Приложения VI.

(162) IOPC Funds, IGP&I Clubs и ИМО выразили готовность передать свои знания и опыт и принять участие в обсуждении вопросов ответственности на последующих КСДА. Совещание поручило

Исполнительному секретарю направить приглашения IOPC Funds, P&I Clubs и ИМО принять участие в работе следующего КСДА, а также проинформировать эти организации о заинтересованности КСДА в предоставлении информации, рекомендаций и консультаций по вопросам страхования, предусмотренного положениями Приложения VI к Протоколу.

(163) Российская Федерация представила Информационный документ IP 144 *Russian legislation on regulation of activities in the Antarctic [Российское законодательство по регулированию деятельности в Антарктике]*, в котором представлена краткая информация о Федеральном законе № 50 «О регулировании деятельности российских граждан и российских юридических лиц в Антарктике». В рамках данного закона было одобрено Приложение VI к Протоколу по охране окружающей среды. В документе говорится о выполнении перевода текста Федерального закона № 50 на английский язык в целях обмена опытом в вопросах выполнения положений Приложения VI. Российская Федерация призвала Стороны к дальнейшему информированию друг друга о своих подходах и путях решения проблем и задач в антарктическом регионе.

(164) Выразив признательность Российской Федерации за выполнение перевода закона, Стороны отметили, что обмен информацией по выполнению требований Приложения VI представляет большой интерес для Сторон, продолжающих свою работу по приведению национального законодательства в соответствие с требованиями Протокола VI. Ряд Сторон проинформировали о том, что они уже предоставили свои национальные законодательные акты через СЭОИ или в ранее представленных Информационных документах.

(165) Ряд Сторон отметили целесообразность создания Секретариатом отдельной веб-страницы для добровольного размещения на ней Сторонами законодательных материалов по выполнению положений Приложения VI. Секретариат выразил согласие составить подборку имеющихся у него материалов по приведению национальных законодательств в соответствие с требованиями Приложения VI и обеспечить её централизованное размещение. Совещание призвало Стороны, ещё не сделавшие этого, предоставить Секретариату материалы национального законодательства и другие соответствующие нормативные материалы.

(166) Российская Федерация также представила Информационный документ IP 145 *Approximate list, scope and character of response actions*

[Примерный перечень, объём и характер ответных действий], в котором напоминается Сторонам об их обязательствах согласно Статьё 15 Протокола по охране окружающей среды и Статье 5 Приложения VI в отношении ответных действий в чрезвычайных экологических ситуациях. Российская Федерация призвала Стороны рассмотреть вопрос об обсуждении примерного перечня, объёма и характера ответных действий до вступления в силу Приложения VI. Это окажет помощь правительству Российской Федерации, взявшем на себя данное обязательство согласно приведённому в соответствие национальному законодательству. В документе отмечается, что это обеспечит Сторонам, одобрившим Приложение VI, более прочную правовую основу для выполнения Приложения и окажет существенную помощь Сторонам, которые ещё на одобрили Приложение VI.

(167) Российская Федерация проинформировала о своём намерении подготовить материалы в отношении примерного перечня, объёма и характера ответных действий, требуемых от операторов в случае возникновения чрезвычайных экологических ситуаций при осуществлении планируемой деятельности в Антарктике.

(168) Другие Стороны, приведшие национальное законодательство в соответствие с требованиями Приложения VI, отметили, что разработка перечня ответных действий не требуется согласно их законодательству. Было также отмечено, что в национальном законодательстве ряда Сторон вопрос трактовки уместности мер, включая объём разумных ответных действий, в конечном итоге является предметом разбирательства судебной инстанции. Стороны пришли к согласию продолжить в дальнейшем полезное и открытое обсуждение вопросов приведения национального законодательства в соответствие с требованиями Приложения VI.

Пункт 9. Биопроспектинг в Антарктике

(169) Нидерланды представили Информационный документ IP 168 *An Update on Status and Trends Biological Prospecting in Antarctica and Recent Policy Developments at the International Level [Оперативная информация о положении дел и основных направлениях деятельности в области биопроспектинга в Антарктике и последних событиях в области выработки стратегии развития на международном уровне]*. Стороны обменялись мнениями о последних событиях в области выработки стратегии развития, содержащихся в докладе Нидерландов.

(170) Нидерланды также довели до сведения Сторон информацию о ходе разработки в рамках Конвенции ООН по морскому праву (UNCLOS) международных документов, имеющих обязательную юридическую силу, по сохранению и рациональному использованию морского биологического разнообразия в районах за пределами действия национальной юрисдикции. Совещание подтвердило свою уверенность в том, что Система Договора об Антарктике является договорно-правовым полем, способным обеспечить сохранение и рациональное использование морского биологического разнообразия в антарктическом регионе.

(171) АСОК отметила, что поскольку деятельность в области биопроспектинга имеет непосредственное отношение к вопросам охраны окружающей среды, вопросы биопроспектинга следует обсуждать в атмосфере открытости и прозрачности.

(172) Совещание пришло к согласию о необходимости обсуждения всех аспектов данного вопроса в рамках КСДА и включило его в свой Многолетний стратегический план работы. Совещание отметило большую роль и значение Системы Договора об Антарктике и важность уже проделанной работы в рамках Системы, включая принятие Резолюции 7 (2005 г.), Резолюции 9 (2009 г.) и Резолюции 6 (2013 г.), и пришло к согласию о необходимости продолжить данную работу на XLI КСДА. Совещание призвало Стороны представить соответствующие Рабочие документы в рамках продолжения этой работы.

(173) По просьбе ряда Консультативных сторон Исполнительный секретарь проинформировал о получении совсем недавно приглашения от ООН принять участие в совещании, запланированном на июль месяц текущего года. Совещание пришло к согласию о том, что в случае получения Секретариатом в дальнейшем приглашений от Секретариата ООН по вопросам Резолюции Генеральной Ассамблеи ООН 69/292, Секретариат незамедлительно разошлёт приглашение всем Сторонам. Было принято решение о том, что в случае отсутствия каких-либо возражений Сторон по истечении 14 дней от даты рассылки, Секретариат направит ответ следующего содержания:

Уважаемый г-н/г-жа

Я имею честь подтвердить получение Вашего письма от (дата), которое было доведено до сведения Консультативных Сторон Договора об Антарктике. Благодарю Вас за Ваше любезное приглашение. Позвольте мне, пользуясь этой возможностью, заверить в том, что Система Договора об Антарктике является договорно-правовым полем, способным обеспечить сохранение и рациональное использование морского биологического разнообразия в антарктическом регионе.

Исполнительный секретарь
Секретариат Договора об Антарктике

(174) Совещание отметило, что подготовка ответов на письма в адрес Секретариата Договора об Антарктике является деликатным вопросом.

Пункт 10. Обмен информацией

(175) КОМНАП представил Информационный документ IP 12 *Operational information – national expeditions: Facilities & SAR categories [Операционная информация – национальные экспедиции: категории объектов и средств поиска и спасания (SAR)]* в ответ на обращение XXXIX КСДА по двум вопросам, касающимся предоставления информации в рамках требований к обмену информацией (Заключительный отчёт КСДА, Приложение 4). КОМНАП представил Совещанию информацию о категориях объектов и их определениях, согласованных членами КОМНАП в результате длительного обсуждения и одобренных к использованию в целом ряде информационных продуктов и средств КОМНАП.

(176) КОМНАП также представил Информационный документ IP 64 *Advances to the COMNAP database [Усовершенствование базы данных КОМНАП]* с информацией о существенной доработке системы баз данных в помощь деятельности национальных антарктических программ. База данных содержит информацию о целом ряде информационных продуктов, включая Информационное руководство по антарктическим перелётам (AFIM) и поддержку проекта по созданию КОМНАП Каталога объектов инфраструктуры. КОМНАП проинформировал Совещание о широком назначении базы данных и предложил КСДА обсудить вопрос о возможности данной базы данных КОМНАП способствовать избежанию дублирования усилий по наполнению данными различных информационных платформ и обеспечению непротиворечивости и актуальности данных на этих платформах. Для получения информации из базы данных КОМНАП предусмотрел общедоступный интерфейс ГИС на своём веб-сайте.

(177) Секретариат представил Документ Секретариата SP 10 *Отчёт об оценке работы Системы электронного обмена информацией (СЭОИ)*. Секретариат внёс ряд предлагавшихся изменений и выполнил ряд доработок СЭОИ, включая вопросы интерфейса, обмена данными с другими системами, санкционирования и контроля публикаций, использования данных СЭОИ для межсторонних и межсезонных отчётов, включая подготовку новых кратких отчётов с возможностью извлечения необходимой информации из системы. Секретариат отметил о возможности разработки интерфейса на всех языках Договора, а также рассмотрения новых вариантов обмена данными между СЭОИ и базой данных КОМНАП.

(178) Беларусь подчеркнула важность наличия удобного для пользователя интерфейса и в особенности возможности заполнения форм СЭОИ на всех языках Договора.

(179) Совещание призвало Секретариат Договора об Антарктике и Секретариат КОМНАП к взаимодействию в межсессионный период по рассмотрению путей и способов сокращения объёмов дублирующей информации и улучшению совместимости своих систем в отношении всех баз данных, в особенности в отношении постоянной информации, представляемой Сторонами. КОМНАП выразил готовность изучить совместно с Секретариатом Договора об Антарктике практические и технические возможности и целесообразность обмена данными со всеми информационными платформами организации.

(180) Совещание также призвало Секретариат Договора об Антарктике к дальнейшей доработке СЭОИ в межсессионный период, включая разработку интерфейса веб-сайта на четырёх языках Договора.

(181) Совещание также предложило Секретариату рассмотреть вопрос о создании интерактивного фотомонтажа по фотоматериалам предшествующих КСДА. Секретариат согласился рассмотреть данный вопрос.

Пункт 11. Вопросы образовательной и информационно-просветительской деятельности

(182) Болгария представила Рабочий документ WP 24 *Второй отчёт о работе Межсессионной контактной группы по вопросам образовательной и информационно-просветительской деятельности*, подготовленный совместно с Бельгией, Бразилией, Великобританией,

Испанией, Португалией и Чили. МКГ представила вниманию КСДА следующие рекомендации: признать полезность форума по вопросам образовательной и информационно-просветительской деятельности; рекомендовать Сторонам и впредь содействовать использованию форума для предоставления информации о своей образовательной и информационно-просветительской деятельности; ознакомиться с основными международным мероприятиями и событиями по вопросам образовательной и информационно-просветительской деятельности и определить те из них, в которых они могли бы участвовать; рекомендовать Сторонам в рамках их информационно-просветительской деятельности впредь освещать не только вопросы Антарктики и осуществляемых там исследований, но и вопросы Договора об Антарктике и Протокола по охране окружающей среды.

(183) Болгария выразила признательность всем Сторонам, принимавшим участие в работе МКГ, и отметила, что её деятельность проводилась как на национальных, так и на международном уровнях. Деятельность МКГ предусматривала участие в следующих мероприятиях: празднование 25-й годовщины подписания Протокола по охране окружающей среды, проведение ежегодного Международного дня Антарктики в декабре месяце, проведение Полярных недель (два раза в год), организация третьего международного семинара полярных просветителей.

(184) Совещание выразило признательность Болгарии за координирование работы МКГ и подчеркнуло важную роль образовательной и информационно-просветительской деятельности. МААТО выразила признательность Сторонам за приглашение принять участие в работе МКГ и отметила, что данный форум играет важную роль не только в отношении обмена информацией и идеями в области образовательной и информационно-просветительской деятельности, но и в целом способствует координации работы и сотрудничеству по вопросам Антарктики. Совещание пришло к согласию поддержать продление мандата МКГ и предложило представить конкретные предложения о деятельности в следующем межсессионном периоде. Совещание вновь подтвердило свою позицию в отношении того, что веб-сайт Секретариата, посвящённый образовательной и информационно-просветительской деятельности, будет содержать ссылки на веб-сайты Сторон без размещения самих материалов Сторон.

(185) Совещание приняло решение о продлении мандата МКГ на работу по вопросам образовательной и информационно-просветительской

деятельности в течение ещё одного межсессионного периода и утвердило для МКГ следующее Техническое задание:

- оказание содействия развитию сотрудничества в области образовательной и информационно-просветительской деятельности как на национальных, так и международном уровнях;
- ознакомление с основными международными мероприятиями и событиями по вопросам образовательной и информационно-просветительской деятельности и определение тех из них, в которых могли бы принять участие Стороны Договора об Антарктике;
- обеспечение обмена результатами образовательных и информационно-просветительских мероприятий по наглядному представлению работы Сторон Договора об Антарктике в области управления деятельностью в районе действия Договора об Антарктике;
- привлечение особого внимания к осуществляемым мероприятиям в области охраны окружающей среды, по которым имеются данные о результатах работы и научных наблюдений, в целях повышения роли и значения Договора об Антарктике и Протокола по охране окружающей среды к Договору;
- оказание содействия соответствующей образовательной и информационно-просветительской деятельности Экспертов и Наблюдателей и развитию сотрудничества с ними в этой области;
- рассмотрение вопроса о возможности создания специального раздела по вопросам образовательной и информационно-просветительской деятельности на веб-сайте СДА.

(186) Совещание также пришло к согласию в отношении:

- приглашения Наблюдателей и Экспертов-участников КСДА, принять участие в работе МКГ;
- открытия Исполнительным секретарём форума КСДА для МКГ и оказания содействия работе МКГ;
- назначения Болгарии координатором МКГ с представлением отчёта о результатах работы МКГ на следующем КСДА.

(187) Венесуэла представила Информационный документ IP 19 *Material divulgativo/ educativo: Juega y aprende con el Tratado Antartico [Информационно-просветительские/образовательные материалы: Изучение Договора об Антарктике в игровой манере]* с информацией о проекте «Играй и учись с Договором об Антарктике». Целью данного проекта является включение основ знаний о Системе Договора об Антарктике в состав общеобразовательных предметов системы образования Венесуэлы.

(188) Венесуэла представила Информационный документ IP 28 *Enlace web de divulgacion y educacion: Antartida en la escuela [Сайт информационно-просветительских и образовательных материалов: Антарктика в школе]*. В документе приводится ссылка на сайт образовательного и информационно-просветительского проекта «Антарктика в школе», целью которого является доведение информации до широкой общественности.

(189) Южная Африка представила Информационный документ IP 51 *Creating Awareness: the Role of the Antarctic Legacy of South Africa (ALSA) [Знакомьтесь: проект «Значимость антарктического наследия Южной Африки (ALSA)»]* с оперативной информацией о проекте ALSA, включая историю его создания, развития, вклад проекта в архивные материалы антарктического и субантарктического наследия Южной Африки, а также образовательные и информационно просветительские мероприятия в рамках проекта.

(190) Колумбия представила Информационный документ IP 60 *Campana de Educacion "Todos Somos Antartica" Actividades 2016–2017 [Образовательная кампания «Антарктика – наш общий дом»» – деятельность за 2016/17 г.]*. Документ содержит информацию о проведении в Колумбии в 2016 и 2017 годах широкомасштабной образовательной и информационно-просветительской кампании под названием «Антарктика – наш общий дом». Целью кампании являлось проведение информационно-просветительской работы в Колумбии. Кампания включала в себя проведение семинаров, презентаций, целевых информационно-просветительских мероприятий, показ документальных фильмов и проведение учебных курсов.

(191) Колумбия также представила Информационный документ IP 61 *Aportes de Colombia al Conocimiento de la Cultura y Adaptacion Antarticas [Вклад Колумбии в изучение антарктической культуры и адаптации]* с подробной информацией об основной научной деятельности, осуществлявшейся во время третьей колумбийской научной экспедиции в 2016–2017 гг. Программа экспедиции насчитывала 27 научно-исследовательских проектов. Колумбия выразила признательность Аргентине, Испании, Соединённым Штатам Америки и Чили за оказанную помощь и поддержку.

(192) Чили представила Информационный документ IP 96 *Programa de Educacion Antartica [Антарктическая образовательная программа]* с информацией об образовательной деятельности различных уровней в Чили.

(193) Аргентина представила Информационный документ IP 99 *Commemoration of the 25th Anniversary of the Protocol on Environmental Protection to the Antarctic Treaty – Presentation of Postage Stamps [Ознаменование 25-й годовщины подписания Протокола по охране окружающей среды к Договору об Антарктике – презентация почтовых марок]*. В ознаменование 25-й годовщины подписания Протокола по охране окружающей среды к Договору об Антарктике 4 октября 2016 года Аргентина выпустила две памятные почтовые марки. В документе содержится подробное описание марок.

(194) Эквадор представил Информационный документ IP 129 *Primeras Jornadas Antarticas, 2016 [Первые рабочие дни в Антарктике, 2016 г.]*, освещающий образовательные и информационно-просветительские мероприятия, которые по мнению Эквадора являются актуальными для всех поколений. Поскольку Эквадор является государством с тропическим климатом, донесение до широкой общественности информации об Антарктике является весьма сложной задачей. Для преодоления этих трудностей Эквадор организовал проведение образовательных конференций, посвящённых научным исследованиям в Антарктике и 30-й годовщине первой эквадорской экспедиции в Антарктику.

(195) Перу представила Информационный документ IP 134 *Actividades del Programa Nacional Antártico de Período 2016–2017 [Деятельность в рамках национальной программы Перу – период 2016/17 г.*] с информацией о деятельности перуанской национальной антарктической программы в 2016–2017 годах.

(196) Болгария и Турция представили Информационный документ IP 138 *Polar Scientific and Outreach Cooperation Between Bulgaria and Turkey [Сотрудничество Болгарии и Турции в области полярных исследований и информационно-просветительской деятельности]* с информацией о подписании в октябре 2016 года Меморандума о взаимопонимании между Болгарским антарктическим институтом и Полярным научно-исследовательским центром при Стамбульском техническом университете. В документе также освещается мероприятие, состоявшееся в Стамбуле в рамках семинара «Турецкая программа полярных научных исследований», на котором Болгарский антарктический институт представил выставку исторических карт Антарктики, посвящённую 25-й годовщине подписания Протокола по охране окружающей среды.

(197) АСОК представила подготовленный совместно с МААТО Информационный документ IP 148 *Collaborating on Antarctic Education and Outreach*

[Совместная образовательная и информационно-просветительская деятельность в отношении Антарктики] с информацией о совместной образовательной и информационно-просветительской деятельности в межсессионный период 2016/17 г. Мероприятия в рамках этой деятельности включали в себя совместную подготовку АСОК, МААТО и Всемирным фондом дикой природы (WWF) информационного бюллетеня к Всемирному конгрессу по охране природы, организованному МСОП в 2016 году; участие 4 октября 2016 года в мероприятиях сообщества Системы Договора об Антарктике, посвящённых празднованию 25-й годовщины подписания Протокола по охране окружающей среды Антарктики под хэштегом #AntarcticaProtected и совместное участие в кампании в социальных сетях, посвящённой Дню всех влюблённых, с целью привлечения внимания к менее известным видам антарктической фауны, в особенности к беспозвоночным. АСОК отметила, что согласованные совместные проекты и рекламные кампании через средства массовой информации являются эффективными средствами доведения до общественности ключевой информации и охвата широкой аудитории. АСОК и МААТО выразили надежду, что пример их совместной деятельности послужит стимулом для Сторон Договора об Антарктике, а также Экспертов и Наблюдателей-участников КСДА к расширению совместной деятельности, направленной на повышение роли и значения Системы Договора об Антарктике.

(198) Румыния представила Информационный документ IP 171 *Romanian Antarctic Education and Outreach Activities during 2015-2017 [Образовательная и информационно-просветительская деятельность Румынии в 2015–2017 годах]* с информацией о ряде мероприятий, в которых она приняла участие в рамках работы МКГ по вопросам образовательной и информационно-просветительской деятельности. Данная деятельность включала в себя: мероприятия в ознаменование 25-й годовщины подписания Протокола по охране окружающей среды Антарктике, мероприятия, посвящённые Дню Антарктики и Международной полярной неделе, организованной APECS, публикацию книги и выпуск документального фильма, посвящённых прославленному полярному исследователю Эмилю Раковице, медийные мероприятия, мероприятие, организованное посольством Румынии в Канберре, посвящённое двум знаменитым исследователям Раковице и Негоице, а также проведение семинаров.

(199) В рамках данного пункта Повестки дня были также представлены следующие Вспомогательные документы:

- BP 9 *Piloto Luis Pardo Villalón: Rescatando del olvido a un héroe Chileno [Командир Луис Пардо Виллалон: сохранение памяти о забытом чилийском герое]* (Чили).
- BP 10 *Celebración de la Semana Antártica en Punta Arenas [Празднование недели Антарктики в г. Пунта-Аренас]* (Чили).
- BP 13 *Практика проведения в Республике Беларусь международных научно-практических конференций, посвящённых проблемам Антарктики* (Беларусь).

Пункт 12. Многолетний стратегический план работы

(200) На Совещании был рассмотрен Многолетний стратегический план работы, принятый на XXXIX КСДА. На нём были рассмотрены все первоочередные задачи, а также вопрос возможного исключения из плана отдельных текущих первоочередных задач и включения в него новых задач первостепенной важности.

(201) После обсуждения участники Совещания обновили Многолетний стратегический план работы и приняли Решение 7 (2017 г.) *Многолетний стратегический план работы для Консультативного совещания по Договору об Антарктике.*

Пункт 13. Безопасность и деятельность в Антарктике

Эксплуатация: Воздушное пространство

(202) СКАР представил Рабочий документ WP 20 *Уровень изученности реакции диких животных на дистанционно пилотируемые авиационные системы (ДПАС)* со ссылкой на Вспомогательный документ BP 1 *Best Practice for Minimising Remotely Piloted Aircraft System Disturbance to Wildlife in Biological Field Research [Передовые практические методы сведения к минимуму причинения беспокойства диким животным дистанционно пилотируемыми авиационными системами при проведении биологических исследований в полевых условиях]*. В ответ на запрос XVIII заседания КООС в документе была представлена обобщённая информация о чувствительности диких животных к дистанционно пилотируемым авиационным системам (ДПАС) на основании данных 23 научных публикаций. СКАР отметил различные реакции на ДПАС в зависимости от вида дикого животного, параметров

траектории полёта и типа ДПАС, а также отсутствие данных о демографических последствиях. СКАР отметил, что данный анализ подтверждает вывод о том, что единого универсального решения по смягчению реакции диких животных на ДПАС не существует. В результате СКАР указал на то, что руководства должны быть ориентированы на конкретные участки и виды животных и должны принимать во внимание тип используемой ДПАС и уровень шумов. СКАР рекомендовал КООС использовать предварительные передовые практические рекомендации, описанные в документе, и признать необходимость учёта видового разнообразия, конкретных реакций и переменных факторов, описанных в документе, при проведении дальнейших исследований в отношении реакций диких животных на ДПАС в Антарктике.

(203) Участники Совещания поблагодарили СКАР за его работу и согласились с возможной необходимостью разработки руководств, учитывающих конкретное место, вид животных и оборудование, чтобы эффективно управлять использованием ДПАС вблизи диких животных.

(204) КОМНАП представил Информационный документ IP 77 *Update from the COMNAP Unmanned Aerial Systems Working Group (UAS-WG) [Оперативная информация Рабочей группы КОМНАП по беспилотным авиационным системам (РГ-UAS)]* и отметил быстрое развитие технологии ДПАС, особенно, как было отмечено Великобританией, технологии автоматического зависимого наблюдения-вещания (АЗН-В), которая является полезным вспомогательным инструментом для обеспечения безопасности воздушных операций. В документе также представлены результаты исследования об использовании ДПАС национальными антарктическими программами, которое проводилось КОМНАП в течение 12 месяцев. Результаты указывают на то, что большинство ДПАС использовалось в научных целях.

(205) Участники Совещания поблагодарили СКАР и КОМНАП за их полезный вклад.

(206) Нидерланды отметили, что в *Общих принципах антарктического туризма* (2009 г.) говорится о том, что «в отсутствие необходимой информации о потенциальных воздействиях решения относительно туризма должны приниматься с использованием прагматичного и предохранительного подхода, который также предусматривает оценку рисков». Исходя из этого и учитывая пробелы в научных знаниях, а также решение МААТО временно запретить использование ДПАС в рекреационных целях в

прибрежных районах, изобилующих дикими животными, Нидерланды ожидали бы от КСДА принятия подхода МААТО до тех пор, пока не будет получена дополнительная информация.

(207) Участники Совещания учли сообщение Председателя КООС о том, что Комитет не пришёл к консенсусу относительно предложения запретить применение БПЛА/ДПАС в рекреационных целях, сделанного Нидерландами во время заседания КООС, а также о том, что МКГ, организованная КООС для разработки методического руководства по экологическим аспектам применения БПЛА/ДПАС, дополнительно рассмотрит использование таких устройств для всех целей.

(208) Участники Совещания поддержали рекомендации КООС в отношении использования БПЛА/ДПАС вблизи мест обитания диких животных в Антарктике. Они приветствовали указание со стороны КОМНАП о необходимости продолжать работу над безопасностью и экологическими перспективами операций БПЛА/ДПАС. Они согласились с тем, что БПЛА/ДПАС будут включены в обсуждения на тему воздушных операций на XLI КСДА.

(209) Норвегия представила Рабочий документ WP 46 *Инфраструктура и деятельность неправительственных операторов, связанные с воздушными операциями: возможное влияние на работу национальных программ в Антарктике*, подготовленный совместно с Австралией и Великобританией. В документе отмечается, что в то время как общее управление воздушным движением в Антарктике осуществляется национальными антарктическими программами, растёт также интерес со стороны неправительственных операторов к совершению полётов в Антарктику и в её пределах. Австралия, Великобритания и Норвегия предложили КСДА изучить возможные проблемы, которые могут возникнуть в связи с увеличением масштаба воздушных операций в Антарктике, и одобрили включение вопроса о воздушных операциях в Многолетний стратегический план работы КСДА для его дальнейшего рассмотрения на XLI КСДА в 2018 году.

(210) Участники Совещания согласились с тем, что проблема роста воздушного движения под управлением неправительственных операторов в Антарктике является важным вопросом, влияющим на безопасность и охрану окружающей среды. Ряд Сторон подчеркнули важность проведения дискуссий о более широком стратегическом подходе, в том числе о необходимости обстоятельного обсуждения роста негосударственного сектора воздушных перевозок.

(211) Российская Федерация сообщила участникам Совещания, что ввиду множества неправительственных операций, опирающихся на поддержку национальной антарктической программы, государственная разрешительная система Российской Федерации требует от операторов наличия соответствующего образования и подготовки, чтобы гарантировать выполнение воздушных операций в соответствии с разработанным КОМНАП Информационным руководством по антарктическим перелётам (AFIM).

(212) В ответ МААТО отметила, что некоторые из её авиаоператоров самостоятельно обеспечивают всё необходимое для проведения полётов и безопасно осуществляют их без поддержки со стороны национальных антарктических программ. МААТО поблагодарила КОМНАП за работу над AFIM и системами отслеживания воздушных судов, которая стала важным вкладом в обеспечение безопасности воздушного движения.

(213) Участники Совещания согласились с тем, что рост числа полётов, осуществляемых неправительственными операторами, является важным вопросом, требующим дальнейшего обсуждения, и пожелали включить данный пункт в Многолетний стратегический план работы.

(214) Германия представила Информационный документ IP 42 *DROMLAN – Dronning Maud Land Air Network [Международная авиационная сеть на Земле Королевы Мод – ДРОМЛАН]*. Германия отметила, что настоящий документ нацелен на повышение прозрачности информации о деятельности, осуществляемой через Международную авиационную сеть на Земле Королевы Мод (ДРОМЛАН). Германия указала на то, что ДРОМЛАН является некоммерческим международным совместным проектом национальных антарктических программ Бельгии, Великобритании, Германии, Индии, Нидерландов, Норвегии, России, Финляндии, Швеции, ЮАР и Японии со станциями и научными интересами в более обширном районе Земли Королевы Мод. Германия пояснила, что с согласия всех участников ДРОМЛАН Международный антарктический логистический центр (ALCI) в Кейптауне отвечает за большинство воздушных операций и тесно сотрудничает с организационным комитетом ДРОМЛАН по вопросам управления такими операциями. Германия отметила, что использование ДРОМЛАН обеспечило более лёгкий и более частый доступ на Землю Королевы Мод и значительно улучшило стандарты безопасности для научных экспедиций и операций по материально-техническому обеспечению на Земле Королевы Мод.

(215) Участники Совещания поблагодарили Германию за её презентацию и приветствовали успех ДРОМЛАН.

(216) Российская Федерация представила Информационный документ IP 143 *Об использовании участка голубого льда в районе горы Ромнес в качестве запасной ВПП*, в котором описывается необходимость устройства и использование в целях безопасности запасной взлётно-посадочной полосы для воздушных судов, прибывающих на станцию Новолазаревская. Российская Федерация отметила, что расположенный в ЮАР ALCI подготовил проект Первоначальной оценки окружающей среды (ПООС) для строительства и эксплуатации взлётно-посадочной полосы, который был представлен на рассмотрение ЮАР. Российская Федерация пояснила, что ЮАР не обновила законодательные процедуры, предусмотренные для утверждения разрешения, и поэтому не может утвердить ПООС, подготовленную ALCI. Российская Федерация уведомила участников Совещания, что российская компания «АЛСИ Норд» подала в соответствующие российские органы заявку на получение разрешения на начало работ на взлётно-посадочной полосе, и что такое разрешение было недавно предоставлено.

(217) В рамках данного пункта был также представлен и принят как представленный следующий документ:

- Информационный документ IP 27 *Procedures for Safe use of Unmanned Aerial Systems in Antarctica [Процедуры безопасного использования беспилотных авиационных систем в Антарктике]* (Новая Зеландия). В документе сообщается о разработке руководства по беспилотным воздушным системам (UAS), актуального для UAS в районе моря Росса и залива Мак-Мёрдо в Антарктике. На основе разработанного КОМНАП Руководства для операторов UAS в руководстве излагаются процедуры, подлежащие соблюдению, в том числе предварительная оценка, а также наземные рабочие процедуры.

Эксплуатация: Морские операции

(218) Великобритания сослалась на Информационный документ IP 139, ред *1 An overview of the International Code for Ships Operating in Polar Waters [Обзор Международного кодекса для судов, эксплуатирующихся в полярных водах]*, подготовленный ИМО. Исходя из точки зрения оператора, Великобритания предоставила обзор требований Международного кодекса для судов, эксплуатирующихся в полярных

водах (Полярного кодекса) применительно к безопасности морских операций и охране морской среды, и рассмотрела место Полярного кодекса в существующей международной системе правил и стандартов, регулирующих международное судоходство. Великобритания объяснила значение Наставления по эксплуатации судов в полярных водах (PWOM) и описала, как Система индексов рисков для оценки эксплуатационных пределов в полярных водах (POLARIS) используется при принятии решений. Великобритания отметила, что документ ИМО описывает связанные с этим требования к обучению и сертификации капитанов и команды, которые обслуживают суда, эксплуатируемые в полярных водах, при этом такие требования были включены в Международную конвенцию о подготовке и дипломировании моряков и несении вахты (STCW/ПДМНВ). Кроме того, в документе ИМО рассматривается вопрос о том, какие дополнительные меры можно принять, чтобы обеспечить безопасность полярного судоходства, учитывая дискуссии, проходящие в настоящий момент в ИМО. Затем Великобритания отметила, что сейчас ИМО рассматривает вопрос о том, нужно ли распространить действие Полярного кодекса на другие суда, которые в настоящее время не включены в него на основании Международной конвенции по охране человеческой жизни на море (СОЛАС), например на рыболовецкие суда и яхты.

(219) АСОК представила Информационный документ IP 151 *Managing non-SOLAS vessels in the Southern Ocean [Меры по управлению в отношении судов, не отвечающих требованиям СОЛАС, в Южном океане]*, в котором даётся краткий обзор судоходства в Южном океане и вступления в силу Полярного кодекса. Согласно приведённой в документе оценке Полярный кодекс подходил для менее чем половины судов, ежегодно эксплуатируемых в Районе Договора об Антарктике, так как на тот момент Кодекс не применялся к судам, «не отвечающим требованиям СОЛАС», в том числе к рыболовецким судам, прогулочным судам и мелким грузовым судам. АСОК отметила, что для обеспечения оптимальных результатов на заседании Комитета по безопасности на море, проводимом ИМО в июне 2017 года, потребуются совместные действия Сторон. АСОК выработала для Сторон следующие рекомендации: признать, что результаты работы над Полярным кодексом не применяются примерно к половине судов, эксплуатируемых в Южном океане; принять решение о необходимости совместных действий, направленных на обеспечение безотлагательного начала второго этапа работы ИМО в отношении судов, не отвечающих

требованиям СОЛАС; а также согласиться поделиться мнениями о стандартах безопасности для судов, не отвечающих требованиям СОЛАС, если ИМО не внесёт в повестку дня ранее согласованный пункт о «применении обязательного кодекса к судам, не отвечающим требованиям СОЛАС и эксплуатируемым в полярных водах.»

(220) Финляндия представила Информационный документ IP 123 *The Polar Code – Finnish Views [Полярный кодекс – мнения финской стороны]*, в котором описывается деятельность, осуществлённая и запланированная Финляндией в связи с вступлением в силу Полярного кодекса. Являясь Председателем Арктического совета в 2017–2019 гг. Финляндия указала на то, что все арктические страны активно вели совместные переговоры о Полярном кодексе в ИМО. Финляндия приветствовала вступление в силу Полярного кодекса 1 января 2017 года и призвала Стороны поддержать эффективную реализацию Полярного кодекса в водах Антарктики.

(221) Также Финляндия отметила, что суда, укреплённые в соответствии с Финско-шведскими правилами определения ледового класса (FSICR), а также аналогичными правилами определения ледового класса, разработанными классификационными обществами, десятилетиями успешно плавают в арктических и антарктических водах и что, согласно Полярному кодексу (Резолюция КБМ .385 [94], разделы 3.3.2 и 6.3.3) ледоколы и другие ледостойкие суда, соответствующие FSICR, могут эксплуатироваться в полярных водах в соответствующих ледовых условиях в будущем. Финляндия отметила, что может организовать Международную конференцию по гармонизированной реализации Полярного кодекса в феврале 2018 года в Хельсинки и пригласила заинтересованные Стороны, Наблюдателей и Экспертов участвовать в ней.

(222) Новая Зеландия отметила, что Полярный кодекс будет обсуждаться на предстоящем заседании ИМО и призвала Стороны убедить своих делегатов ИМО поддержать продолжение 2-го этапа работы над Полярным кодексом, который будет регулировать суда, не отвечающие требованиям СОЛАС и эксплуатируемые в полярных водах.

(223) Великобритания высказала мнение, что и КСДА, и АНТКОМ очень заинтересованы в применении и дальнейшей разработке Полярного кодекса в целях повышения безопасности всех судов в водах Антарктики. США подчеркнули будущую пользу практического опыта, полученного в ходе реализации Полярного кодекса, особенно если объём выполненной работы станет базой для 2-го этапа. Кроме того, признавая

разницу между эксплуатацией судов, не отвечающих требованиям СОЛАС, в Районе Договора об Антарктике и в водах Арктики, США отметили, что ИМО было бы целесообразно рассмотреть план работы, связанной с разработкой правил, имеющих рекомендательный характер, для судов, не отвечающих требованиям СОЛАС и эксплуатируемым в водах Антарктики.

(224) Выразив поддержку продолжению 2-го этапа работы над Полярным кодексом, МААТО, тем не менее, предупредила о том, что, поскольку система POLARIS основана на арктической системе, необходимо выполнить остальную работу, чтобы обеспечить применимость кодекса в Антарктике на равной и практической основе. МААТО отметила, что сотрудничает с POLARVIEW и Международной ассоциацией классификационных обществ (МАКО) с целью укрепления системы POLARIS в Антарктике, и приветствовала сотрудничество, которое может обеспечить долгосрочную эффективность Полярного кодекса в водах Антарктики.

(225) ВМО напомнила о том, что она на добровольной основе собирает данные о наблюдаемой погоде с судов. Учитывая скудость данных об Антарктике, сбор дополнительных данных о ней, особенно данных с судов, плавающих в этом регионе, мог бы улучшить качество услуг, предоставляемых системами ВМО, такими как мониторинг климата, численный прогноз погоды, и метеорологическое обслуживание морского судоходства. ВМО предложила КСДА и Сторонам рассмотреть продвижение концепции сбора и предоставления данных о погоде, обязательных согласно Полярному кодексу.

(226) Участники Совещания поблагодарили Стороны за документы, относящиеся к Полярному кодексу, и выразили решительную поддержку дальнейшим дискуссиям. Участники Совещания признали важность предстоящего заседания ИМО, на котором будет рассмотрено, какие дальнейшие шаги следует предпринять для решения вопроса относительно судов, не отвечающих требованиям СОЛАС и Полярного кодекса.

(227) Международная гидрографическая организация (МГО) представила Информационный документ IP 4 *Доклад Международной гидрографической организации (МГО) и предложение провести семинар о важности гидрографической деятельности в антарктическом регионе*. В документе рассматривается вопрос о нехватке гидрографических данных в Антарктике и обусловленные этим риски для научных и

морских операций МГО вновь обратила внимание на то, что более 90 % вод Антарктики остаются гидрографически необследованными, что влечёт серьёзные риски возникновения морских происшествий. МГО обратилась к Сторонам с настоятельной просьбой использовать на их судах глубиномеры и передавать собранную информацию гидрографическим службам для обеспечения возможности доработки гидрографических карт. На основании того, что на XXXIX КСДА участники Совещания внесли в Многолетний стратегический план работы приоритетную задачу, относящуюся к гидрографическим исследованиям в Антарктике, МГО предложила провести семинар, посвящённый статусу и влиянию гидрографической деятельности в Антарктике в рамках программы для XLI КСДА, который будет проведён в Эквадоре в 2018 г. Кроме того, МГО настоятельно призвала участников КСДА поощрять постоянное измерение, регистрацию и предоставление батиметрических данных во время плавания в рамках обычной деятельности по наблюдению за окружающей средой, кроме случаев, когда действуют конкретные ограничения.

(228) Участники Совещания подчеркнули важность навигационного картографирования в Антарктике для обеспечения безопасной навигации и признали необходимость финансовых вложений и материально-технического снабжения для осуществления таких гидрографических исследований. Сторонам было предложено предоставить МГО все батиметрические данные, собранные с их судов, для гидрографических целей.

(229) Участники Совещания поблагодарили МГО за предоставленный ею документ и постоянные усилия по поддержке безопасной навигации и гидрографической деятельности в Антарктике. Стороны приветствовали предложение МГО о проведении на XLI КСДА семинара, посвящённого важности гидрографической деятельности в антарктическом регионе.

(230) Аргентина представила Информационный документ IP 132 *Aids to navigation, beacons and Antarctic cartography [Средства навигации, маяки и картография в Антарктике]*, в котором даётся описание деятельности, осуществлённой Аргентиной в последнее время с участием её Военно-морской гидрографической службы. В документе отмечается деятельность, которая обеспечила повышение безопасности навигации в антарктических водах благодаря техническим и ремонтным работам, наблюдениям и исследованиям.

(231) Аргентина представила Информационный документ IP 133 *Report on the installation of aids for Navigation in the Antarctic Continent [Отчёт об установке средств навигации на Антарктическом континенте]*, в котором описывается план установки навигационного оборудования, главным образом на Антарктическом полуострове, с целью повышения безопасности навигации и, следовательно, безопасности человеческой жизни на море, а также обеспечение охраны морской среды.

(232) В рамках данного пункта были также представлены следующие документы:

- Информационный документ IP 167 *New IAATO Guidelines for Submersibles and Remote Operated Vehicle activities [Новые руководства МААТО для деятельности, осуществляемой подводными судами и дистанционно управляемыми аппаратами]* (МААТО), в котором представлены Руководства, подготовленные Комитетом МААТО по полевым операциям и утверждённые на Совещании МААТО в мае 2017 г. В описании текущей и потенциальной деятельности, осуществляемой подводными судами и дистанционно управляемыми аппаратами, МААТО предположила, что, учитывая последние достижения в технологии подводных аппаратов, в будущем есть вероятность роста масштабов деятельности с использованием подводного оборудования.
- Информационный документ IP 56 *Contribution of Colombia to Maritime Safety in Antarctica [Вклад Колумбии в обеспечение безопасности на море в Антарктике]* (Колумбия). В данном документе описывается деятельность Колумбии в сезон 2016/17 г., связанная с получением данных по гидрографии и сбором физических, химических и биологических данных. Кроме того, в документе представлены проекты, в рамках которых осуществлялась имитация навигации в водах Антарктики и технические работы на подводных лодках в экстремально холодных водах.
- Информационный документ IP 100 *Fildes Bay Environmental Monitoring. Coastal Environment Observation Programme Chile (P.O.A.L.) [Мониторинг окружающей среды в заливе Файлдс. Программа Чили по наблюдению за окружающей средой в прибрежных районах (P.O.A.L)]* (Чили), в котором приводятся данные о работе по мониторингу окружающей среды, проводимому ВМС Чили в рамках Программы по наблюдению за окружающей средой с целью оценки тенденций со стороны загрязняющих элементов.
- Информационный документ IP 101 *Support to Antarctic Campaigns Meteorological Service of the Navy [Поддержка антарктических кампаний со стороны метеорологической службы ВМС]*

(Чили), в котором описывается поддержка, оказываемая ВМС Чили антарктическим кампаниям Чили путём предоставления технических ресурсов, включая спутниковую информацию, учебные круизы, исследовательскую деятельность, наблюдения океанографических судов и метеорологические данные, полученные на различных станциях и в различных центрах.

- Информационный документ IP 102 *Maintenance of Aids to Navigation in Antarctica, Summer Season 2016 – 2017 [Техническое обслуживание средств навигации в Антарктике, летний сезон 2016/17 г.]* (Чили), в котором описывается сеть из 70 средств навигации, управляемых и обслуживаемых Чили. Эти средства навигации были в основном сконцентрированы в районе Антарктического полуострова, помогая обеспечивать безопасность навигации всех судов, посещающих район.
- Информационный документ IP 104 *Production of an Antarctic Nautical Chart by the Hydrographic and Oceanographic Service of the Chilean Navy: Nautical Chart 15350 (Int 9104) "Estrecho de Gerlache - Islote Useful a Isla Wednesday" [Создание антарктической навигационной карты 15350 (Int 9104) «Estrecho de Gerlache - Islote Useful a Isla Wednesday» Гидрографической и океанографической службой ВМС Чили]* (Чили). В данном документе сообщается, что проведённые гидрографические исследования и обмен информацией с другими гидрографическими службами позволили создать такие картографические продукты, как Навигационная карта SHOA 15350 (INT 9104) «Estrecho de Gerlache – Islote Useful a Isla Wednesday», опубликованная в 2016 году.

Эксплуатация: Станции

(233) Беларусь представила Информационный документ IP 2 *Белорусская антарктическая исследовательская станция – современный этап создания и перспективы развития*. Беларусь сообщила участникам Совещания о создании инфраструктуры для своей научной станции в Антарктике. Беларусь отметила, что она строит модульную исследовательскую станцию вблизи Горы Вечерняя на Земле Эндерби, в Восточной Антарктике, и благодаря логистической помощи, оказанной Российской Федерацией, построила свой первый модуль в декабре 2015 года и начала строительство второго модуля и некоторых других объектов, которые должны быть завершены в сезон 2017/18 г. После завершения первого этапа строительства Республика Беларусь планирует в 2019/20 г. осуществить свою

первую круглогодичную исследовательскую экспедицию. Беларусь проинформировала участников Совещания о том, что второй этап строительства будет проходить в 2021–2025 гг. и что будет реализован ряд мер для уменьшения загрязняющих выбросов, сброса сточных вод, предотвращения утечек топлива, планирования маршрутов исследований и удаления уже не нужной инфраструктуры и другого мусора, оставшегося от предыдущих объектов.

(234) АСОК представила Информационный документ IP 159 *Decarbonizing Antarctic Operations (ASOC) [Снижение зависимости от углеводородов при проведении антарктических операций (АСОК)]*, в котором даётся обновлённый обзор промежуточных результатов деятельности Сторон, направленной на сокращение потребления ими электроэнергии и замену систем, работающих на ископаемых видах топлива, на возобновляемые источники энергии, необходимой для проведения операций в Антарктике. АСОК рекомендовала Сторонам учесть положительный опыт операторов, которые внедрили систему экологически чистой энергии в рамках своих антарктических операций, и призвала Стороны реализовывать более комплексные политики устойчивого управления возобновляемыми источниками энергии и энергоэффективностью в Антарктике.

(235) Новая Зеландия поблагодарила АСОК за Информационный документ IP 159 и отметила, что она обязуется управлять выбросами и сокращать их в соответствии со Схемой измерения и сокращения сертифицированных выбросов (CEMARS), которую она будет продолжать использовать в качестве индикатора успешного снижения зависимости от углеводородов.

(236) В рамках данного пункта были также приняты как представленные следующие документы:

- Информационный документ IP 40 *Refurbishment and Modernization of the German Antarctic Receiving Station GARS O'Higgins [Реконструкция и модернизация немецкой антарктической приёмной станции GARS О'Хиггинс]* (Германия), в котором описываются объекты и состояние станции О'Хиггинс, а также деятельность, осуществляемая ею, и сообщается о мерах по реконструкции и модернизации станции, а также об аспектах, касающихся её технологической части и инфраструктуры.
- Информационный документ IP 41 *Final Modernization of Gondwana Station, Terra Nova Bay, Northern Victoria Land [Окончательная модернизация станции Гондвана, залив Терра-Нова, северная часть Земли Виктории]* (Германия), в котором участникам

Совещания была предоставлена обновлённая информация о реконструкции станции Гондвана и отмечалось, что станция готова к проведению будущих операций в течение не менее 25-30 лет в качестве базы для исследований в северной части Земли Виктории.

- Информационный документ IP 43 *EDEN ISS: A facility to provide Neumayer Station III overwinterers with fresh food while advancing space technology [EDEN ISS: объект, предназначенный для обеспечения зимующих жителей станции Ноймайер III свежими продуктами с одновременным развитием космической технологии]* (Германия). В данном документе сообщается о международном проекте EDEN ISS, целью которого является создание оранжереи, в которой были бы объединены новейшие технологии выращивания сельскохозяйственных культур в контролируемых условиях на немецкой станции Ноймайер III.
- Информационный документ IP 78 *Reconstruction of the Brazilian Station in Antarctica [Реконструкция бразильской станции в Антарктике*] (Бразилия), в котором приводится обновлённая информация о работах по реконструкции антарктической станции Команданте Феррас, с двумя этапами предварительной сборки в Шанхае, Китай, и двумя этапами строительства в Антарктике.
- Информационный документ IP 107 *Capacidad logística de la Estación Científica Ecuatoriana "Pedro Vicente Maldonado" - Año 2017 [Логистические возможности научной станции Педро Висенте Мальдонадо – 2017 г.]* (Эквадор). Документ проинформировал участников Совещания о логистических возможностях станции Мальдонадо, а также о логистической поддержке, оказываемой научным экспедициям Эквадора в Антарктике в период южнополярного лета.
- Информационный документ IP 109 *Aplicación de la Norma de Operación en la XXI Campaña Antártica Ecuatoriana (2016-2017) [Применение рабочего стандарта во время XXI антарктической экспедиции Эквадора в сезон 2016/17 г.]* (Эквадор), который проинформировал участников Совещания о Рабочем стандарте, применяемом во время XXI антарктической экспедиции Эквадора в сезон 2016/17 г.
- Информационный документ IP 110 *Plan de contingencias y riesgos durante la XXI Campaña Antártica Ecuatoriana (2016-2017) [План действий в чрезвычайных ситуациях и управления рисками во время XXI антарктической экспедиции Эквадора в сезон 2016/17 г.*] (Эквадор), в котором описывается план действий в чрезвычайных ситуациях и личной ответственности при осуществлении

деятельности Эквадора на станции Мальдонадо, а также анализ рисков, выполненный во время летнего сезона 2016/17 г.

- Информационный документ IP 156 *Greening of established infrastructure and logistics in Antarctica [Экологизация созданной инфраструктуры и логистики в Антарктике]* (Норвегия), в котором даётся обобщённая информация о проведённых Норвегией исследованиях в области повышения экологичности инфраструктуры и логистической деятельности Норвегии в Антарктике. В документе указано, что перед национальными антарктическими программами по созданию и модернизации инфраструктуры стоит общая задача поиска и поддержания баланса между капитальными инвестициями, текущими расходами, рисками и ожидаемым сроком службы объектов. В документе подчёркнута ключевая роль КОМНАП в решении этой задачи путём содействия совместной разработке систем отдельных операторов и создания синергии путём совместного использования логистических ресурсов.
- Информационный документ IP 36 *The U.S. Antarctic Program Antarctic Infrastructure Modernization for Science Project [Проект модернизации антарктической инфраструктуры в научных целях, реализуемый антарктической программой США]* (США). В данном документе сообщается о модернизации антарктической инфраструктуры в научных целях (AIMS) – проекте, нацеленном на модернизацию основной инфраструктуры станции Мак-Мёрдо, которая является самой большой из трёх постоянных станций, управляемых Антарктической программой Соединённых Штатов и ключевым вспомогательным связующим звеном для южнополярной станции США Амундсен-Скотт, а также отдалённых мест проведения исследований.

(237) В рамках данного пункта были также представлены следующие документы:

- Вспомогательный документ BP 5 *Plans for the revitalization of the Dobrowolski Station[Планы восстановления станции Добровольский]* (Польша).
- Вспомогательный документ BP 22 C*apacidades y limitaciones de la Base Antártica "Pdte. Eduardo Frei M." en apoyo a los Programas Antárticos Nacionales y Extranjeros [Возможности и ограничения антарктической станции Пресиденте-Фрей по поддержке национальных и иностранных антарктических программ]* (Чили).

Безопасность

(238) КОМНАП представил Информационный документ IP 10 S*earch and Rescue Coordination and Response in the Antarctic: Report from the COMNAP Antarctic SAR Workshop III [Координация поиска и спасания (SAR) и ответные действия в Антарктике: отчёт о III семинаре КОМНАП по поиску и спасанию (SAR) в Антарктике]* (семинар проводился в г. Вальпараисо, Чили, 1-2 июня 2016 года). Также КОМНАП поблагодарил принимающие стороны, в качестве которых совместно выступили Чилийское управление DIRECTEMAR и INACH. Участниками семинара стали представители пяти Спасательно-координационных центров, которые совместно несут ответственность за координацию поиска и спасания в Районе Договора об Антарктике, а также национальные антарктические программы, АНТКОМ, МААТО и другие соответствующие организации. КОМНАП призвал Стороны поделиться информацией из отчёта о семинаре со всеми Сторонами, осуществляющими деятельность в Антарктике, чтобы поддержать общую цель обеспечения безопасности человеческой жизни. КОМНАП отметил, что следующий IV семинар КОМНАП по поиску и спасанию в Антарктике будет проводиться в Новой Зеландии в 2019 году, при этом подробная информация будет предоставлена на КСДА в следующем году.

(239) АНТКОМ и МААТО отметили, что они были бы рады участвовать в последующих дискуссиях по этому важному вопросу. АНТКОМ заявила, что рыболовецкие суда, предоставляющие отчёты АНТКОМ, уже оказывают поддержку SAR в районе действия Конвенции АНТКОМ в рамках соглашения, которое уполномочивает Секретариат АНТКОМ предоставлять данные системы мониторинга судов в случае происшествия, требующего поиска и спасания. В настоящее время соглашение находится на рассмотрении с целью его обновления.

(240) США представили Информационный документ IP 7 *Austral Mid-Winter Medical Evacuation from Amundsen-Scott South Pole Station, Antarctica [Эвакуация по медицинским причинам с южнополярной станции Амундсен-Скотт в Антарктике]*. США описали успешную эвакуацию на воздушном судне с южнополярной станции Амундсен-Скотт двух серьёзно заболевших зимующих сотрудников, работающих по контракту для Антарктической программы Соединённых Штатов. США отметили, что благополучное осуществление такой эвакуации по медицинским причинам стало возможным только благодаря тщательной координации усилий и поддержке нескольких других национальных антарктических программ.

(241) США представили Информационный документ IP 72 *Antarctic Mass Rescue Operations Response and Preparedness Challenges [Задачи обеспечения готовности к широкомасштабным спасательным операциям в Антарктике и их проведения]*, в котором даётся обзор проблем, связанных с реагированием на необходимость проведения широкомасштабных спасательных операций (MRO) в Районе Договора об Антарктике в случае возникновения происшествий на суше, в воздухе или на море. В документе отмечается, что успешное выполнение MRO зависит от взаимодействия и координации действий между поисково-спасательными службами, национальными антарктическими программами, заинтересованными представителями отрасли и другими ресурсами, доступными для оказания помощи. Подчеркнув, что эффективное проведение MRO зависит от разработки реалистичного и эффективного плана действий в чрезвычайных ситуациях, а также учебных мероприятий по проверке и отработке плана, США поддержали нацеленность КОМНАП на планирование действий в чрезвычайных ситуациях и проведение раз в три года семинаров по SAR.

(242) Соединённые Штаты поблагодарили КОМНАП за отчёт и отметили, что были рады помочь в проведении деловой игры по сценарию MRO на предстоящем IV семинаре КОМНАП по вопросам SAR. КОМНАП поблагодарил Соединённые Штаты за предложение включить сценарий MRO в повестку дня IV семинара по вопросам SAR и приветствовал помощь, предложенную Соединёнными Штатами в планировании и проведении деловой игры.

(243) МААТО поблагодарила КОМНАП и Соединённые Штаты за их работу, связанную с SAR, отметив, что МААТО с готовностью примет участие в деловой игре по MRO. МААТО пояснила, что каждый год она прилагает усилия для проведения учений по SAR с одним из спасательно-координационных центров (СКЦ), отвечающих за безопасность в Антарктике, поблагодарила Чили за возможность провести учения по отработке проведения поисково-спасательной операции (SAREX) в прошлом сезоне и приветствовала возможность сотрудничества с СКЦ в будущем.

(244) Чили представила Информационный документ IP 103 *Search and Rescue Cases in the Area of the Antarctic Peninsula Period 2016/2017 MRCC Chile [Случаи поиска и спасания в районе Антарктического полуострова, сезон 2016/17 г. с участием Морской поисково-спасательной службой Чили (МСКЦ)]*. В документе приводятся обобщённые сведения о

деятельности в области ПСО, осуществлённой Морской поисково-спасательной службой Чили (МСКЦ) в сезон 2016/17 г. Отмечая отсутствие случаев поиска и спасания в этот период, сообщается об одной эвакуации по медицинским причинам. В документе отмечается, что такая цифра отражает существенное уменьшение, по сравнению с прошлыми годами, числа морских происшествий, требующих координации МСКЦ Чили.

(245) Чили представила Информационный документ IP 125 *Report on the 19th Edition of the Joint Antarctic Naval Patrol between Argentina and Chile [Отчёт о 19-м совместном морском патрулировании в Антарктике, проведённом Аргентиной и Чили»]*, подготовленный совместно с Аргентиной. В документе описывается деятельность 19-го совместного Антарктического патрулирования (PANC), совместно проведённого Чили и Аргентиной в период между 15 ноября 2016 года и 31 марта 2017 года. Чили отметила, что основная цель PANC заключалась в проведении и отработке SAR, спасении имущества и контроле загрязнения в районе южнее 60° ю.ш между меридианами 10° з.д. и 131° з.д. Кроме того, проводилась деятельность, связанная со сбором метеорологических и навигационных данных, логистическим обеспечением национальных антарктических программ и оказанием медицинской помощи.

Операции: Экспедиции и сотрудничество

(246) КОМНАП представил Информационный документ IP 64 *Advances to the COMNAP database [Улучшение базы данных КОМНАП]*. В документе отмечалось, что база данных предоставляет исчерпывающую информацию об объектах и судах национальных антарктических программ. Кроме того, в базе данных хранится и обновляется ряд продуктов КОМНАП, включая Информационный справочник КОМНАП по антарктическим перелетам (AFIM) и Каталог станций Благодаря общедоступному ГИС-интерфейсу информация поступала из базы данных через веб-сайт КОМНАП.

(247) Колумбия представила Информационный документ IP 55 *Activities and development of the Colombian Antarctic Program – PAC [Деятельность и разработка Антарктической программы Колумбии – PAC]*, в котором сообщается об антарктических экспедициях, проведённых Колумбией в 2014–2017 гг. В документе сообщается, что к проведению последней экспедиции Almirante Padilla были привлечены 19 институтов и 33 исследователя и что в ней были реализованы 27 проектов в области

науки, операционной деятельности, окружающей среды, образования и международного сотрудничества. Колумбия выразила признание за поддержку её антарктической деятельности, оказанную Аргентиной, Бразилией, Испанией, Италией, Чили и Японией.

(248) Австралия представила Информационный документ IP 63 *Benefits of Logistic collaboration in Antarctica in support of Antarctic Science programmes: Australia's experience in 2016-17 [Преимущества сотрудничества в области логистики в Антарктике для поддержки программ научных исследований в Антарктике: опыт Австралии в 2016/17 г.]*. В документе описывается опыт Австралии по сотрудничеству в области логистики и взаимодействие Сторон при осуществлении операций в Восточной Антарктике в сезон 2016/17 г. Австралия отметила своё тесное сотрудничество с другими национальными антарктическими программами и описала множество преимуществ, полученных от такого сотрудничества, в том числе: предотвращение дублирования действий, сокращение затрат и преимущества, связанные с взаимным обменом информацией и опытом.

(249) Чили представила информационный документ IP 105 *Chile in the Southern Antarctica Joint Scientific Polar Station «Union Glacier» [Чили на совместной научной полярной станции на леднике Юнион в Южной Антарктике]*, в котором описываются четыре кампании, реализованные на совместной полярной станции на леднике Юнион в горах Элсуэрт, а также логистика и эксплуатация станции.

(250) Эквадор представил Информационный документ IP 130 *XXVII Meeting of Managers of Latin American Antarctic Programs (RAPAL), 2016 [XXVII встреча руководителей Союза управляющих латиноамериканских научных программ (RAPAL), 2016 г.]*, в котором приводятся результаты последней встречи Союза управляющих латиноамериканских научных программ (RAPAL), проходившей в г. Гуаякиль, Эквадор, в 2016 году. Эквадор отметил, что встреча стала прекрасным форумом для координации и обмена вопросами, относящимися к научным исследованиям, обмену информацией, операциям и информационно-просветительской деятельности, и одной из её основных целей было развитие эффективного сотрудничества для содействия оптимизации ресурсов.

(251) Перу представила Информационный документ IP 135 *Antarctic expedition ANTAR XXIV Austral summer 2016/17 [Антарктическая экспедиция ANTAR XXIV, проведённая в период южнополярного лета 2016/17 г.]*, в котором приведены обобщённые сведения о деятельности, выполненной

во время XXIV антарктической экспедиции Перу. В документе сообщается, что основной целью экспедиции были геохимические и гидрогеологические исследования и что на следующие 10 лет был разработан комплексный план технического обслуживания. Кроме того, Перу выразила благодарность Чили за поддержку этой экспедиции.

(252) Бразилия представила Информационный документ IP 140 *Brazilian XXXV Antarctic Operation [XXXV антарктическая операция Бразилии]*, в котором сообщается о деятельности Бразилии в период сезона 2016/17 г. В документе описывались 25 научно-исследовательских проекта, реализованных Бразилией во время XXXV антарктической операции. Деятельность осуществлялась на борту бразильских судов, в различных местах разбивки лагерей и на станциях ряда других национальных антарктических программ, в том числе на станциях, Аргентины, Польши и Чили которым Бразилия выразила благодарность. Кроме того, Бразилия отметила, что во время операции было удалено повреждённое бразильское воздушное судно, остававшееся на аэродроме Теньенте-Родольфо-Марш на острове Кинг-Джордж (Ватерлоо) с ноября 2014 года.

Пункт 14. Инспекции в рамках Договора об Антарктике и Протокола по охране окружающей среды

(253) Нидерланды представили Рабочий документ WP 40 *Отчёт Межсессионной контактной группы о проведении инспекций в Антарктике в соответствии со Статьёй VII Договора об Антарктике и Статьёй 14 Протокола по охране окружающей среды*, подготовленный совместно с Республикой Корея и США. В нём отмечалось, что XXXIX КСДА согласилось создать МКГ для изучения практики проведения инспекций в соответствии со Статьёй VII Договора об Антарктике и Статьёй 14 Протокола по охране окружающей среды. Опираясь на ряд вопросов, МКГ обсудила практику проведения таких инспекций и изучила возможности повышения эффективности организации инспекций. В настоящем Рабочем документе содержится ряд вопросов, послуживших основной для дискуссий МКГ, приводится обзор мнений участников и предлагается ряд рекомендаций для рассмотрения Сторонами:

Рекомендация А) Просить Секретариат Договора об Антарктике внедрить систему, позволяющую иметь исчерпывающую базу данных инспекций, с возможностью поиска информации по различным категориями, например: по названию станции, судна, по дате инспекции, по отчётам об инспекциях, и содержащую перечень станций, никогда не проходивших инспекцию, а также включить дополнительную информацию о логистической поддержке научных исследований, туристических объектов, ИМП, ОУРА и ООРА.

(254) Секретариат разъяснил различные функции существующей базы данных, указал, что она уже содержит большую часть требуемой информации, и согласился предоставить список станций, никогда не проходивших инспекцию. Некоторые Стороны полагали, что интерактивное взаимодействие с объектами и обращение к их соответствующей информации об инспекциях окажут помощь в сборе информации перед проведением инспекции. Секретариат согласился рассмотреть рекомендации о предоставлении возможностей взаимодействия и связанные с этим расходы и заявил, что сообщит Сторонам обновлённую информацию на XLI КСДА.

Рекомендация B) Предложить Консультативным сторонам при планировании и проведении инспекционной деятельности учитывать, насколько часто или редко инспектировался объект в последние годы, и рассмотреть возможность включения никогда не инспектировавшихся станций в будущие инспекции.

(255) Участники Совещания согласились, что при планировании инспекционной деятельности следует обратить внимание на никогда не инспектировавшиеся станции, но несколько Сторон подчеркнули, что это не должно быть единственным определяющим фактором. Участники Совещания согласились, что количество инспекций должно быть лишь одним из ряда прочих факторов.

Рекомендация C) обсудить желательность и целесообразность привлечения Сторон к ежегодному обновлению формы контрольных списков вопросов для проведения инспекций их станций и объектов, чтобы обеспечить доступность самых актуальных данных для инспекционных групп, даже если контрольные списки имеют другую основную цель и не являются обязательными.

(256) Некоторые стороны отметили, что данные, содержащиеся в контрольных списках вопросов, в реальности могут меняться ежедневно и что было бы уместно вместо этого обновлять контрольные списки на сезонной или ежегодной основе. Стороны подчеркнули, что хотя контрольные

списки вопросов полезны для проведения инспекций, они не являются обязательными.

Рекомендация D) предложить Консультативным сторонам рассмотреть целесообразность знания одним или более членами инспекционной группы языка персонала инспектируемых объектов или работы с переводчиком для обеспечения эффективного общения во время проведения инспекции.

(257) Участники Совещания согласились, что при планировании инспекций желательно учитывать язык, на котором говорит персонал инспектируемых объектов. Они отметили также желательность включения в состав инспекционной группы участника, говорящего ещё на одном языке, использующемся в Договоре об Антарктике. Стороны подчеркнули, что при всей желательности это требование не должно быть обязательным.

Рекомендация E) призвать Консультативные стороны включать туристические объекты в инспекции и рассмотреть целесообразность разработки специального контрольного списка вопросов для проведения инспекции туристических объектов или НПО.

(258) В ответ на запросы о необходимости дополнительного контрольного списка вопросов было отмечено, что существуют контрольные списки вопросов для инспекций национальных операторов и судов, но не для неправительственных объектов. Кроме того, было отмечено, что хотя туристических объектов в Антарктике немного, на сегодняшний день ни один из них не был проинспектирован. Участники Совещания призвали Стороны учитывать туристические объекты при проведении своих инспекций, но добавили, что на данный момент нет необходимости иметь специальный контрольный список вопросов для инспекции туристических объектов и мест проведения деятельности НПО.

Рекомендация F) призвать Консультативные стороны включать другие объекты и районы, например морские и воздушные суда, ИМП, ОУРА и ООРА, в инспекции и обсуждать варианты, рассмотренные МКГ, с целью поощрения таких действий.

(259) Совещание одобрило эту рекомендацию, отметив, что инспекция этих типов объектов и участков раньше проводилась.

Рекомендация G) обсуждать различные варианты, рассмотренные МКГ с целью поощрения совместных инспекций и привлечения Консультативных сторон, которые не могут самостоятельно организовать инспекции, одновременно признавая, что проведение инспекций является предусмотренным Договором правом и каждая Консультативная сторона вправе на своё усмотрение проводить инспекции самостоятельно или с участием других Сторон.

(260) Участники подчеркнули преимущество совместных инспекций с точки зрения справедливого распределения расходов, связанных с инспекциями, и для получения доступа к удаленным районам. Было отмечено, что для получения наилучших результатов следует тщательно сбалансировать выполнение и планирование этой деятельности между инспекционными группами.

Рекомендация H) обсудить возможность для КСДА назначать наблюдателей и проводить инспекции в соответствии с процедурами, устанавливаемыми КСДА (Статья 14(2)(b) Протокола).

(261) Совещание приветствовало данное напоминание о том, что Протокол по охране окружающей среды допускает проведение инспекций наблюдателями в соответствии со Статьей VII Договора об Антарктике.

Рекомендация I) обсудить, как инспектируемые Стороны могут по своему усмотрению принять ответные меры в отношении фактов, выявленных инспекционными группами.

(262) Некоторые Стороны выразили мнение о том, что следует уделить повышенное внимание тому, как данные, полученные инспекционными группами, в дальнейшем используются национальными операторами, на чьих объектах проводились инспекции. Другие отметили, что обмен информацией и отзывами между инспектирующей и инспектируемой сторонами в ходе проведения инспекции уже стал обычной практикой. Также было отмечено, что рекомендации, выработанные по результатам инспекций, носили скорее консультативный, чем обязательный характер, но что несмотря на это Стороны отнеслись к ним серьёзно. Также было указано, что в некоторых случаях отчёты об инспекциях содержали неточную информацию и что в таких случаях любые пояснения, предоставленные инспектируемой стороной, должны быть включены во все подборки данных на веб-сайте Секретариата. В целях облегчения стадии планирования инспекций было выдвинуто предложение для удобства доступа сделать подборку документации, касающейся предыдущих инспекции, на веб-сайте Секретариата.

(263) Аргентина представила Рабочий документ WP 43 *Общие рекомендации по результатам совместных инспекций, проведённых Аргентиной и Чили в соответствии со Статьёй VII Договора об Антарктике и*

Статьёй 14 Протокола по охране окружающей среды, подготовленный совместно с Чили. Аргентина также сослалась на Информационный документ IP 126 *Report of the Joint Inspection Programme Undertaken by Argentina and Chile under Article VII of the Antarctic Treaty and Article 14 of the Environment Protocol [Отчёт о Программе совместных инспекций, реализованной Аргентиной и Чили в соответствии со Статьёй VII Договора об Антарктике и Статьёй 14 Протокола по охране окружающей среды]*, также подготовленный совместно с Чили. 20 январь и 24 февраля 2017 г. наблюдатели из Аргентины и Чили провели инспекции двух станций в районе Антарктического полуострова: станции Иоганн-Грегор-Мендель (Чешская Республика) и станции Ротера (Великобритания). В результате этих инспекций и на основании опыта предыдущих инспекций Аргентина и Чили предоставили ряд рекомендаций, касающихся доступности информации, инфраструктуры, медицины, науки и окружающей среды.

(264) Аргентина поблагодарила Чешскую Республики и Великобританию за их тёплый приём и сотрудничество во время инспекций. Она подчеркнула преимущества проведения совместных инспекций, отметив, что они позволяют организовать прямое взаимодействие логистических объектов различных государств. Они также позволяют обеспечить доступ к более удалённым и поэтому реже инспектируемым станциям. Аргентина подчеркнула важность обеспечения сбалансированного распределения участников совместных инспекционных групп в плане обеспечения междисциплинарных знаний и количественного баланса между инспекторами стран-участниц. Аргентина также отметила важность уведомления о назначении наблюдателей по надлежащим каналам и что механизм уведомления через Секретариат Договора об Антарктике, установленный Решением 7 (2013 г.) является лишь дополнительным.

(265) Ещё раз подчеркивая комментарии, сделанные Аргентиной, Чили добавила, что эта совместная инспекция стала результатом подготовки, проводившейся в течение нескольких лет, включая обучение инспекторов. Она также подчеркнула, что организация инспекций, возможно, является сложной и дорогостоящей, но они дают ценный опыт обучения не только для инспектируемых, но и для Национальных антарктических программ, участвующих в проведении инспекций.

(266) Участники Совещания согласились продолжить неформальные консультации по вопросу совместных инспекций в межсессионный период.

(267) Австралия представила Информационный документ IP 30 *Australian Antarctic Treaty and Environmental Protocol inspections: December 2016 [Инспекции, проведённые Австралией в рамках Договора об Антарктике и Протокола по охране окружающей среды: декабрь 2016 г.]*, в котором обобщены результаты инспекций южнополярной станции Амундсен-Скотт (США) и ОУРА № 5 «Южнополярная станция Амундсен-Скотт» (Южный полюс), проведённых австралийскими наблюдателями. Австралия поблагодарила США за тёплый приём и сотрудничество во время восьмичасовой инспекции, в ходе которой был предоставлен доступ во все запрашиваемые районы, ко всем сотрудникам и материалам. Она отметила масштабную научную программу, осуществляемую на станции Амундсен-Скотт, а также её развитую культуру безопасности и охраны окружающей среды. Австралия сообщила, что работа южнополярной станции Амундсен-Скотт осуществляется в соответствии с положениями и целями Протокола и что работа в ОУРА № 5 проводится эффективно и достигает целей управления, для которых он был определён. Австралия также отметила, что в рамках проведённой ею инспекции ОУРА состоялось посещение лагеря компании Antarctic Logistics and Expeditions (ALE), и некоторые наблюдения, сделанные во время посещения, были включены в п. 4.2.2. её отчёта об инспекции.

(268) Австралия выразила мнение о том, что инспекции дают ценный опыт обучения для Национальной антарктической программы инспекционной группы. Помимо инспекции станции Амундсен-Скотт, австралийская инспекционная группа также посетила американскую станцию Мак-Мёрдо, совместную франко-итальянскую станцию Конкордия и новозеландскую станцию Скотт-Бейс. Благодаря посещению всех этих станций наблюдатели имели возможность изучить различные методы работы, используемые каждым из этих национальных операторов. Австралия поблагодарила эти страны за тёплый приём и гостеприимство. Австралия также отметила, что во время подготовки к данной инспекции она столкнулась с трудностями при поиске отчётов о предыдущих инспекциях.

(269) В рамках данного пункта повестки дня были также представлены следующие документы:

- Вспомогательный документ BP 7 *Measures taken on the recommendations by Inspection team at Arctowski Polish Antarctic Station in 2016/2017 [Меры, предпринятые на основании рекомендаций группы инспекторов на польской антарктической станции Арцтовский в 2016/17 г.]* (Польша).

- Вспомогательный документ BP 14 *Follow-up to the Recommendations of the Inspection Teams at the Eco-Nelson Facility [Контроль выполнения рекомендаций групп инспекторов в отношении сооружения Эко-Нельсон]* (Чешская Республика).

Пункт 15. Вопросы науки, научного сотрудничества и содействия

Научное сотрудничество и содействие

(270) Германия представила Рабочий документ WP 39 *Проект по шельфовому леднику Фильхнера: Научное и логистическое сотрудничество между Федеративной Республикой Германия и Великобританией*, подготовленный совместно с Великобританией. Напомнив о лекции профессора Тима Нэша (Tim Naish), которую он прочитал на совещании СКАР в 2017 г., Германия подчеркнула, что шельфовые ледники подвергаются риску и могут существенно повлиять на повышение уровня моря. В документе обобщаются уроки, извлечённые из Проекта по шельфовому леднику Фильхнера, который нацелен на исследование эволюции антарктического ледяного щита в ближайшем будущем в условиях глобального потепления. Принимая во внимание сотрудничество между двумя соавторами в ходе реализации проекта и напоминая о прошлых рекомендациях КСДА по данному вопросу, две Стороны поддержали продолжение и расширение научного и логистического сотрудничества на двустороннем или многостороннем уровне между Сторонами Договора об Антарктике.

(271) Румыния представила Информационный документ IP 6 *Antarctic cooperation between Romania and Korea 2015-2017 [Сотрудничество между Румынией и Республикой Корея в Антарктике в 2015–2017 гг.]*, в котором описано научное сотрудничество между Румынией и Республикой Корея в области изучения сообществ микроорганизмов, а также эффектов и адаптации организмов в экстремальных условиях окружающей среды. Она подчеркнула важность таких исследований для наук о живой природе.

(272) Румыния представила Информационный документ IP 172 *Cooperation of Romania with Australia, China, India and Russian Federation within ASMA No. 6 Larsemann Hills, East Antarctica [Сотрудничество Румынии*

с Австралией, Китаем, Индией и Российской Федерацией в ОРУА № 6 «Холмы Ларсеманн», Восточная Антарктика]. В документе представлен краткий отчёт о недавнем сотрудничестве Румынии с Австралией, Китаем, Индией и Российской Федерацией в районе холмов Ларсеманн, Восточная Антарктика. В нём подчеркивается готовность Румынии продолжать сотрудничество с этими Сторонами в сфере науки, логистики и окружающей среды в рамках Группы управления по ОУРА № 6 «Холмы Ларсеманн», Восточная Антарктика.

(273) Румыния представила Информационный документ IP 173 *Cooperation of Romania with Argentina in Antarctica - Romanian RONARE 2017 Expedition in cooperation with Argentina [Сотрудничество Румынии с Аргентиной в Антарктике: румынская экспедиция RONARE 2017 г., осуществлённая совместно с Аргентиной].* В документе представлено резюме событий, ведущих к созданию румынской экспедиции RONARE 2017 г., предпринятой совместно с Аргентиной. Румыния поблагодарила Аргентину за оказанную поддержку.

(274) США представили Информационный документ IP 13 *U.K./U.S. Research Initiative on Thwaites: The Future of Thwaites Glacier and its Contribution to Sea-level Rise [Инициатива США и Великобритании по проведению исследований на леднике Туэйтса: будущее ледника Туэйтса и его вклад в повышение уровня моря]* подготовленный совместно с Великобританией. В документе сообщается о совместной научной программе Национального научного фонда и Научно-исследовательского совета по охране окружающей среды (NSF-NERC), учреждённой с целью существенно улучшить десятилетнее и более длительное прогнозирование (на сто лет и на несколько столетий) потери ледового покрова и повышения уровня моря, связанного с ледником Туэйтса. США отметили, что остаётся значительная неопределённость в прогнозировании повышения уровня Мирового океана и что снижение этой неопределённости является приоритетной задачей международного масштаба, важность которой подчеркивают проект СКАР «Horizon Scan 2020 г.» и Национальные академии наук, инженерного дела и медицины. США приветствовали дальнейшее международное сотрудничество с другими Сторонами в этой области исследований.

(275) Испания представила Информационный документ IP 21 *Absorbing Aerosols Monitoring over Remote Regions [Мониторинг поглощающих аэрозолей над отдалёнными районами]*, в котором описан проект

по измерению концентраций сажи и других аэрозолей на различных длинах волн в отдалённых районах планеты с использованием лёгких воздушных судов. Испания сообщила, что в настоящее время проводится подробный анализ собранных данных и готовятся к публикации несколько статей, в которых будут представлены полученные результаты. Она также поблагодарила несколько Сторон за их поддержку в ходе реализации проекта.

(276) Португалия представила Информационный документ IP 24 F*uture Challenges in Southern Ocean Ecology Research: another outcome of the 1st SCAR Horizon Scan [Будущие задачи в исследовании экологии Южного океана: ещё один результат 1-го сканирования горизонта силами СКАР]*, подготовленный совместно с Бельгией, Бразилией, Великобританией, Германией, Нидерландами, США, Францией и СКАР. В документе сообщается о вкладе СКАР в Сканирование научного горизонта Антарктики и Южного океана. Основное внимание в нём уделяется областям исследования, вызывающим повышенный интерес, в частности связанным с живыми организмами и экологией Южного океана. Португалия подчеркнула, что экологические исследования Южного океана требуют долгосрочных обязательств Сторон по проведению международных и междисциплинарных исследований, опирающихся на развитие технологий, и должны проводиться в сотрудничестве с такими организациями, как КОМНАП, СКАР и АНТКОМ. Кроме того, она отметила значимость связи науки с политикой и ценность образовательной и информационно-просветительской деятельности.

(277) Австралия представила Информационный документ IP 26 *Australian Antarctic Science Program: Highlights of the 2016/17 season [Австралийская антарктическая научная программа: основные достижения сезона 2016/17 г.]*. В данном документе приводится краткий обзор программы, реализуемой в соответствии со Стратегическим планом антарктических научных исследований Австралии на период с 2011/12 по 2020/21 г. В нём подчёркивается важность Международной программы совместного изучения криосферы посредством аэропрофилирования (ICECAP II), проекта по обогащению углеродом Антарктического свободного океана (AntFOCE) и успешной транспортировки живого криля в аквариум Австралийской антарктической службы для исследования криля. Австралия также отметила ценность международного сотрудничества в осуществлении этих проектов.

(278) Канада представила Информационный документ IP 29 *Preliminary overview of Canadian Antarctic Research Contributions (1997-2016) [Предварительный обзор вклада Канады в научно-исследовательскую деятельность в Антарктике (1997-2016 гг.)]*, в котором содержится обзор широкомасштабной научно-исследовательской деятельности Канады в Антарктике. Результаты основаны на предварительном анализе библиографической информации. Канада указала, что большинство исследований проводились в сотрудничестве с исследователями из других стран-участниц Договора об Антарктике, и отметила, что канадские исследователи внесли значительный вклад в изучение Антарктики в рамках целого ряда тем научных исследований.

(279) Колумбия представила Информационный документ IP 57 *Austral summer 2016/17 activities, Antarctic Marine Mammals Research Program: with special attention to migratory cetaceans to Colombian waters and Antarctic pinnipeds [Деятельность в сезон антарктического лета 2016/17 г., Программа изучения морских млекопитающих Антарктики, в которой особое внимание уделяется миграции китообразных в воды Колумбии и ластоногим в Антарктике]*, в котором сообщается о научной программе, нацеленной на сбор знаний и научной информации о морских млекопитающих Антарктического континента и их связи с Южной Америкой.

(280) Колумбия представила Информационный документ IP 59 *Colombia's contribution to the knowledge of biodiversity and ecosystems in some areas of the Antarctic Peninsula and Dronning Maud Land [Вклад Колумбии в изучение биоразнообразия и экосистем в некоторых районах Антарктического полуострова и Земли Королевы Мод]*. В нём сообщается о разнообразных научных проектах, которые Колумбия осуществила в соответствии с задачами СКАР, направленные на расширение знаний о биоразнообразии и о морских и прибрежных экосистемах в Антарктике.

(281) Малайзия представила Информационный документ IP 65 M*alaysia's Activities and Achievements in Antarctic Research and Diplomacy [Деятельность и достижения Малайзии в антарктических исследованиях и дипломатии]*, в котором сообщается о ходе её деятельности и достижениях в антарктических исследованиях и дипломатии. В нём подчёркивается, что малайзийские полярные исследователи продолжили проводить исследования в Антарктике и сотрудничали с исследователями Антарктического управления

Великобритании (BAS), Корейского института полярных исследований (KOPRI) и Аргентинским институтом антарктических исследований (IAA) в течение прошлого года. В нём сообщается, что Малайзия ратифицировала Протокол по охране окружающей среды и что для Малайзии он вступил в силу 16 сентября 2016 г.

(282) Япония представила Информационный документ IP 67 *Japan's Antarctic Outreach Activities [Информационно-просветительская деятельность Японии в Антарктике]*, в котором сообщается о семинаре по вопросам информационно-просветительской деятельности, организованном Министерством окружающей среды Японии в октябре 2016 г. с целью разъяснения обязательств и рекомендаций по охране окружающей среды для базирующихся в Токио туристических агентств, предоставляющих туры в Антарктику.

(283) Китай представил Информационный документ IP 82 *Summary of the major research achievements of Chinese Arctic and Antarctic Environment Comprehensive Investigation & Assessment Program for the past five years since its implementation [Обзор основных достижений Китайской программы комплексного исследования и оценки окружающей среды Арктики и Антарктики за последние пять лет со времени её внедрения]*. В документе представлен обзор основных достижений Китайской комплексной программы исследования и оценки окружающей среды Арктики и Антарктики за последние пять лет со времени её введения в 2011 г.]. Китай отметил, что он заинтересован в будущих совместных проектах между Китаем и другими Сторонами.

(284) Турция представила Информационный документ IP 90 *The experience of having SCAR photo exhibition in Turkey as of a new SCAR member [Опыт проведения фотовыставки СКАР в Турции, являющейся новым членом СКАР]*, в котором содержалась информация о фотовыставке СКАР, проведенной в Турции в 2016 г. Министерством иностранных дел и Центром полярных исследований Стамбульского технического университета в 2016 г., и поблагодарила СКАР, КОМНАП и г-на Дэвида Уолтона (David Walton) за помощь в организации выставки в Турции. Она также сообщила, что Турция стала ассоциированным членом СКАР в августе 2016 г.

(285) Турция представила Информационный документ IP 92 *Turkey-Chile Scientific Collaboration in Antarctica [Турецко-чилийское сотрудничество в Антарктике]*. В документе говорится о сотрудничестве между Центром полярных исследований Стамбульского технического

университета и Чилийского антарктического института (INACH). В рамках первой Турецкой антарктической экспедиции была разработана схема сотрудничества между Чилийским антарктическим институтом и Центром полярных исследований Стамбульского технического университета. Турция отметила, что эта схема может представлять интерес для Неконсультативных Сторон, которые не имеют своей станции, но стремятся проводить текущие исследования, чтобы получить консультативный статус.

(286) Турция представила Информационный документ IP 93 *Turkey-Czech Republic Scientific Collaboration in Antarctica [Научное сотрудничество Турции и Чешской Республики в Антарктиде]*, в котором изложен контекст Первой турецкой научной экспедиции в Антарктику, которую Турция осуществила в сотрудничестве с Программой антарктических исследований Чешской Республики. Турция отметила, что такая поддержка, как та, которую предоставила Чешская Республика, особенно полезна для Сторон, не имеющих своих станций и желающих проводить исследования в Антарктике.

(287) Участники Совещания поблагодарили Стороны, которые представили документы, и отметили, что совместное использование инфраструктуры является идеальным вариантом, который позволяет проводить исследования в Антарктике странам, не имеющим там собственных станций. Совещание также подчеркнуло важность и многочисленные примеры международного сотрудничества в различных видах научной деятельности.

(288) Чили представила Информационный документ IP 95 *Opening of Chile-Korea Antarctic Cooperation Center [Открытие Центра чилийско-корейского сотрудничества в Антарктике]*, подготовленный совместно с Республикой Корея. В документе представлены некоторые мероприятия, проведённые в первый месяц работы Центра чилийско-корейского сотрудничества в Антарктике в г. Пунта-Аренас. В нём отмечается, что Центр внёс вклад в разработку проектов сотрудничества и активизацию перемещения экспертов между двумя странами. В нём также высказывается мысль о том, что такое двустороннее сотрудничество является примером укрепления связей между Национальными программами за пределами границ Антарктики.

(289) Чили также представила Информационный документ IP 97 *Programa de Publicaciones Antárticas del INACH [Программа публикаций об Антарктике INACH]*, в котором содержится обзор Программы

публикаций об Антарктике Чилийского антарктического института, нацеленной на информирование международного антарктического сообщества. К таким публикациям относятся выходящий два раза в год Чилийский антарктический бюллетень (*Boletín Antártico Chileno*), Iliaia — Достижения Чили в научной деятельности в Антарктике и "Pasaporte Antártica".

(290) Беларусь представила Информационный документ IP 98 *Опыт использования телеуправляемого беспилотного подводного аппарата в Белорусской Антарктической экспедиции в сезон 2016–2017 гг.* В документе описано использование портативного телеуправляемого беспилотного подводного аппарата в Антарктике, который применялся в целях исследования морской и пресноводной флоры и фауны во время Белорусской антарктической экспедиции в 2016/17 г. В нём сообщается, что экспедиция получила прекрасный практический опыт применения этой технологии, которая отличается большой гибкостью, мобильностью и компактностью. Беларусь отметила, что она планирует поделиться своим опытом, полученным во время экспедиции, на предстоящих совещаниях СКАР и КОМНАП.

(291) Финляндия представила Информационный документ IP 120 *Finland's international collaboration in the Antarctic field work with different stations and other actors [Международное сотрудничество Финляндии с различными станциями и другими участниками в полевых работах в Антарктике]*. Документ информирует Стороны о том, что финская научная станция Абоа служит центром научной деятельности Финляндии в Антарктике с 1988 г. и что она также поддерживает международные проекты различных стран. В нём сообщается, что международное сотрудничество ещё более активизируется в течение Года полярных прогнозов — в период с южнополярной зимы 2017 г. до южнополярной зимы 2019 г. Финляндия поблагодарила своих партнёров по научным исследованиям за прекрасное сотрудничество.

(292) Финляндия также представила Информационный документ IP 121 *Status Report 2017: Ongoing and Recently Ended Antarctic Research Funded by the Academy of Finland [Отчёт о состоянии в 2017 г.: продолжающиеся и недавно завершённые научные исследования, финансируемые Академией Финляндии]*, в котором Академия Финляндии определяется в качестве главной организации, финансирующей финские проекты по исследованию Антарктики. В нём также отмечается, что в соответствии со Стратегией антарктических исследований Финляндии (2014 г.) цель её Антарктической

программы заключается в том, чтобы сосредоточить усилия на интерактивных, междисциплинарных и высокоэффективных исследованиях, для того чтобы содействовать возобновлению и возрождению науки.

(293) Перу представила Информационный документ IP 134 *Actividades del Programa Nacional Antártico de Perú Período 2016 – 2017 [Деятельность Перуанской национальной антарктической программы в период 2016/17 г.]*, в котором сообщила об основных видах деятельности, проводимой Национальной антарктической программы Перу в Антарктике, включая информационно-просветительскую деятельность, участие в форумах Системы Договора об Антарктике, подготовку молодых учёных и международное сотрудничество. Перу поблагодарила организации, которые оказали помощь в деятельности по обучению. Она также отметила, что подписала Меморандум о взаимопонимании по научному и логистическому сотрудничеству в Антарктике с Колумбией и Польшей.

(294) КОМНАП представил Информационный документ IP 136 *Antarctic Station Catalogue Project [Проект по составлению Каталога антарктических станций]*, который напрямую связан с базой данных КОМНАП (Информационный документ IP 64) и способствует информационному обмену и международному сотрудничеству. Проект осуществляется на постоянной основе, и важно то, что информация для будущего каталога будет обновляться автоматически в режиме онлайн в Географической информационной системе (ГИС) КОМНАП, по мере того как Национальные антарктические программы будут обновлять информацию в своих базах данных. КОМНАП с удовлетворением воспринял замечания КСДА в отношении других полей данных, которые могут быть полезны в будущем при пересмотре ГИС или базы данных.

(295) Болгария представила Информационный документ IP 138 P*olar Scientific and Outreach Cooperation Between Bulgaria and Turkey [Сотрудничество между Болгарией и Турцией в полярной научной и информационно-просветительской деятельности]*, подготовленный совместно с Турцией. Она информировала Совещание о Меморандуме о взаимопонимании между Болгарским антарктическим институтом и Центром полярных исследований Стамбульского технического университета, Турция, благодаря которому был организован обмен учеными между двумя программами. Учёные из обоих государств также обменивались визитами и участвовали в мероприятиях Ассоциации молодых полярных исследователей (APECS).

(296) Перу представила Информационный документ IP 155 *Creating spaces for collaboration: Meeting of Managers of Latin American Antarctic Programs [Создание условий для сотрудничества: встреча руководителей Латиноамериканских антарктических программ]*, подготовленный совместно с Аргентиной, Бразилией, Чили, Эквадором и Уругваем. Она сообщила, что соавторы ежегодно участвовали в Совещании администраторов Латиноамериканских антарктических программ (RAPAL), которое является форумом для координации деятельности в Латинской Америке в области антарктической науки, логистики и окружающей среды. Перу также отметила, что на сегодняшний день было проведено 27 совещаний RAPAL, способствующих координации деятельности и сотрудничеству между странами в разработке операций в Антарктике. Результаты совещаний включают создание Руководства по предотвращению происшествий в Антарктике, руководства по оказанию первой помощи (Рекомендация XXI-12) и методического пособия по охране окружающей среды Антарктики (Рекомендация XXIII-2).

(297) Казахстан представил Информационный документ IP 170 *The Kazakh Geographical Society [Казахское географическое общество]*, в котором упоминаются три антарктических и арктических экспедиции, предпринятые Казахским географическим обществом начиная с 2011 г. В нём отмечается, что Казахское географическое общество представляет Казахстан на КСДА во второй раз. В нём сообщается, что в сотрудничестве с научными, образовательными и другими организациями Казахское географическое общество изучает возможность создания автоматической научной станции в Антарктике.

(298) В рамках данного пункта повестки дня были также поданы и приняты как представленные следующие документы:

- Информационный документ IP 18 *Participación Venezolana en la Antártida 2017 [Участие Венесуэлы в антарктической деятельности в 2017 г.]* (Венесуэла). В нём описана вторая стадия двустороннего проекта *“Estudio de la reflectancia espectral en Península Fíldes, Isla Rey Jorge, Antártida marina” [Исследования спектральной отражательной способности на полуострове Файлдс, остров Кинг-Джордж (Ватерлоо), морская часть Антарктики.]*, реализуемого при участии Чилийского антарктического института (INACH), Университета г. Сантьяго-де-Чили (USACH), Венесуэльского института научных исследований (IVIC). Венесуэла поблагодарила Чили за сотрудничество и поддержку в ходе реализации этого проекта.

- Информационный документ IP 62 *IV Expedición Científica de Colombia a la Antártica Verano Austral 2017-2018 "Almirante Tono" [IV Колумбийская антарктическая экспедиция "Almirante Tono" в сезон антарктического лета 2017/18 г.]* (Колумбия). В этом документе сообщается о планируемой антарктической экспедиции в сезон 2017/18 г., её научных целях и международном сотрудничестве в ходе этой экспедиции.

(299) В рамках данного пункта повестки дня были также представлены следующие документы:

- Информационный документ IP 174 *Report from Asian Forum for Polar Sciences to the ATCM XL [Отчёт Азиатского форума полярных исследований на XL КСДА]* (Китай).
- Вспомогательный документ BP 2 *Scientific and Science-related Cooperation with the Consultative Parties and the Wider Antarctic Community [Научное и связанное с наукой сотрудничество с Консультативными сторонами и расширение антарктического сообщества]* (Республика Корея).
- Вспомогательный документ BP 6 *South African National Antarctic Program (SANAP): Science Highlights 2016/7 [Южно-Африканская национальная антарктическая программа (SANAP): основные научные достижения в 2016/17 г.]* (ЮАР).
- Вспомогательный документ BP 11 *Monitoring of Antarctic flora – new Ukrainian-Turkish cooperation, a key for understanding biodiversity in the Argentine Islands, West Antarctica [Мониторинг антарктической флоры: новое украинско-турецкое сотрудничество, ключ к пониманию биоразнообразия на Аргентинских островах, Западная Антарктика]* (Украина и Турция).
- Вспомогательный документ BP 12 *Sightings of cetaceans during the First Joint Ukrainian-Turkish Antarctic Scientific Expedition 2016 [Наблюдения за китообразными во время Первой совместной украинско-турецкой антарктической научной экспедиции 2016 г.]* (Украина и Турция).
- Вспомогательный документ BP 15 *Incidencia de factores bióticos y abióticos en la composición y abundancia de la comunidad fito planctónica y las migraciones zoo planctónicas en la Antártida, las islas Galápagos y el Ecuador continental [Воздействие биотических и абиотических факторов на состав и относительную численность сообществ фитопланктона и на миграцию зоопланктона в Антарктике, на Галапагосских островах и в материковой части Эквадора]* (Эквадор).

- Вспомогательный документ BP 16 *Estudio de la dinámica poblacional y adaptación al cambio climático de microorganismos acuáticos de los cuerpos de agua dulce en la Isla Dee, Islas Shetland del Sur. [Исследование динамики популяции водных микроорганизмов в пресноводных водоёмах на острове Ди, Южные Шетландские острова, и их адаптации к изменению климата]* (Эквадор).
- Вспомогательный документ BP 17 *Estudio comparativo de la diversidad liquénica antártica versus andina con fines de bioprospección y biomonitoreo [Сравнительное исследование разнообразия видов антарктических и андских лишайников в целях биоразработки и биомониторинга*] (Эквадор).
- Вспомогательный документ BP 18 *Inventario y caracterización preliminar de la biodiversidad de moluscos marinos en transeptos litorales de la estación antártica ecuatoriana Pedro Vicente Maldonado. [Классификация и предварительная характеристика биоразнообразия морских моллюсков в прибрежных трансептах эквадорской антарктической станции Мальдонадо]* (Эквадор).
- Вспомогательный документ BP 19 *Tratamiento de lodos de la planta de aguas residuales de la Estación Científica Pedro Vicente Maldonado (2016-2017) [Обработка глинистой массы на установке очистки сточных вод на станции Мальдонадо (2016/17 г.)*] (Эквадор).
- Вспомогательный документ BP 21 *The Polish Programme on Polar Research and Strategy of Polish Polar Research – concept for years 2017-2027 [Польская программа полярных исследований и стратегия польских полярных исследований — концепция на 2017–2027 гг.]* (Польша).

Экспедиции

(300) Колумбия представила Информационный документ IP 58 *Expediciones Científicas de Colombia a la Antártida [Колумбийские антарктические научные экспедиции]* и Информационный документ IP 62 *IV Expedición Científica de Colombia a la Antártica Verano Austral 2017-2018 "Almirante Tono" [IV Колумбийская антарктическая экспедиция "Almirante Tono", предпринятая в сезон антарктического лета 2017/18 г.]*. Эти документы иллюстрируют непрерывные усилия, предпринимаемые Колумбией в сфере охраны окружающей среды и научных исследований в Антарктике. Колумбия отметила, что четвёртая Антарктическая экспедиция состоится начиная с ноября 2017 г.

(301) Япония представила Информационный документ IP 85 *Japan's Antarctic Research Highlights 2016–17 [Основные достижения Японии в исследовании Антарктики в 2016/17 г.]*. В нём описаны различные виды научно-исследовательской деятельности, проводимой Японской антарктической научной экспедицией (JARE) в районе станции Сёва, в том числе крупномасштабная атмосферная радарная система на станции Сёва (PANSY), осуществляющая второе исследование взаимодействия полушарий путём наблюдений и моделирования (ICSOM2) с целью более точного прогнозирования будущего изменения климата; комплексные наблюдения за переносом аэрозолей с использованием БПЛА, а также совместная геологическая съёмка в Восточной Антарктике с привлечением геологов из Индонезии, Монголии и Таиланда под эгидой Азиатского форума полярных исследований для реконструкции геологической истории Антарктики.

(302) Турция представила Информационный документ IP 91 *Turkish Antarctic Expedition 2016 - 2017 (TAE - I) Experiences [Опыт Турецкой антарктической экспедиции 2016/17 г. (TAE - I)]*, в котором описана самая первая национальная и самостоятельная турецкая антарктическая экспедиция, предпринятая в период с 24 февраля по 4 апреля 2017 г. В состав экспедиции входили 9 ученых из четырёх разных университетов Турции. В нём отмечается, что исследователи сосредоточили внимание на четырёх научных областях: естественные науки, науки о жизни, науки о земле, а также гуманитарные и общественные науки.

(303) Эквадор представил Информационный документ IP 111 *XXI Expedición Científica Ecuatoriana a la Antártida* (2016-2017) *[XXI Научная эквадорская антарктическая экспедиция (2016/17 г.)]*, в котором описаны различные проекты, связанные с развитием эквадорской антарктической станции Мальдонадо. Среди них три логистические программы, а также несколько научных исследований в области изучения климата и прикладных технологий. Эквадор поблагодарил Испанию и Чили за поддержку в этих начинаниях.

Климат

(304) СКАР представил Информационный документ IP 68 *Update on activities of the Southern Ocean Observing System (SOOS) [Обновлённые результаты деятельности в рамках Системы наблюдения за Южным океаном (SOOS)]* от имени SOOS. Он напомнил Сторонам, что SOOS является совместной инициативой СКАР и Научного комитета по

океанографическим исследованиям (СКОР), начатой в 2011 г., задачей которой было облегчение сбора и передачи наблюдений о динамике и изменении систем Южного океана. СКАР подчеркнул, что SOOS финансируется главным образом Партнёрством по исследованию Антарктики при Совете по научным исследованиям Австралии и что это финансирование должно закончится в середине 2018 г. Он также сообщил, что SOOS разработала Пятилетний бизнес-план (проект которого предоставляется по запросу), в котором были определены ресурсы, необходимые для разработки Пятилетнего плана реализации (http://soos.aq/activities/implementation). Заинтересованным Сторонам было предложено внести вклад в эту международную инициативу.

(305) ВМО подчеркнула важность работы, проведённой SOOS, и отметила, что она была поддержана проектами «Изменчивость и прогнозируемость климата» (CLIVAR) и «Климат и криосфера» (CliC) в рамках Всемирной программы исследования климата (ВПИК). ВМО поблагодарила Австралию и Швецию за их постоянную финансовую поддержку, отметив, что гарантии финансирования этой инициативы действуют только до середины 2018 г.

(306) ВМО представила Информационный документ IP 113 *The Global Cryosphere Watch and CryoNet [Система глобального наблюдения за криосферой Земли и сеть CryoNet]*, в котором отмечается, что Система глобального наблюдения за криосферой Земли напрямую связана с приоритетными задачами 9 и 10, определёнными в Многолетнем стратегическом плане работы КСДА. ВМО отметила, что она начала внедрение системы GCW в 2015 г. в целях удовлетворения потребности в достоверной информации о прошлом, настоящем и будущем состоянии мировой криосферы. Она подчеркнула, что когда система GCW заработает в полную силу, она обеспечит широкий доступ к информации о криосфере, например, для обоснования проектирования инфраструктуры в холодных климатических зонах, для улучшения управления и охраны наземных, прибрежных и морских экосистем, а также для более глубокого понимания факторов окружающей среды, влияющих на здоровье людей.

(307) ВМО отметила, что она в сотрудничестве с партнёрами разрабатывает сеть наблюдений GCW, включая её ключевую сеть CryoNet. Она призвала Стороны и другие организации принять участие в GCW, изучив возможность включения, при наличии, наблюдательных станций в Антарктике, которыми они управляют или которые они используют, в число участков или станций

CryoNet; добавить в GCW известную им информацию о существующих источниках данных о криосфере в Антарктике, чтобы такая информация была доступна на портале данных GCW.

(308) ВМО представила Информационный документ IP 114 *The Polar Space Task Group: Coordinating Space Data in the Antarctic Region [Целевая группа по наблюдению из космоса за полярными районами: координация космических данных в антарктическом регионе]*. В нём отмечалось, что задача Целевой группы по наблюдению из космоса за полярными районами (PSTG) состояла в том, чтобы обеспечивать оперативное взаимодействие с космическими агентствами с целью упрощения сбора и распространения основных массивов данных спутникового наблюдения, а также способствовать или оказывать помощь в разработке конкретных производных продуктов для криосферных, полярных и высокогорных научных исследований и областей применения. В нём было представлено описание нескольких продуктов для применения в Антарктике, созданных на основе данных спутникового наблюдения, включая продукты, связанные с ледяным щитом, морским льдом и атмосферой.

(309) ВМО представила Информационный документ IP 116 *Southern Hemisphere Key Activities and Special Observing Periods during the Year of Polar Prediction [Основные виды деятельности в южном полушарии и специальные периоды наблюдения в течение Года полярных прогнозов]*. В документе даётся краткий обзор основных видов деятельности в течение Года полярных прогнозов (YOPP), направленных на улучшение возможностей прогнозирования условий окружающей среды в полярных регионах и за их пределами. ВМО сообщила, что основные виды деятельности в течение Года полярных прогнозов включают: периоды интенсивных наблюдений, выделяемые для систематических измерений и исследований физических явлений, разработка и усовершенствование моделей численных прогнозов, а также верификация и улучшение служб прогнозов. Она сообщила, что в течение Года полярных прогнозов будут включены специальные периоды наблюдения и что специальный период наблюдения за Южным океаном планируется с 16 ноября 2018 г. по 15 февраля 2019 г.

(310) ВМО представила Информационный документ IP 117 *The Antarctic Observing Network (AntON) to facilitate weather and climate information [Антарктическая сеть наблюдений (AntON) для облегчения сбора информации о погодных и климатических условиях]*, подготовленный

совместно со СКАР. В этом документе сообщается об Антарктической сети наблюдений (AntON), сети приземных наблюдений и наблюдений за верхними слоями атмосферы, осуществляемых ВМО в партнёрстве со СКАР и предоставляющих данные для численного прогноза погоды, изучения климата и других областей применения, связанных с криосферой, в Антарктике. При том что AntON сообщила общественности о своих наблюдательных станциях и о том, какие наблюдения ведутся, ВМО отметила, что рассчитывает на то, что она будет поставлена в известность о любых новых установках или участках, которые прекратили работу. Соавторы призвали Стороны уведомлять AntON *(AntON@wmo.int)* в случае, если им станет известно о каких-либо изменениях, касающихся станций или платформ в антарктическом регионе, где осуществляется сбор метеорологических данных (и связанных с ними данных, например о глубине снежного покрова).

(311) Норвегия представила Информационный документ IP 154 *MADICE – Joint Initiative of Scientific Programme at CDML by India and Norway [MADICE — совместная инициатива Индии и Норвегии по реализации программы научных исследований на Земле Королевы Мод]*, подготовленный совместно с Индией. В данном документе содержится информация о совместном индийско-норвежском проекте по изучению динамики баланса масс и климата на побережье центральной части Земли королевы Мод, Восточная Антарктика (проект MADICE). MADICE побуждает к совместной работе по исследованию динамики льда, существующего баланса масс, оценке прибрежного района в центральной части Земли королевы Мод на протяжении тысячелетия и произошедших в прошлом изменений динамики атмосферы и морского льда в регионе с использованием методов спутникового дистанционного зондирования, геофизических полевых измерений и ледяных кернов. Норвегия сообщила, что программа будет действовать в течение четырёх лет: она началась в 2016 г. и закончится в 2020 г., охватывая два объединённых полевых сезона в течение антарктического лета 2016/17 г. и 2017/18 г.

Пункт 15а. Будущие проблемные аспекты научной деятельности в Антарктике

(312) Великобритания представила Рабочий документ WP 1 *Будущие проблемные аспекты научной деятельности в Антарктике —*

перспективное видение Великобритании и отметила, что он направлен на достижение двух главных целей: призвать все Стороны предоставить информацию о своих приоритетах научной деятельности в Антарктике в течение следующих нескольких лет, чтобы дать им возможность определить аспекты взаимодействия и новые возможности для совместной работы и сотрудничества в сфере логистики, а также призвать КСДА рассмотреть вопрос о том, когда и каким образом Совещание будет получать и реализовывать на практике научные рекомендации. Она также отметила полезность рассмотрения на КСДА вопроса о том, будет ли целесообразно определить несколько ключевых приоритетов на ближайшие несколько лет, будут ли полезны научные консультации, возможно с учётом Многолетнего стратегического плана работы.

(313) Участники Совещания поблагодарили Великобританию за представленный ею документ и вновь подтвердили важность научного сотрудничества и взаимодействия между Сторонами Договора об Антарктике. Несколько Сторон сообщили о том, что их Национальные антарктические программы уже разработали или разрабатывают стратегические научные планы для своей исследовательской работы в Антарктике. Некоторые Стороны подчеркнули, что в СДА существует история обмена информацией о национальных планах и приоритетах научной деятельности в Антарктике, которая способствовала успешному взаимодействию и сотрудничеству в прошлом. Было также отмечено, что возможности для сотрудничества часто становились яснее, когда Стороны были в состоянии определить случаи дублирования и пробелы в научных программах друг друга. В целом было выражено согласие с тем, что такой обмен информацией о приоритетах научной деятельности в Антарктике и сотрудничество в научных программах должно продолжиться в будущем.

(314) Что касается вопроса о том, как КСДА получает и реализует на практике научные рекомендации, некоторые Стороны выразили мнение, что СКАР по-прежнему демонстрирует свою способность предоставлять целесообразные и обоснованные научные консультации для КООС и КСДА. Эти Стороны считали, что КСДА следует проявлять осторожность, чтобы не дублировать работу СКАР. В ответ на эту обеспокоенность Великобритания пояснила, что её намерение заключалось не в том, чтобы дублировать или прерывать существующие процессы, а в том, чтобы призвать КСДА задуматься, достаточно ли чётко Совещание понимает свои научные потребности и является ли оно максимально открытым, чтобы принимать вклад со стороны

науки. Также было отмечено, что такое размышление о научных приоритетах КСДА поможет улучшить взаимодействие не только между Сторонами, но и между КСДА и СКАР, а также между КСДА и внешними организациями.

(315) СКАР сообщил, что он разрабатывает новые научно-исследовательские программы и что этот процесс обеспечит возможность Сторонам через соответствующие национальные организации влиять на стратегически важные научные исследования, которые они пожелают включить в свои программы.

(316) КОМНАП напомнил участникам Совещания о своей научной Экспертной группе, перед которой была поставлена задача изучить деятельность СКАР и национальных антарктических научных программ с целью выявить области логистической поддержки, в которых можно было бы совместно координировать работу. В целях содействия проведению обсуждений КСДА по этому вопросу КОМНАП призвал КСДА высказать мнение о том, какая может потребоваться информация, которая поможет в обсуждении будущих проблемных аспектов научной деятельности.

(317) АНТКОМ сообщила, что во время совещания НК-АНТКОМ в октябре 2016 г. был проведен двухдневный семинар, на котором рассматривался вопрос о том, как НК-АНТКОМ может определить приоритеты в своих исследованиях, чтобы предоставлять консультации Комиссии АНТКОМ. Она отметила, что на симпозиуме был выработан чёткий пятилетний план работы для НК-АНТКОМ и связанных с ней рабочих групп. АНТКОМ призвала КСДА высказать мнение о том, какая информация может потребоваться от Научной экспертной группы для содействия обсуждению будущих проблемных аспектов научной деятельности.

(318) СКАР представил Рабочий документ WP 4 *Будущие проблемные аспекты научной деятельности в Антарктике*, в котором содержится краткий обзор Стратегического плана СКАР на 2017–2022 гг. и определены основные будущие проблемные аспекты научно-исследовательской деятельности. СКАР призвал Стороны: опираться на значительную эффективность СКАР в выявлении новых научных приоритетов; в разработке, содействии и координации международных исследований внутри и в связи с Антарктикой и Южным океаном; в преобразовании результатов исследований в стратегические концепции; в наращивании научно-исследовательского потенциала; в повышении осведомлённости

о большом значении исследований, проводимых в Антарктике и Южном океане и связанных с ними, и в содействии взаимодействию с другими международными соглашениями, основанными на результатах научной деятельности. СКАР также призвал Стороны и в дальнейшем подтверждать важное значение СКАР и его научно-консультативной роли для Системы Договора об Антарктике, в том числе посредством стимулирования соответствующих национальных органов и специалистов к расширению предоставляемой ими помощи и их участия в деятельности СКАР.

(319) КОМНАП представил Рабочий документ WP 15 *Проект СКАР «Сканирование научного горизонта Антарктики» и проект КОМНАП «Пути решения проблем дорожной карты исследования Антарктики»*, подготовленный совместно со СКАР. В проекте СКАР «Сканирование научного горизонта Антарктики» было определено 80 наиболее приоритетных научных вопросов, на которые стремятся ответить исследователи. За ним последовал проект КОМНАП «Антарктическая дорожная карта» (ARC), который стал попыткой сообщества определить шаги, необходимые для реализации «дорожной карты», то есть ответить на эти 80 важнейших вопросов. По результатам проекта ARC была представлена информация о необходимых технологиях, доступе, инфраструктуре, материально-техническом обеспечении, затратах и уровнях международного сотрудничества.

(320) КОМНАП и СКАР рекомендовали КСДА: основываться на результатах этих проектов при обсуждении вопроса о будущих проблемных аспектах научной деятельности в Антарктике; использовать эти результаты для демонстрации и доведения важного глобального значения антарктических исследований и их поддержки до сведения лиц, принимающих решения, и общественности, особенно с учётом разнонаправленных требований в отношении национального финансирования; а также отметить, что успех будет зависеть от национальных инвестиций в науку, инвестиций в технологии поддержки науки и от наличия материально-технической базы и инфраструктуры.

(321) Стороны поблагодарили КОМНАП и СКАР за проделанную ими важную работу по определению ключевых проблемных аспектов научных исследований, с которыми сталкиваются Стороны, а также по изучению важных результатов исследований с целью обеспечения научно обоснованных рекомендаций по стратегическим вопросам.

Некоторые Стороны отметили, что различия в организации и финансировании Национальных антарктических программ могут усложнить координацию исследовательской деятельности. Также было отмечено, что КСДА должно чётко доводить общие приоритеты в исследовательской деятельности как до исследовательского сообщества, работающего в Антарктике, так и до национальных правительств, финансирующих антарктические исследования.

(322) Австралия представила Рабочий документ WP 30 *Международное сотрудничество для достижения общих целей научной деятельности в Антарктике* и напомнила о первоочередной задаче, указанной в Многолетнем стратегическом плане работы: «Обсудить стратегические научные приоритеты и передать информацию об этом с целью определения и использования возможностей для сотрудничества, а также для укрепления научного потенциала, в особенности в отношении изменения климата». Австралия отметила, что для решения этой первоочередной задачи потребуется более широкое участие Сторон. Она также отметила, что включение конкретного пункта в повестку дня Будущих проблемных аспектов научной деятельности в Антарктике предоставляет ценную возможность специального обсуждения этих вопросов во время XL КСДА. Австралия предложила Сторонам рассмотреть возможность начать межсессионную работу на основании обсуждений на XL КСДА и подготовить отчёт для обеспечения информационной поддержки дальнейших обсуждений во время XLI КСДА.

(323) Стороны поблагодарили Австралию за это конкретное предложение по дальнейшему обсуждению. Отмечая более общие задачи поддержания эффективного взаимодействия между наукой и политикой, некоторые Стороны в то же время упомянули работу СКАР и КОМНАП по определению ключевых проблемных аспектов исследовательской деятельности и заявили, что именно КСДА должно формулировать политические приоритеты на основе этой работы.

(324) Несколько Сторон подчеркнули важность продолжения дискуссий о научном сотрудничестве и научных приоритетах и указали, что дискуссии должны быть направлены на выявлении областей, представляющих взаимный научный интерес. Они отметили, что такие дискуссии будут способствовать возможному сотрудничеству в будущем и обеспечат информированность КСДА по вопросам совместных приоритетов научной деятельности.

(325) Совещание приветствовало предложение Австралии возглавить неформальную межсессионную группу для обсуждения темы «Будущие проблемные аспекты научной деятельности в Антарктике». Несколько Сторон подтвердили ценность работы, проделанной СКАР и КОМНАП, и подчеркнули важность поиска наилучших путей для научного наполнения Форума КСДА вместо дублирования процессов. Участники Совещания согласились включить тему «Будущие проблемные аспекты научной деятельности в Антарктике» в повестку дня под пунктом 15 для обсуждения на будущих КСДА и изменить название следующим образом: «Научная деятельность: вопросы, будущие проблемные аспекты, сотрудничество и содействие».

(326) ВМО подтвердила, что она с удовольствием примет участие в будущих научных дискуссиях.

(327) Признавая ценность научной лекции СКАР в решении проблемных задач научной деятельности, Стороны поддержали предложение запланировать лекцию на утренние часы пленарной сессии КСДА, а не на время обеда. СКАР подтвердил, что будет приветствовать предложения относительно темы лекции, которые будут рассмотрены Исполнительным комитетом СКАР.

(328) Финляндия представила Информационный документ IP 122 *The Future Challenges of Antarctic Research – The Finnish Perspective [Будущие проблемные аспекты исследовательской деятельности в Антарктике — перспективное видение Финляндии]*, в котором указаны приоритетные задачи и ключевые научные вопросы будущей исследовательской деятельности Финляндии в Антарктике. Финляндия особо выделила несколько ключевых вопросов исследовательской деятельности, связанных с: антарктическим ледниковым покровом, шельфовыми ледниками и повышением уровня моря; метеорологией, океанографией и морским льдом; внешними климатообразующими факторами; биоразнообразием; динамикой мантии, большими извержениями магмы и расхождением континентов; а также человеческой деятельностью в Антарктике. Финляндия отметила, что исследовательская деятельность в Антарктике требует хорошо скоординированных международных усилий для проведения наблюдений, ведущихся на месте, анализа существующих и новых данных и экспериментов с применением целого ряда моделей.

(329) СКАР представил Информационный документ IP 161 *Что означает для Антарктики Парижское соглашение по климату в рамках конвенции*

ООН об изменении климата? Ключевые вопросы, определённые в данном документе и во Вспомогательном документе BP 20, включают: взаимосвязь между Рамочной конвенцией Организации Объединенных Наций об изменении климата (РКИК ООН) и СДА, соглашениями в рамках СДА и СКАР; последствия глобального потепления на 1,5 °C, 2 °C и более чем на 2 °C для Антарктики и Южного океана на основе последних данных мировой науки; а также недостаточно понятное и потенциально недооценённое влияние потери антарктического ледового покрова на будущее глобальное повышение уровня моря является основным вопросом в стратегических научных исследованиях климата. СКАР также отметил важность понимания того, какие последствия могут наступить и каких последствий можно избежать в результате достижения цели Парижского соглашения по климату, и подчеркнул, что это является главным проблемным аспектом научной деятельности, определённым СКАР и КОМНАП.

(330) Российская Федерация представила Информационный документ IP 141 *Российско-Швейцарская кругосветная антарктическая экспедиция 2016–2017 гг.*, в котором представлено описание кругосветной антарктической экспедиции, предпринятой в 2016–2017 гг. и организованной с помощью Швейцарского полярного института. В документе отмечается, что экспедиция продемонстрировала важную роль международного научного и логистического сотрудничества в исследовании Антарктики и субантарктической области. В нём отмечается, что многие учёные из разных стран имели возможность провести исследования за пределами традиционных регионов деятельности Национальных антарктических программ. В нём также подчёркивается, что экспедиция внесла вклад в расширение научных знаний о субантарктических островах.

(331) Российская Федерация представила Информационный документ IP 142 *К вопросу о проекте международной научной дрейфующей станции Уэдделл-2*. В этом документе подчёркивается, что прошло 25 лет со времени открытия российско-американской дрейфующей научной станции в юго-западной части моря Уэдделла в Антарктике. Он информирует Совещание о научных достижениях дрейфующей станции Уэдделл-1 и сообщает, что в феврале 2017 г. во время совещания в Санкт-Петербурге участники рассмотрели предложение повторить этот эксперимент. Российская Федерация предложила всем заинтересованным Сторонам сформировать организационный комитет.

(332) В рамках данного пункта повестки дня был также представлен следующий документ:

- Вспомогательный документ BP 20 *The SCAR Lecture: What does the United Nations Paris Climate Agreement mean for Antarctica? [Лекция СКАР: Что означает для Антарктики Парижское соглашение по климату в рамках конвенции ООН об изменении климата?]* (СКАР).

Пункт 16. Последствия изменения климата для режима управления в районе действия Договора об Антарктике

(333) Великобритания представила Информационный документ IP 71 *Agreement by CCAMLR to establish time-limited Special Areas for Scientific Study in newly exposed marine areas following ice shelf retreat or collapse in the Antarctic Peninsula region [Составленное АНТКОМ соглашение по учреждению временных особых районов для научных исследований на участках моря, недавно освободившихся в результате отступления или разрушения шельфовых ледников в районе Антарктического полуострова]*, подготовленный совместно с Бельгией, Германией, Испанией, Италией, Нидерландами, Польшей, Финляндией, Францией и Швецией. В этом документе описана Мера АНТКОМ по сохранению CM 24-04, которая предусматривает механизм определения Особых районов для научных исследований и меры управления, которые применяются в этих районах. В документе отмечается, что СЭДА по вопросам изменения климата (2010 г.) рекомендовало КООС «рассмотреть пути и способы автоматического обеспечения временной охраны вновь образованных участков, свободных ото льда, например морских участков, образовавшихся в результате обрушения фрагментов шельфовых ледников, и представить КСДА соответствующие рекомендации» (Рекомендация 10). Стороны, предложившие данный документ, призвали КСДА обратить внимание на Меру АНТКОМ по сохранению CM 24-04, резюме которой приведено в данном документе, в качестве положительного вклада в выполнение этой рекомендации.

(334) СКАР представил Информационный документ IP 80, rev. 1 *Antarctic Climate Change and the Environment – 2017 Update [Изменение климата Антарктики и окружающая среда: обновлённые данные за 2017 г.]*. СКАР особо отметил новый формат данного отчёта, который предполагает доступность для широкого круга читателей. В данном документе изложены обновлённые данные по изменению климата

в Антарктике и отчёт по окружающей среде. В нём представлены перспективные видения недавних научных достижений, а не обобщённый отчёт, составленный на основе изучения изменений в физической среде Антарктики и изменений в её биологической среде. СКАР особо отметил исследования, подтверждающие, что: Южный океан теплеет гораздо быстрее и на больших глубинах, чем где-либо в мире; происходит вторжение неместных видов в морской среде; а также снижается численность гнездящихся пингвинов Адели в связи с уменьшением морского ледяного покрова.

(335) Великобритания поблагодарила СКАР за то, что он продолжает ежегодно предоставлять обновлённые данные об изменении климата в Антарктике и окружающей среде. Отмечая, что воздействия изменения климата в Антарктике, в частности разрушение и отступление шельфовых ледников, имеют глобальное значение, Великобритания призвала СКАР и далее предоставлять обновлённые данные в таком же чётком и понятном формате, как в Информационном документе IP 80 rev. 1.

(336) ВМО представила Информационный документ IP 118 *Progress Update on WMO Polar Regional Climate Centres [Обновленная информация о ходе работ в Полярных региональных климатических центрах ВМО].* Ссылаясь на успешные разработки для Арктики, ВМО сообщила участникам Совещания, что она предпринимает шаги по разработке сети передовых Антарктических полярных регионального климатических центров по оперативному предоставлению климатологических услуг, включая мониторинг и прогнозирование климата в поддержку региональных и национальных мероприятий, связанных с климатом. Она подчеркнула, что одной из важных целей является удовлетворение потребностей Национальных антарктических программ в текущей целевой и достоверной информации о климате для поддержки эффективных решений и снижения риска для людей и окружающей среды. Она отметила актуальность данной инициативы ВМО для Многолетнего стратегического плана работы КСДА, в особенности для приоритетных задач 9 и 10. Она призвала Консультативные и Неконсультативные стороны оказать помощь ВМО в установлении связи с их национальными метеорологическими службами и Национальными антарктическими программами и пригласила Наблюдателей, Экспертов и заинтересованные Стороны принять участие в семинаре, который она планирует организовать в 2018 г., по разработке сети Полярных региональных климатических центров (ПРКЦ), предоставить руководящие указания и внести вклад в разъяснение требований и приоритетов пользователей.

(337) АСОК представила Информационный документ IP 147 *Climate Change Report Card [Доклад по изменению климата в Антарктике]*, который содержит обновлённую информацию о результатах научных исследований антарктического климата и сводки новостей. АСОК отметила, что этот документ уже подробно обсуждался на заседании КООС. Она дала краткую рекомендацию Сторонам и соответствующим органам, включая СКАР и ВМО, продолжать: разработку механизма, позволяющего КСДА доносить информацию об изменении климата в Антарктике до широкого круга общественности; разрабатывать планы предупредительных мер или планы управления быстрой реализации для реагирования на неожиданные события, связанные с изменением климата; а также установить охраняемые районы, которые могут использоваться в качестве эталонных участков для соотнесения изменений с изменениями климата с минимальным вмешательством в виде локальных и региональных работ или вообще без такого вмешательства.

(338) Секретариат представил Документ Секретариата SP 8 *Меры, принятые КООС и КСДА во исполнение рекомендаций СЭДА по вопросам, связанным с изменением климата* (СДА), и попросил предоставить руководящие указания относительно подготовки этого Документа Секретариата в будущем. Секретариат напомнил участникам Совещания о том, что он предоставляет актуальную информацию КСДА и КООС о статусе выработанных СЭДА рекомендаций по изменению климата (2010 г) с 2011 г. Он призвал Стороны обратить внимание на то, что КООС включает рекомендации, находящиеся в его компетенции, в разработанную КООС Рабочую программу ответных мер в отношении изменения климата. Отмечая, что рекомендации 4–6 не входят в компетенцию КООС, он высказал мысль о том, что имеется мало материала для анализа. Секретариат заявил, что, по его мнению, Рекомендация 4 была выполнена.

(339) Участники Совещания поблагодарили Секретариат за его документ и предложили Совещанию принять работу КООС и позволить ей продолжить свою работу.

(340) В рамках данного пункта повестки дня были также представлены и приняты как есть следующие документы:

- Информационный документ IP 152, rev. 1 *Tracking Antarctica - A WWF report on the state of Antarctica and the Southern Ocean [Наблюдения за Антарктикой — отчёт Всемирного фонда дикой природы о состоянии Антарктики и Южного океана]* (АСОК).

Пункт 17. Туризм и неправительственная деятельность в районе действия Договора об Антарктике

Обзор политики в области туризма

(341) Секретариат представил Документ Секретариата SP 9 *Обновлённые данные касательно текущего состояния рекомендаций по результатам исследования КООС в области туристической деятельности, проведённого в 2012 г.* Напоминая о просьбе XXXIX КСДА, обращённой к Секретариату (Заключительный отчет XXXIX КСДА, параграф 245), документ содержит анализ состояния восьми рекомендаций, предложенных исследованием КООС в области туристической деятельности, (XV заседание КООС, 2012 г.), и обращает особое внимание на те вопросы, которые всё ещё требуют дальнейшего рассмотрения. В нём отмечается, что большинство рекомендаций ожидают дальнейших действий Сторон или КООС.

(342) В отношении рекомендаций по созданию базы данных туристической деятельности, регулируемой КСДА (Рекомендации 1 и 2), Секретариат отметил, что хотя СЭОИ и обеспечивает большинство функциональных возможностей, которые, как ожидается, должна иметь база данных туристической деятельность, она не включает централизованное хранилище информации о посещённых участках.

(343) После просьбы Новой Зеландии более подробно рассказать о технических мерах по разработке и внедрению централизованной базы туристической деятельности Секретариат продемонстрировал Сторонам, что хотя некоторая информация доступна на веб-сайте Секретариата Договора об Антарктике, в этой информации есть пробелы и отсутствует история посещения районов.

(344) МААТО сообщила о своём опыте по разработке электронной базы данных о деятельности её членов и отметила, что она разработала номенклатуру названий районов и метод использования раскрывающихся меню для сохранения согласованности. Она также подчеркнула, что остаётся верна обязательству информировать Совещание обо всех обновлениях своих систем, которые могут помочь в обеспечении информационной поддержки работы Секретариата.

(345) Аргентина высказала мнение о том, что обладание более подробной информацией о туристической деятельности будет полезно для всех Сторон. Она указала, что если участники Совещания согласились о необходимости

централизованной базы туристической деятельности, в дальнейшем потребуется обсудить, какую точно информацию она должна содержать. Она подчеркнула, что в этом случае координаты и названия районов должны быть приведены к единому стандарту, и необходимо будет включить информацию о наличии правил поведения для посетителей участков. Она отметила, что следует также рассмотреть проблему разных языков.

(346) Великобритания отметила, что МААТО имеет всеобъемлющую базу данных, охватывающую виды деятельности её членов. Хотя в неё не включены операторы, не являющиеся членами МААТО, и информация о посещениях районов национальными антарктическими операторами, она содержит огромный объём информации за предыдущие годы и даёт очень хорошее представление об общем уровне посещаемости Антарктики, включая конкретные районы. При том что всеобъемлющая база данных СДА весьма желательна, очевидно, что она будет сложной и дорогой, и Великобритания высказала мнение о том, что уже имеется достаточно информации, на основе которой можно продвигаться по целому ряду вопросов, связанных с туризмом.

(347) Участники Совещания не достигли консенсуса относительно того, какие меры должен предпринять Секретариат в отношении централизованного хранилища информации о туристических районах и видах деятельности, и согласились, что Стороны должны обдумать этот вопрос в следующий межсессионный период и подготовиться к его рассмотрению на XLI КСДА.

(348) Новая Зеландия представила Рабочий документ WP 31 *Стратегический подход к экологически обоснованному управлению туризмом*. Новая Зеландия напомнила, что на XXXIX КСДА было достигнуто соглашение о начале разработки общего понимания темы антарктического туризма (XXXIX КСДА, Рабочий документ WP 28). Она отметила, что в Рабочем документе WP 31 изложена общая концепция, основанная на предыдущей работе КСДА в области туризма, включая структуру, предусмотренную Резолюцией 7 (2009 г.) *Общие принципы антарктического туризма*, для представления стратегического подхода, ориентированного на активное и эффективное управление туристической деятельностью Сторонами Договора об Антарктике. Отмечая, что Резолюция 7 (2009 г.) остаётся актуальной и представляет согласованные общие ценности КСДА, связанные с туризмом, Новая Зеландия подчеркнула, что стратегический подход к экологически обоснованному управлению туризмом требует дальнейшего обеспечения практического применения этих принципов.

(349) Новая Зеландия отметила, что стратегический подход к экологически управляемому туризму должен дополняться и направляться с помощью всеобъемлющего мониторинга и использования чётких, стандартизованных данных, которые могут легко совместно использоваться Сторонами. Она подчеркнула, что стратегический подход должен быть оперативным и гибким, предполагать регулярные пересмотры существующих Мер, внедрение существующих Мер и рекомендаций и разработку новых Мер в ответ на данные экологического мониторинга или анализы отчётов, составляемых операторами о посещениях. Новая Зеландия ещё раз подчеркнула, что антарктический туризм должен регулироваться Сторонами Договора об Антарктике. Она также отметила, что коллективный опыт туристических операторов будет полезен для разработки новых мер с учётом практического опыта туристической деятельности. Рабочий документ WP 31 содержит две рекомендации: рекомендацию для КСДА принять предложенный стратегический подход, и рекомендацию заполнить многолетний стратегический план работы, чтобы начать внедрение стратегической концепции начиная с XLI КДСА и в дальнейшем.

(350) Участники совещания поблагодарили Новую Зеландию за представленный документ и подтвердили свою приверженность стратегическому подходу к управлению туризмом. В связи с предложенным внедрением Общих принципов антарктического туризма Стороны обменялись мнениями по целому ряду вопросов.

(351) Аргентина отметила, что поскольку за последнее десятилетие не произошло кардинального роста туристической активности, она считает, что нет необходимости вырабатывать совместный и общий подход к управлению туризмом в срочном порядке. Другие Стороны подчеркнули, что управление туристической деятельностью требует срочного рассмотрения.

(352) Китай подчеркнул важность решения проблемы туризма в рамках Системы Договора об Антарктике и сделал акцент на том, что предпринимать действия в этой связи следует, основываясь на достоверных данных и научной оценке.

(353) Несколько Сторон предпочли говорить о стратегическом «видении», а не о «подходе», поскольку это обеспечит большую ясность в вопросе о том, в каком направлении движутся Стороны и каким может быть конечный результат. Другие Стороны предпочли говорить о стратегическом подходе, учитывая, что стратегическое видение было сформулировано

в Общих принципах в 2009 г. Несколько Сторон подчеркнули важность рассмотрения туризма как динамичной и постоянно изменяющейся деятельности и особо отметили необходимость такого же динамичного и эффективного ответа КСДА.

(354) Некоторые Стороны указали на особую важность разработки стратегического подхода к проблемам мониторинга антарктического туризма и управления данными. Канада сообщила, что её национальная процедура выдачи разрешений предусматривает обязательство заявителей вести мониторинговую деятельность и предоставлять отчеты о посещениях, но отметила, что стандартизованный метод мониторинга повысит удобство пользования и расширит возможности обмена данными. Некоторые Стороны согласились с тем, что может быть полезно расширение обмена информацией о выданных разрешениях на туристическую деятельность и деятельность неправительственных организаций в рамках национальных юрисдикций.

(355) Великобритания высказала мнение о том, что СКАР, возможно, сможет помочь в дальнейшей работе, связанной с мониторингом и систематическим сбором данных о посещённых участках.

(356) СКАР проинформировал участников Совещания о том, что он совместно с МААТО начал работу над двухлетним проектом по разработке комплексного плана сохранения окружающей среды Антарктического полуострова, в частности, с целью управления долгосрочной экологичностью антарктического туризма (представленной в Информационный документ IP 166). СКАР пояснил, что подход, используемый в комплексном плане сохранения окружающей среды, способен показать, как наилучшим образом могут быть рассредоточены участки для проведения различных видов деятельности, чтобы найти оптимальное решение, в котором соблюдается баланс различных интересов участников. СКАР также отметил, что в настоящее время существует огромное количество данных и технологий, которые могут быть полезны для разработки комплексного плана сохранения окружающей среды, например данные, собранные посредством дистанционного зондирования.

(357) Российская Федерация выразила обеспокоенность тем, что многие Меры, касающиеся туризма и деятельности неправительственных организаций, принятые во время СКДА, ещё не вступили в силу, и подчеркнула необходимость единообразного подхода Сторон к вопросам, связанным с туризмом и деятельностью неправительственных организаций. Она

также подчеркнула необходимость обмена информацией, касающейся несанкционированных видов деятельности в Антарктике.

(358) Другие вопросы, поднятые Сторонами, включали: необходимость рассмотрения диверсификации видов туристической деятельности; необходимость рассмотрения дополнительных нормативных положений, касающихся постоянных туристических объектов; важность поддержания диалога с МААТО и туристической отраслью; а также важность обеспечения безопасного и экологически чистого туризма в Антарктике. Несколько Сторон считали, что прежде, чем пересматривать Рекомендацию 7 (2009 г.), Совещание должно оценить, в какой степени прогрессировали Общие принципы.

(359) АСОК поблагодарила Новую Зеландию за документ и отметила, что она в течение ряда лет с большим интересом следит за проблематикой антарктического туризма и что за это время в отрасли произошли существенные изменения. АСОК отметила динамичный характер антарктического туризма и подчеркнула, что, по её мнению, пришло время, когда Стороны должны предпринимать более активные действия в этой сфере, и что Рабочий документ WP 31 открывает путь для движения вперёд. В этой связи АСОК подчеркнула свою убеждённость в том, что Сторонам необходимо провести обзор «всего спектра» проблематики антарктического туризма, которая включает как операторов – участников МААТО, так и операторов, не состоящих в МААТО, равно как и способы и формы туристической деятельности, такие как наземные и парусные туристические операции, а также морской туризм. В заключение АСОК подчеркнула, что, по её мнению, важно, чтобы развитие туризма в Антарктике не происходило вне общего поля зрения Сторон.

(360) МААТО поблагодарила Новую Зеландию за документ и призвала Стороны продолжать усилия, направленные на выработку стратегического подхода к туристической деятельности в Антарктике. МААТО особо подчеркнула, что Мера 15 (2009 г.) и Резолюция 7 (2009 г.) являются важными позитивными инструментами, которые помогли оформить изменения в этой сфере и разработать методические материалы для туристических операторов. Она подчеркнула важность постоянного сотрудничества, особенно учитывая, что Стороны имеют статус компетентных органов для выдачи разрешений на туристическую деятельность в Районе Договора об Антарктике. Отмечая, что как отраслевая группа она способна быстро реагировать на вызовы, МААТО

в то же время указала, что высшей мерой наказания для нарушителей правил является исключение из Ассоциации. По её мнению, Стороны и КСДА выполняют важную роль, обеспечивая надёжную правовую базу для того, чтобы туризм в Антарктике и впредь оставался безопасным и экологически ответственным. МААТО поблагодарила Стороны за постоянное сотрудничество и взяла на себя обязательство продолжать работать с Совещанием.

(361) Учитывая эти мнения, Новая Зеландия, после консультации с несколькими Сторонами, предложила развивать Общие принципы антарктического туризма (2009 г.) и перевести их в практическую плоскость, действуя по шести направлениям:

- Принять меры к тому, чтобы туристическая деятельность оставалась под управлением Системы Договора об Антарктике.
- Последовательно реализовывать системный подход к управлению туристической деятельностью, который предполагает использование лучших научных достижений, строится на общем понимании того, что эта деятельность должна оказывать не более чем незначительное или временное воздействие на окружающую среду, и основывается на принципе осторожности.
- Быть информированными о влиянии туристической деятельности в Антарктике на окружающую среду посредством целевого систематического мониторинга окружающей среды и сбора данных, в том числе путём обмена информацией из ОВОС.
- Позаботиться о том, чтобы КСДА использовало систематический, упреждающий и осторожный подход при оценке и управлении районами, которые используются посетителями, и применяло соответствующие инструменты управления.
- Взаимодействовать с туристической отраслью для выявления и решения вопросов, связанных с туристической деятельностью.
- Своевременно внедрять и поддерживать любые инструменты, связанные с туристической деятельностью.

(362) Участники Совещания поблагодарили Новую Зеландию за её продуманные усилия. Некоторые Стороны отметили свою обеспокоенность в связи с тем, что шесть указанных пунктов поднимали ряд новых вопросов, требующих дальнейшего размышления и обсуждения, прежде чем они будут поддержаны КСДА. Совещание приветствовало дальнейшее обсуждение механизмов реализации Общих принципов антарктического туризма (2009 г.) на XLI КСДА.

(363) Российская Федерация представила Рабочий документ WP 22 *Неправительственная деятельность в Антарктике — современная реальность, требующая правового регулирования*, который описывает актуальные проблемы неправительственной деятельности в Антарктике и необходимость её регулирования. Отмечая, что неправительственные организации в течение многих лет успешно сотрудничают со Сторонами в районе действия Договора об Антарктике, она в то же время документально обосновала проблемы, которые могут возникнуть, когда организатором выступает международная группа без чёткого юридического адреса или когда неправительственная деятельность включает в себя строительство или эксплуатацию станций. Она напомнила Сторонам, что частная собственность может продаваться, сдаваться в аренду или наследоваться и что законный владелец будет иметь право использовать собственность для достижения целей, которые противоречат роли Антарктики в мировом сообществе. Отмечая облегчение доступа в Антарктику и появление новых нетрадиционных видов деятельности, Российская Федерация подчеркнула, что повышение риска. связанного с неправительственной деятельностью, бросает новый вызов Системе Договора об Антарктике.

(364) Российская Федерация отметила творческое мероприятие «Антарктическая биеннале», состоявшееся в марте 2017 г., которое она отказалась разрешать, но деятельность состоялась не считаясь с имеющимся у судна разрешением на туристическую деятельность Она также сообщила о строительстве антарктической станции с использованием средств частного фонда. Российская Федерация предложила КСДА создать постоянную МКГ на форуме КСДА, где участники могли бы обмениваться мнениями, обсуждать развитие неправительственной деятельности в Антарктике и готовить практические предложения для рассмотрения на КСДА.

(365) Несколько Сторон поддержали определение проблем, связанных с участием частного партнёра в строительстве станции. Стороны отметили, что характер неправительственной деятельности в Антарктике не является статичным, что увеличивается численность и разнообразие видов деятельности и что действующие законодательные нормы должны быть в состоянии реагировать на новые обстоятельства. Они также подчеркнули, что безопасность является задачей первостепенной важности. АСОК выразила мнение о том, что эти новые обстоятельства должны учитываться в стратегическом управлении туристической деятельностью.

(366) Участники Совещания поблагодарили Российскую Федерацию за её полезную презентацию и согласились продолжить дискуссии по этой теме на существующем вспомогательном форуме компетентных органов.

(367) Российская Федерация представила Рабочий документ WP 23 *Новые вызовы антарктического яхтинга Системе Договора об Антарктике*. Российская Федерация отметила как сложность, так и заинтересованность в регулировании деятельности яхт, совершающих плавания в Антарктику. В качестве примера она привела российскую яхту «Пётр I», которая неоднократно совершала несанкционированные плавания в Антарктику в сезоне 2016/17 г. Она поблагодарила Чили за перехват яхты и информирование России о том, что яхта находилась в Антарктике при отсутствии разрешительных документов. Она отметила, что АНТКОМ имеет «чёрный список» рыболовных судов, ведущих незаконный, неучтенный и нерегулируемый промысел (IUU), и предложила Сторонам создать аналогичный список яхт, которые совершают плавания в Антарктику без соответствующего разрешения.

(368) Несколько Сторон подчеркнули важность эффективного обмена информацией. Они отметили, что такой обмен мог бы осуществляться посредством СЭОИ, вспомогательного форума компетентных органов или по официальным дипломатическим каналам. Они также отметили, что государство порта и государство флага имеют разные обязанности, но оба они должны быть информированы. Они также подчеркнули важность своевременного сообщения об обнаружении судов, не имеющих разрешения, что позволяет предпринять принудительные меры.

(369) В то время как Стороны и МААТО отметили важность принудительных мер, некоторые Стороны считали, что введение «чёрного списка» может вызвать проблемы юридического характера.

(370) ЮАР проинформировала Совещание о том, что в сезон антарктического лета 2016/17 г. столкнулась с широко известным южноафриканским экстремальным туристом, который отказался соблюдать надлежащую процедуры, игнорировал рекомендации и решил без разрешения в одиночку пересечь Антарктику. ЮАР также проинформировала Совещание о том, что в результате она указала эту экспедицию в своём предсезонном отчёте за 2016/17 г. в СЭОИ в качестве деятельности, в выдаче разрешения на которую было отказано. Она также отметила, что этот же человек во время предыдущей экспедиции в 2008 г. зашёл

на территорию ООРА и ИМП без какого-либо предварительного разрешения. Этот человек также утверждал, что ему не потребуется никакой помощи ни от какой Национальной антарктической программы, но в итоге ему всё-таки потребовалась помощь в возвращении на свою яхту, после того как она не смогла преодолеть паковый лёд, чтобы его забрать. Кроме того, ЮАР уведомила Совещание ещё об одной запланированной несанкционированной воздушной экспедиции, которую удалось убедить не совершать плавание в Антарктику, поскольку оператор не выполнил требования в отношении обеспечения поддержки. После этих недавних событий ЮАР поставила вопрос о том, достаточно ли просто указать в СЭОИ, что деятельность является несанкционированной, и в результате поддержала предложение Российской Федерации о системе «чёрных списков».

(371) Аргентина отметила, что она призывает к постоянному обмену информацией несанкционированных судах между компетентными органами, однако тот факт, что информация предоставляется государству порта приписки, не снимает ответственности с государства флага. Аргентина напомнила, что государство порта не имеет необходимых полномочий, чтобы не допустить отплытия иностранного судна в Антарктику, если это судно соблюдает международное законодательство. Она также указала, что не имеет чёткого понимания, с какими последствиями столкнётся судно, если попадёт в «чёрный список» наподобие того, что предлагается в Рабочем документе WP 23. Аргентина призвала Стороны продолжить обмен информацией по этим вопросам как в СЭОИ, так и на вспомогательном форуме компетентных органов или по дипломатическим каналам.

(372) Франция рассказала о собственном опыте столкновения с несанкционированной антарктической экспедицией, которая прошла вблизи станции Конкордия и закончилась на станции Дюмон-д'Юрвиль. Франция заявила, что она не была официально проинформирована об экспедиции ни на каком этапе, и обратила внимание на возможные угрозы для безопасности, связанные с такой несанкционированной деятельностью. Далее она отметила, что в данном случае никаких правовых последствий не было. В завершение Франция указала, что все страны должны иметь в своём распоряжении инструменты реагирования и ответа на такие ситуации посредством национального законодательства.

(373) МААТО ещё раз подчеркнула, что несанкционированная деятельность вызывает у МААТО значительную озабоченность. Она пояснила, что МААТО решила принять оператора яхты *«Пётр I»* в качестве члена организации, но членство зависит от успешного получения разрешения от Российской Федерации на последующие плавания в Антарктику. МААТО подчеркнула, что причиной этого решения было то, что оператор с большой вероятностью вернулся бы в Антарктику и потенциально мог стать активным сторонником Системы Договора об Антарктике и в будущем выполнять требования Российской Федерации. Кроме того, МААТО подчеркнула, что она готова взаимодействовать с любыми ранее несанкционированными операторами, занимающимися деятельностью, связанной с туризмом в Антарктике, чтобы удостовериться, что они изменились и получили надлежащие разрешительные документы.

(374) Участники Совещания поблагодарили Российскую Федерацию за представленный ею Рабочий документ WP 23. Они отметили, что юридически сложные ситуации возникают, когда оператор судна имеет штаб-квартиру в одной стране, но судно плавает под флагом другой страны. Стороны выразили заинтересованность в продолжении идеи «чёрного списка» судов, после того как будут обсуждены и, возможно, урегулированы правовые последствия. Отмечая, что оба Рабочих документа, WP 22 и WP 23, поднимают вопросы, связанные с ответственностью, безопасностью, сотрудничеством, регулированием и ответственностью управления окружающей средой, многие Стороны выразили заинтересованность в сотрудничестве в целях продолжения обсуждения таких вопросов в межсессионный период, и участники Совещания согласились, что соответствующим инструментом будет вспомогательный форум компетентных органов.

(375) Новая Зеландия представила Рабочий документ WP 33 *Пересмотр Резолюции 4 (2004 г.) «Руководство по планированию действий в чрезвычайных ситуациях, страхованию и прочим вопросам, касающимся туристической и другой неправительственной деятельности в районе Договора об Антарктике» в связи с вступлением в силу Полярного кодекса ИМО*, который был подготовлен совместно Францией и Норвегией. Новая Зеландия напомнила, что Мера 4 (2004 г.) *Руководство по планированию действий в чрезвычайных ситуациях, страхованию и прочим вопросам, касающимся туристической и другой неправительственной деятельности в районе Договора об Антарктике* была принята в ответ на обеспокоенность в связи с возможными воздействиями туристической или другой

неправительственной деятельности на национальные программы и безопасность участников поисково-спасательных операций (ПСО). Она напомнила, что Резолюция 4 (2004 г.) была принята с целью содействия достижению целей Меры 4 (2004 г.) до вступления Меры в силу. Она отметила, что Полярный кодекс вступил в силу 1 января 2017 г. Новая Зеландия подчеркнула предусмотренное Полярным кодексом требование проводить оценку судна и его оборудования, учитывая предполагаемый диапазон условий работы и окружающей среды, угрозы, конкретно перечисленные во вступлении к Полярному кодексу, и любые выявленные дополнительные угрозы, и что данная оценка является основой Наставления по эксплуатации в полярных водах (PWOM), которое должно находиться на борту судна. В документе предлагалось заменить Резолюцию 4 (2004 г.) новой, обновлённой Резолюцией, которая отмечает вступление в силу Полярного кодекса и даёт возможность туристическим компаниям - операторам судов предоставлять или опираться на содержание PWOM для выполнения обязательств, предусмотренных новой резолюцией. Новая Зеландия пояснила, что цель её предложения заключается в том, чтобы упростить документацию для операторов, а не предоставить Сторонам возможность пересмотреть одобрения PWOM, выпущенные другой Стороной. Соавторы рекомендовали Совещанию принять к сведению вступление в силу Полярного кодекса; принять новую Резолюцию в качестве обновления и замены Резолюции 4 (2004 г.) и призвать Консультативные стороны, которые ещё не одобрили Меру 4 (2004 г.), сделать это приоритетным вопросом.

(376) МААТО поблагодарила Новую Зеландию за разъяснение о том, что операторы судов могут предоставлять только соответствующие разделы своих PWOM, так как существует вероятность того, что большая часть этой информации будет включена в более масштабную Систему управления безопасностью операторов, которая необходима в соответствии с Международным кодексом по управлению безопасностью (МКУБ) ИМО. МААТО также отметила важность обеспечения ясности в том, что операторы не обязаны изменять какие-либо части PWOM в качестве условия получения разрешения на деятельность в Антарктике, поскольку PWOM является важнейшим компонентом, входящим в состав оценки судна по государству флага и классификационным обществам для получения ими Свидетельства судна полярного плавания в соответствии с Полярным кодексом ИМО.

(377) Участники Совещания поблагодарили Новую Зеландию, Норвегию и Францию за подготовленный ими документ и согласились принять Резолюцию 6 (2017 г.) *Руководство по планированию действий в чрезвычайных ситуациях, страхованию и прочим вопросам, касающимся туристической и другой неправительственной деятельности в районе действия Договора об Антарктике.*

(378) Франция представила Информационный документ IP 124 rev. 1 *Action taken following unauthorized presence of a French yacht in the Treaty Area during the 2015/2016 season [Меры, предпринятые в связи с несанкционированным присутствием французской яхты в районе действия Договора об Антарктике в сезон 2015/16 г.]*, в котором Совещанию была предоставлена обновлённая информация об административных и судебных производствах, начатых в связи с несанкционированным присутствием яхты под французским флагом в водах Антарктики в сезон 2015/16 г. Франция поблагодарила Стороны, которые уведомили её о несанкционированном присутствии яхты в Антарктике, что позволило собрать доказательства и требовать наложения штрафов. Франция отметила, что в решении, вынесенном 23 сентября 2016 г., префект, глава администрации Французских Южных и Антарктических территорий, выдал руководителю экспедиции «Ш'тимажин III» предупреждение, и яхте было запрещено заходить в воды Антарктики в течение пяти лет (т. е. до 22 сентября 2021 г.). Франция ещё раз подчеркнула своё намерение, когда это возможно и уместно, преследовать по закону тех, кто нарушает положения Французского экологического кодекса, применимого к Антарктическому континенту.

(379) Совещание приветствовало сообщение Франции и отметило, что своевременный обмен информацией позволил Франции в этом случае начать судебный процесс.

(380) АСОК представила Информационный документ IP 150 *Options for Visitor Management in the Antarctic [Альтернативные решения по мерам управления в отношении посетителей Антарктики]*. В документе изучаются возможности управления в отношении посетителей Антарктики. АСОК отметила, что хотя КСДА в последние годы провело широкие обсуждения проблематики туризма, лишь немногие дискуссии касались управления туристической деятельности. Она высказала мнение, что одним из способов рассмотрения аспектов этого дела является учреждение системы управления посетителями. АСОК

подчеркнула, что обязанностью Сторон Договора об Антарктике является выработка обязательных правил для туристической деятельности, обеспечивающих сохранение окружающей среды, и что это приобретает особую важность в контексте изменения климата. Она отметила, что несколько Сторон разработали успешно действующие общие механизмы управления посетителями в своих странах, и выдвинула предложение о том, чтобы информация об этих успешных программах, в которых используется целый ряд общих подходов, использовалась для разработки общего механизма управления посетителями Антарктики. АСОК отметила, что в документе приводится примерный 10-летний срок для разработки такого механизма, в котором основное внимание уделяется разработке стратегических целей управления туристической деятельностью.

(381) Австралия приветствовала документ АСОК и отметила, что будет полезно изучить примеры и уроки из опыта управления туристической деятельностью в других местах, где туристическая деятельность осуществляется в природных зонах. По её мнению, даже несмотря на уникальность Антарктики, КСДА может изучить опыт успешных режимов управления посетителями в других природных зонах.

(382) МААТО представила Информационный документ IP 167 *New IAATO Guidelines for Manned Submersibles and Remote Operated Vehicle Activities [Новое Руководство МААТО для пилотируемых подводных аппаратов и деятельности, ведущейся с использованием дистанционно управляемых аппаратов]*. В документе представлено новое руководство МААТО для пилотируемых подводных аппаратов и деятельности, ведущейся с использованием дистанционно управляемых аппаратов. В нём отмечается, что до сегодняшнего дня подводные аппараты использовались в Антарктике лишь несколькими операторами. Учитывая недавние усовершенствования подводных аппаратов, МААТО предполагает возможное продолжение деятельности с использованием подводных аппаратов в будущем. Она также отметила, что это руководство было разработано при поддержке некоторых Сторон Договора об Антарктике и что МААТО готова сотрудничать в разработке передовых практических рекомендаций для любого нового вида деятельности.

(383) Великобритания указала, что она призывает МААТО разработать ряд рекомендаций, охватывающих её деятельность. Великобритания поблагодарила МААТО за представление нового руководства по морским

подводным аппаратам и дистанционно управляемым аппаратам, которое дополнило уже разработанный ими комплекс руководств. По мнению Великобритании, эти рецензируемые отраслевые руководства очень полезны для продвижения согласованного подхода и помогают компетентным органам изучить передовой опыт в различных видах туристической деятельности.

Компетентные органы

(384) Норвегия представила Информационный документ IP 66 *Blue Ice Runway by Romnæsfjellet [Взлётно-посадочная полоса на голубом льду возле горы Ромнес]*, который был подготовлен совместно с Бельгией. Норвегия отметила, что Информационный документ IP 66 был написан в ответ на просьбу XXXIX КСДА «провести дополнительное исследование ситуации об устройстве взлётно-посадочной полосы на голубом льду..., а о результатах исследования сообщить на XL КСДА» (Заключительный отчёт XXXIX КСДА, п. 282). Норвегия сообщила, что она и Бельгия исследовали ситуацию вместе с участвующими Сторонами и неправительственными операторами и установили, что: Международный антарктический логистический центр (ALCI) является оператором, ответственным за строительство и эксплуатацию взлётно-посадочной полосы; в настоящее время на полосе отсутствуют объекты инфраструктуры; вблизи взлётно-посадочной полосы находятся контейнеры, строительная техника, стойматериалы и другое оборудование. Существовали конкретные планы по созданию инфраструктуры до направления ОВОС в соответствующую инстанцию, но работа была приостановлена. Кроме того, она пояснила, что на настоящий момент было подано два отдельных документа ОВОС: один документ на лётную деятельность, который был подан и предварительно одобрен Российской Федерацией, другой — на строительство и эксплуатацию взлётно-посадочной полосы, который, как сообщила Совещанию Российская Федерация, она недавно одобрила. Норвегия подчеркнула, что устройство взлётно-посадочной полосы само по себе не обязательно является проблемой; проблема, скорее, заключалась в том, что работы начались до подготовки и одобрения ОВОС. Норвегия особо подчеркнула важность ясности, прозрачности и соблюдения установленных процедур, в особенности в проектах, в который участвуют несколько Сторон и частных организаций.

(385) Российская Федерация подтвердила, что после выполнения громоздких бюрократических процедур она недавно выдала национальное разрешение на строительство и эксплуатацию взлётно-посадочной полосы на голубом льду. Российская Федерация подчеркнула, что она несёт ответственность за безопасность полётов в рамках программы DROMLAN и поэтому она очень заинтересована в устройстве запасной взлётно-посадочной полосы в этом районе. Она сообщила, что будет пристально наблюдать за работами и эксплуатацией взлётно-посадочной полосы и что в случае выявления каких-либо фактов, свидетельствующих о нарушении, она отзовёт разрешение и уведомит Стороны Договора об Антарктике. Российская Федерация заявила, что она не проводила никаких работ по подготовке взлётно-посадочной полосы и не доставляла никакого оборудования для её строительства.

(386) Бельгия сообщила участникам Совещания о том, что её вклад в подготовку Информационного документа IP 66 заключался среди прочего в наблюдении за транспортными средствами и оборудованием, развёрнутыми на взлётно-посадочной полосе, при аэрофотосъемке в рамках голландско-бельгийской инспекции станции Принцесса-Элизабет и Ромнес. Бельгия также сообщила, что ввиду близости к станции существует вероятность того, что строительство и эксплуатация новой взлётно-посадочной полосы повлияют на работу и научную деятельность станции. Бельгия подчеркнула, что для неё было бы предпочтительно, чтобы российские государственные органы провели консультации с бельгийскими государственными органами во время планирования и экологической экспертизы проекта. Бельгия выразила надежду, что Российская Федерация предоставит одобренные документы ОВОС посредством базы данных ОВОС. Она также подчеркнула полезность текущего мониторинга вблизи станций в целях выявления воздействий, вызванных деятельностью человека, поэтому она предложила сотрудничество с Российской Федерацией в проведении такого мониторинга и приветствовала обязательство Российской Федерации вести мониторинг деятельности вблизи взлётно-посадочной полосы.

(387) Франция приветствовала вклад соавтора в определение того, кто является оператором, и подтверждение того, что существуют процедуры будущей эксплуатации взлётно-посадочной полосы. Франция выразила удивление, что эта деятельность была начата без предварительного проведения оценки воздействия на окружающую среду. Франция

также попросила по возможности предоставить отчёт об инспекции, проведенный Бельгией и Нидерландами на следующем КСДА.

(388) В ответ на запрос Великобритании Россия подтвердила, что недавно выданное ею разрешение касается строительства и эксплуатации взлётно-посадочной полосы, которая будет служить исключительно в качестве запасной взлётно-посадочной полосы для использования в рамках Национальной антарктической программы DROMLAN. Она также пояснила, что если оператор будет использовать взлётно-посадочную полосу для неправительственных полётов, Российская Федерация отзовёт разрешения, выданные оператору.

(389) Норвегия отметила, что этот проект взлётно-посадочной полосы официально не обсуждался и не был официально одобрен DROMLAN.

(390) Совещание поблагодарило Норвегию и Бельгию за представление этого документа, затрагивающего сложный и деликатный вопрос. Участники Совещания отметили, что в соответствии с Протоколом по охране окружающей среды процесс ОВОС должен проводиться до начала реализации проекта и что в процессе оценки должен иметь место эффективный обмен информацией между заинтересованными Сторонами. Также участники Совещания отметили, что такой обмен информацией особенно важен, когда участвуют несколько Сторон и частных организаций или когда деятельность, подвергаемая оценке, потенциально может их затронуть.

(391) В порядке общего замечания было отмечено, что вспомогательный форум компетентных органов, учрежденный в прошлом году, является подходящим местом для продолжения дискуссий по вопросам компетентных органов. Состоялся обмен мнениями по техническим аспектам вспомогательного форума. Секретариат будет приветствовать любые отзывы от членов, которые могут помочь в его улучшении.

(392) Участники Совещания согласились поставить перед Секретариатом задачу создать список рассылки материалов дискуссий для национальных компетентных органов, имеющий такие же функциональные возможности, как и тот, который уже используется для КООС, что позволит назначенным контактным лицам незамедлительно информировать других участников о публикациях на форуме и любых других важных действиях.

Тенденции и характер деятельности

(393) Великобритания представила Информационный документ WP 19 *Сбор данных и сообщение о деятельности яхт в Антарктике в 2016/17 г.*, подготовленный совместно с Аргентиной, Чили и МААТО. В данном документе объединена информация, полученная от Аргентины, Великобритании, Чили и МААТО, касающаяся яхт, замеченных в Антарктике, или указывающая на намерение отправиться в Антарктику в течение сезона 2016/17 г. Она отметила, что в течение сезона 2016/17 г. в общей сложности было зафиксировано 33 случая плавания яхт в водах Антарктики или намерения совершить плавание в них. Этот показатель незначительно уменьшился по сравнению с 41 случаями, зафиксированными в 2015/16 г. Великобритания подчеркнула, что половина из этих яхт были членами МААТО; 13 не являлись членами МААТО, но имели разрешение на плавание в Антарктику, предоставленное Стороной Договора об Антарктике, и было замечено 5 судов, не имевших разрешения. Она особо отметила информационно-просветительскую работу, проведенную МААТО с операторами яхтами, и указала, что она была полезна для повышения информированности о требованиях относительно разрешений. Она также подчеркнула важность обмена информацией, в особенности между компетентными органами, и призвала Стороны обмениваться информацией о яхтах, которым они выдали разрешения, посредством службы предсезонной информации СЭОИ и посредством отчётов о посещениях в соответствии с Резолюцией 5 (2005 г.)

(394) Участники Совещания поблагодарили стороны, предложившие документ, за сообщение о деятельности и привели его в качестве важного примера сотрудничества и обмена информацией между сторонами. Они отметили необходимость лучше понимать существующую ситуацию в отношении яхт в антарктическом регионе и приветствовали совместный подход, использованный при подготовке документа.

(395) Что касается случаев прибытия в Антарктику непроверенных и неидентифицированных судов, Австралия поблагодарила соавторов за обращение на них внимания и отметила, что в настоящее время ею проводится расследование. Нидерланды сообщили о том, что они поняли, что яхте *«Гелук»* разрешение было предоставлено другой Консультативной стороной в предыдущем сезоне, но оператор судна хотел получить разрешение в Нидерландах на предстоящий сезон 2017/18 г., и что он вёл обмен информацией с Германией по поводу судна

«Сара Форверк». Нидерланды заявили, что они осуществляют процесс внесения изменений в свой собственный закон, с тем чтобы граждане Голландии, организующие деятельность в Антарктике из другой страны, подпадали под определение «организатор», и что они законодательно закрепили некоторые уставные нормы МААТО в условиях выдачи разрешения, чтобы к членам МААТО и к тем, кто не является её членами, применялись одни и те же правообеспечительные нормы.

(396) МААТО приветствовала сообщения Сторон о том, что они предпринимают дальнейшие меры против несанкционированной деятельности в Антарктике. Она отметила, что существуют разнообразные методы, используемые как для того, чтобы обеспечить наступление правовых последствий, так и для того, чтобы убедить операторов яхт соблюдать надлежащие процедуры получения разрешения для возможных круизов в будущем.

(397) Участники Совещания напомнили о предложении Российской Федерации ввести «чёрный список» негосударственных субъектов (Рабочий документ WP 23) и заметили, что несмотря на сложности введения «чёрного списка», важно подумать о мерах, которые могут принять государства, не являющиеся государствами флага, чтобы не допустить несанкционированные плавания в Антарктику. Совещание вновь подтвердило необходимость совместной работы над этими сложными вопросами посредством вспомогательного форума компетентных органов и на XLI КСДА.

(398) Аргентина представила Информационный документ IP 137 *Report on Antarctic Tourist Flows and Cruise Ships Operating in Ushuaia during the 2016/2017 Austral Summer Season [Отчёт о туристических потоках в Антарктике и круизных судах, проходивших через Ушуаю в период летнего антарктического сезона 2016/17 г.]*. В документе сообщается о потоках пассажиров и судов, посетивших Антарктику во время летнего антарктического сезона 2016/17 г. из порта Ушуая. В нём отмечается, что сбор таких данных ведётся ежегодно, начиная с сезона 2008/09 г., что этот массив данных включает информацию о количестве судов, отбывших из Ушуаи; количестве круизов, выполненных каждым судном; количестве пассажиров и членов экипажа на борту; гражданстве людей, находящихся на борту; а также о движении судов. В документе сообщается, что количество пассажиров, отправившихся в Антарктику из Ушуаи во время летнего антарктического сезона 2016/17 г., составило в общей сложности 40 349, что на 3,86 процента больше,

чем в предыдущем сезоне. Аргентина указала, что такая информация дополняет данные, собранные другими странами и организациями, такими как МААТО.

(399) МААТО отметила, что она могла предоставить данные о деятельности только своих членов и что данные, собранные портовыми властями, помогли получить составить всеобъемлющую картину туристической деятельности в антарктическом регионе. МААТО также выразила признательность и поблагодарила Аргентину за усилия, вложенные в сбор и сопоставление таких данных.

(400) Совещание поблагодарило Аргентину за её работу и за подборку информации, касающейся туристических потоков и круизной деятельности в Ушуае.

(401) Аргентина представила Информационный документ IP 160 *Ship-based tourism in Antarctica through Ushuaia since its beginning in 1958 until present [Туристическая деятельность операторов судов, проходящих через Ушуаю со времени её начала в 1958 г. до сегодняшнего дня]*, в котором содержится обзор движения морских судов из Ушуаи со времени первого круиза, который состоялся в 1958 г., до сезона 2016/17 г. Аргентина отметила, что для консолидации антарктического туризма потребовалось 30 лет, но он является чрезвычайно важной отраслью для Ушуаи с начала 1990-х годов.

(402) Участники Совещания поблагодарили Аргентину за справочную информацию о появлении отрасли антарктического туризма и аналитические оценки характера туристических потоков в Ушуае.

(403) МААТО представила Информационный документ IP 163 rev. 1 *IAATO Overview of Antarctic Tourism: 2016-17 Season and Preliminary Estimates for 2017-18 [Обзор МААТО по антарктическому туризму: сезон 2016/2017 г. и предварительный прогноз на 2017/2018 г.]*, в котором содержится обзор антарктического сезона 2016/17 г. и прогнозы относительно антарктического туризма в сезон 2017/18 г. Она подчеркнула, что предварительные цифры за сезон 2016/17 г. (44 367 человек) немного превышают (на 500 посетителей) прогноз, сделанный на XXXIX КСДА в Рабочем документе IP 112 *IAATO Overview of Antarctic Tourism 2015-16 and Preliminary Estimates for 2016-17 Season [Обзор антарктического туризма, проведённый МААТО: данные за сезон 2015/16 г. и предварительный прогноз на сезон 2016/17 г.]*, и имеет место рост числа посетителей на 15 процентов. МААТО отметила, что

наибольшее число посетителей были гражданами трёх государств: соответственно, США, Китая и Австралии. МААТО обратила внимание участников Совещания на Приложение 3 и сообщила, что прогнозные оценки на 2017/18 г. показывают, что количество пассажиров продолжит расти приблизительно до 46 385 человек, что превышает показатели предыдущего пикового сезона. Она ещё раз подчеркнула, что на веб-сайте МААТО приводится множество разнообразных данных.

(404) Участники Совещания поблагодарили МААТО за её ежегодную работу по информированию о туристической деятельности в антарктическом регионе. Они признали, что эти данные позволяют Сторонам Договора об Антарктике получить представление о ситуации в сфере туризма.

(405) Несколько Сторон отметили важную роль отрасли в понимании антарктического туризма и указали, что существует большое количество данных, связанных с антарктическим туризмом. Стороны отметили, что эти данные поступают из многочисленных источников и в различных форматах. В частности, они указали, что информация относительно яхт систематически предоставляется начиная с 2010 г., а данные о туристах, отправляющихся из Ушуаи, доступны начиная с 2008 г., и подчеркнули, что непрерывные данные, представляемые МААТО, являются ценным ресурсом.

(406) Аргентина высказала мнение о том, что в наличии уже есть большой объем информации и что Стороны могут использовать её эффективнее. Другие Стороны высказали мнение о том, что детальное исследование существующих данных в свете конкретных вопросов может быть достаточным, чтобы помочь Сторонам в выработке управленческих решений.

(407) Несколько Сторон выдвинули предложение о том, чтобы на будущем заседании сначала должен быть представлен обзорный документ МААТО, чтобы подготовить почву для дальнейших дискуссий по вопросу туризма. Они подчеркнули ценность первичных данных по антарктическому туризму, которые размещаются на веб-сайте МААТО, и стратегическую важность приоритетного рассмотрения управления районом, учитывая рост числа посетителей.

(408) АСОК поблагодарила МААТО за Информационный документ IP 163 и выразила благодарность за информацию, которую МААТО предоставляет в течение многих лет, отметив, что эта информация подчёркивает тенденцию к активизации туристической деятельности и важность использования стратегического подхода к управлению туризмом, который обсуждается в течение ряда лет.

(409) В ответ на вопрос о причине возрастания количества туристов в Антарктике МААТО пояснила, что этот рост объясняется двумя главными причинами. Первая связана с увеличением числа воздушных/круизных туров в Антарктику и растущей уверенностью туроператоров в том, что это надёжный метод туристической деятельности. Вторая причина состоит в том, что с сезона 2007/08 г. увеличились размер и вместимость туристических судов, плавающих в Антарктику. По мнению МААТО, трудно спрогнозировать будущие тенденции, но МААТО считает, что сохранение такого же темпа роста количества воздушных/круизных туров маловероятно, принимая во внимание физические ограничения, такие как ограниченное количество точек доступа, непредсказуемые погодные окна и ограниченная способность взлётно-посадочной полосы с гравийным покрытием на чилийской станции Президенте-Фрей принимать более крупные воздушные суда.

(410) МААТО поблагодарила Чили за предоставление возможности её менеджеру морских перевозок находиться на станции Президенте-Фрей, чтобы наблюдать и способствовать воздушным/круизным операциям. МААТО также сообщила, что ограничения по размеру судов, принятые КСДА в Мере 15 (2009 г.), очевидно, влияют на антарктический туристический рынок и размер новых судов, строящихся для целей туризма. МААТО рассматривает это как указание на то, что стратегические подходы к туризму работают.

(411) В ответ на вопрос о том, как осуществляется управление ростом числа туристов, МААТО отметила сотрудничество со СКАР (Информационный документ IP 166), которое предполагало сосредоточение внимания именно на управлении на местах, чтобы обеспечить нахождение наилучших решений для управления антарктическим туризмом, чтобы его воздействие на окружающую среду и впредь оставалось минимальным или временным и чтобы он не вступал в конфликт с другими видами деятельности в Антарктике. МААТО также упомянула другие программы и инициативы, нацеленные на поддержание этих усилий, включая обучение и аккредитацию полевого персонала, более строгое соблюдение правил поведения в дикой природе и схемы мониторинга. МААТО также призвала Стороны посещать её ежегодные заседания, отметив, что эти заседания дают замечательную возможность для обмена опытом и взаимодействия между членами МААТО и Сторонами Договора об Антарктике.

Участки

(412) Япония представила Информационный документ IP 67 *Japan's Antarctic Outreach Activities [Информационно-просветительская деятельность Японии в Антарктике]*, в котором сообщалось о семинаре для туристических агентств, организующих туры в Антарктику, который был проведён 31 октября 2016 г. На нём были разъяснены обязательства при посещении Антарктики и руководства по охране окружающей среды. В документе отмечалось, что на семинаре использовались существующие руководства, принятые КСДА или выпущенные МААТО, для описания мер предосторожности, которые следует соблюдать при посещении Антарктики, во время высадки на берег и наблюдения за дикой природой. Япония проинформировала Совещание о том, что она обратилась с просьбой к туристическим агентствам распространить информацию среди своих клиентов. Япония сообщила, что ежегодно Антарктиду посещают около 700 японских туристов. Она пригласила заинтересованные Стороны посетить веб-сайт Министерства окружающей среды Японии, чтобы получить дополнительную информацию об итогах этого семинара.

(413) Участники Совещания поблагодарили Японию за рассказ о её опыте и подчеркнули важность информирования широкой общественности о КСДА и его деятельности.

(414) Аргентина представила Информационный документ IP 131 *Areas of tourist interest in the Antarctic Peninsula and South Orkney Islands region. 2016/2017 austral summer season [Места туристического интереса в районе Антарктического полуострова и Южных Оркнейских островов. Сезон антарктического лета 2016/17 г.]*, в котором сообщается о распространении посещений туристов на регион Антарктического полуострова и Южных Оркнейских островов по данным о плаваниях, совершенных судами во время летнего сезона 2016/17 г. с выходом из порта Ушуая. Аргентина сообщила, что во время летнего сезона 2016/17 г. было совершено в общей сложности 225 круизов к Антарктическому полуострову и в район Южных Оркнейских островов с выходом из порта Ушуая. Круизы выполнялись на 33 судах. Из в общей сложности 77 мест посещения, распределенных в 8 районах, для 30 мест имелись Правила поведения для посетителей — по совпадению они же были наиболее часто посещаемыми местами,— тогда как 4 станции имели внутренние правила для регулирования посещений.

(415) Участники Совещания поблагодарили Аргентину за этот подробный рассказ о посещённых районах.

(416) СКАР представил Информационный документ IP 166 *Systematic Conservation Plan for the Antarctic Peninsula [Комплексный план сохранения окружающей среды Антарктического полуострова]*, подготовленный совместно с МААТО. В документе сообщалось о недавней договорённости СКАР и МААТО предпринимать совместные усилия для разработки Комплексного плана сохранения окружающей среды Антарктического полуострова (SCP). План будет предоставлять фактическую информацию о потенциальных проблемах в управлении местами высадки на берег в соответствии с целями и задачами МААТО. Комплексный план SCP будет включать: исходные данные об объектах, подлежащих сохранению; изучение степени выполнения целей по сохранению в рамках существующего режима управления; разработку различных сценариев путём постановки ясных целей по сохранению; а также взаимодействие с несколькими заинтересованными лицами в целях тестирования результатов с использованием различны целевых критериев. СКАР подчеркнул, что Комплексный план SCP позволит учесть различные мнения экспертов в процессе принятия решений об управлении местами высадки на берег и приглашает заинтересованные Стороны связаться с ним или с МААТО по вопросам дальнейшей разработки этого плана.

(417) Участники Совещания поблагодарили СКАР и МААТО за их инициативу, и несколько Сторон и АСОК выразили заинтересованность в работе над Комплексным планом SCP. Нидерланды призвали МААТО и СКАР обратить внимание на принцип осторожности в будущей разработке этого плана и выразили мнение о том, что при применении SCP к Антарктике следует уважать главенствующую роль охраны окружающей среды, как это отражено в Протоколе и других документах СДА.

(418) В рамках данного пункта повестки дня был также подан и принят как представленный следующий документ:

- Информационный документ IP 164 *Report on IAATO Operator Use of Antarctic Peninsula Landing Sites and ATCM Visitor Site Guidelines, 2016-17 Season [Отчёт об использовании операторами МААТО мест высадки на Антарктическом полуострове и Правила поведения для посетителей участков, подготовленные КСДА для сезона 2016/17 г.]* (МААТО). В документе представлены статистические данные из составляемых операторами МААТО отчётов о посещениях за недавно завершившийся сезон 2016/17 г. и обзор характера туристической деятельности в районе Антарктического полуострова.

Пункт 18. Назначение Исполнительного секретаря

(419) Председатель КСДА объявил, что в соответствии с согласованными процедурами г-н Альберт Льюберас (Albert Lluberas) из Уругвая был избран новым Исполнительным секретарём Договора об Антарктике и приступит к исполнению своих обязанностей 1 сентября 2017 г. Совещание приняло Решение 6 (2017 г.) *Назначение Исполнительного секретаря.*

(420) Совещание поручило Председателю обратиться с письмом об этом к Правительству Аргентины в соответствии со Статьёй 21 Соглашения о штаб-квартире Секретариата. Копия этого письма прилагается к Решению 6 (2017 г.)

(421) Совещание поздравило г-на Льюбераса (Mr Lluberas) с этим назначением. Участники Совещания поблагодарили д-ра Райнке (Dr Reinke) за 8 лет работы в этой должности.

Пункт 19. Подготовка 41-го Совещания

а. Дата и место

(422) Совещание приветствовало любезное предложение правительства Эквадора принять XLI КСДА в г. Кито предположительно в июне 2018 года.

(423) Совещание приняло к сведению информацию, полученную от СКАР и КОМНАП касательно подтверждённых дат проведения их совещаний (11–27 июня 2018 г.).

(424) В целях обеспечения возможности планирования на будущее Совещание приняло к сведению следующий предполагаемый план-график предстоящих КСДА:

- 2019 г. — Чешская Республика.
- 2020 г. — Финляндия.

b. Приглашение международных и неправительственных организаций

(425) В соответствии с установленной практикой, участники Совещания согласились, что следующим организациям, имеющим научные или технические интересы в Антарктике, будет предложено направить своих экспертов на XLI КСДА: Секретариат АКАП, АСОК, МГЭИК, МААТО, ИКАО, МГО, ИМО, МОК, Международный фонд для компенсации ущерба от загрязнения нефтью, Международная группа ассоциаций (клубов) взаимного страхования (IGP&I Clubs), МСОП, ЮНЕП, РКИК ООН, ВМО и Всемирная туристическая организация (ВТО).

c. Подготовка Повестки дня XLI КСДА

(426) Совещание одобрило предварительную Повестку дня XLI КСДА (см. Приложение 1).

d. Организация XLI КСДА

(427) В соответствии с Правилом II Правил процедуры Совещание решило предложить для XLI КСДА такие же Рабочие группы, как и для данного Совещания. Участники Совещания приняли решение назначить г-жу Терезу Йохансен (Therese Johansen) из Норвегии председателем Рабочей группы № 1 на 2018 год. Они также решили назначить профессора Дейм Джейн Фрэнсис (Dame Jane Francis) из Великобритании и г-на Максимо Гоуланда (Máximo Gowland) из Аргентины сопредседателями Рабочей группы № 2 в 2018 году.

e. Лекция СКАР

(428) Принимая во внимание серию полезных лекций, прочитанных СКАР на предыдущих КСДА, Совещание приняло решение пригласить СКАР прочитать еще одну лекцию по научным вопросам, относящимся к XLI КСДА.

Пункт 20. Прочие вопросы

(429) Что касается основных положений процедуры, которые следует соблюдать в отношении статуса Консультативной Стороны (Решение

2 – 2017 г.), Венесуэла указала, что она будет надлежащим образом соблюдать эти положения и представит необходимую документацию.

(430) Аргентина упомянула мероприятие, проведённое на полях КСДА, касающееся продвижения Антарктической приполярной навигационной экспедиции Швейцарского полярного института. Она заявила, что на всех мероприятиях, проведённых во время или на полях КСДА, должно уделяться надлежащее внимание любым чувствительным вопросам, возникающим у Консультативных сторон. Кроме того, Аргентина заявила, что персонал Секретариата Договора об Антарктике должен проявлять особую осторожность при участии в подобных мероприятиях. В этой связи Аргентина отметила, что хотя она обратилась к представителю Швейцарии в кулуарах, чтобы избежать этих чувствительных вопросов, брошюры и веб-станица, используемая Швейцарским полярным институтом, содержат ошибочные замечания относительно территории Аргентинской Республики. В частности, это касается правового и территориального состояния острова Южная Георгия и Южных Сандвичевых островов. Аргентина отвергает такое представление этих островов как отдельного субъекта территории государства Аргентина. Мальвинские острова, остров Южная Георгия и Южные Сандвичевы острова с прилегающими морскими районами являются неотъемлемой частью территории государства Аргентина. Поскольку они незаконно оккупированы Великобританией, они являются предметом спора о праве на суверенитет над этими территориями между Аргентинской Республикой и Соединённым Королевством Великобритании, что признаётся ООН, Организацией американских государств и многими другими организациями и международными форумами. Аргентина снова заявляет о своём суверенитете над Мальвинскими островами, островом Южная Георгия и Южными Сандвичевыми островами, а также над прилегающими морскими районами.

(431) В ответ Великобритания заявила, что не имеет сомнений по поводу своего права на суверенитет над Фолклендскими островами, островом Южная Георгия и Южными Сандвичевыми островами, а также прилегающими к ним морскими районами, о чём хорошо известно всем делегатам.

(432) Аргентина отвергла возражение Великобритании.

Пункт 21. Принятие Заключительного отчёта

(433) Совещание приняло Заключительный отчёт XL Консультативного совещания по Договору об Антарктике. Председатель Совещания г-н Лю Чжэньминь (Liu Zhenmin) выступил с заключительным словом.

Пункт 22. Закрытие Совещания

(434) Совещание было закрыто в среду, 1 июня, в 13:31.

2. Отчёт XX заседания КООС

Содержание

Отчёт Двадцатого заседания Комитета по охране окружающей среды (КООС XX)

Пекин, Китай, 22–26 мая, 2017 года

(1) Согласно статье 11 Протокола по охране окружающей среды к Договору об Антарктике, Представители Сторон, подписавших Протокол (Австралия, Аргентина, Беларусь, Бельгия, Болгария, Бразилия, Великобритания, Венесуэла, Германия, Испания, Италия, Канада, Китай, Малайзия, Монако, Нидерланды, Новая Зеландия, Норвегия, Перу, Польша, Португалия, Республика Корея, Российская Федерация, Румыния, США, Украина, Уругвай, Финляндия, Франция, Чешская Республика, Чили, Швеция, Эквадор, ЮАР и Япония), с 22 по 26 мая 2017 года провели встречу в г. Пекин, Китай, с целью предоставления консультаций и выработки рекомендаций для Сторон в связи с выполнением положений Протокола.

(2) В соответствии с Правилом 4 Правил процедуры КООС на Совещании также присутствовали представители следующих Наблюдателей:

- сторон Договора об Антарктике, которые не являются Сторонами, подписавшими Протокол: Колумбии, Словацкой Республики, Турции и Швейцарии;
- Научного комитета по антарктическим исследованиям (СКАР), Научного комитета Комиссии по сохранению морских живых ресурсов Антарктики (НК-АНТКОМ) и Совета управляющих национальных антарктических программ (КОМНАП); а также
- научных, экологических и технических организаций: Коалиции по Антарктике и Южному океану (АСОК), Международной ассоциации антарктических туристических операторов (МААТО) и Всемирной метеорологической организации (ВМО).

Пункт 1. Открытие заседания

(3) Председатель КООС г-н Юэн Мак-Айвор (Ewan McIvor) (Австралия) открыл заседание в понедельник 22 мая 2017 года и поблагодарил Китай за организацию и приём Совещания в г. Пекин.

(4) Председатель напомнил о 25-й годовщине подписания Протокола, отмечавшейся 4 октября 2016 года, и отметил, что в этот день была выпущена тематическая публикация, утверждённая на XIX заседании КООС, *25 лет Протоколу по охране окружающей среды к Договору об Антарктике*. Он также отметил, что многие Стороны и организации праздновали и способствовали популяризации этой важной вехи в усилиях международного сообщества по охране Антарктики.

(5) Подчеркнув, что КООС собрался уже на 20-е заседание, Председатель отметил, что Комитет будет продолжать играть важную роль в поддержке Сторон, которые вновь подтвердили свою «глубокую и непоколебимую приверженность целям и задачам Договора об Антарктике и Протокола по охране окружающей среды к нему» в Сантьягской декларации в ознаменование 25-й годовщины подписания Протокола по охране окружающей среды к Договору об Антарктике.

(6) Председатель выразил признательность за работу многих нынешних и бывших представителей Членов КООС и Наблюдателей. От имени Комитета в качестве особого признания он вручил награды коллегам, присутствующим на XX заседании КООС, которые поддерживали тесное сотрудничество с Комитетом с момента его первого заседания в Тромсё, Норвегия, в 1998 году: Хосе Марии Асеро (José Maria Acero) (Секретариат, Аргентина); Нэйлу Джилберту (Neil Gilbert) (Новая Зеландия, Великобритания); Валерию Лукину (Российская Федерация); Биргит Ньостад (Birgit Njåstad) (Норвегия); Христо Пимпиреву (Christo Pimpirev) (Болгария); Рикардо Рура (Ricardo Roura) (АСОК); Дэвиду Уолтону (David Walton) (Секретариат, СКАР) и Виктории Уитли (Victoria Wheatley) (США, МААТО).

(7) Комитет присоединился к Председателю с благодарностями и поздравлениями этих коллег с большим стажем работы, а также других нынешних и бывших представителей за их вклад в работу Комитета.

(8) От имени Комитета Председатель поприветствовал Малайзию, ставшую новым Членом Комитета после вступления Протокола в силу для

Малайзии 16 сентября 2016 года. Председатель отметил, что в состав КООС теперь входят 38 Членов.

(9) Председатель также отметил представленное в докладе Депозитария уведомление о том, что 1 июня 2017 года Протокол вступит в силу для Швейцарии, и уведомление Турции, содержащееся в Информационном документе IP 94 *Ratification of Protocol on Environmental Protection to the Antarctic Treaty by Turkey [Ратификация Турцией Протокола по охране окружающей среды к Договору об Антарктике]*, о том, что она ратифицировала Протокол.

(10) Комитет присоединился к Председателю, приветствуя Малайзию в качестве нового Члена, и заявил о своей готовности поприветствовать Швейцарию и Турцию в качестве его Членов в ближайшем будущем.

(11) Председатель подытожил работу проведенную в течение межсессионного периода (Информационный документ IP 157 *Committee for Environmental Protection (CEP): Summary of Activities during the 2016/17 intersessional period [Комитет по охране окружающей среды (КООС): краткий обзор мероприятий, проведённых в течение межсессионного периода 2016/17 г.]*). Он отметил великолепный прогресс в работе по мероприятиям, определённым в ходе XIX заседания КООС, и поблагодарил всех Членов и Наблюдателей, участвующих в этой важной работе.

Пункт 2. Принятие Повестки дня

(12) Комитет принял следующую Повестку дня и подтвердил распределение 30 Рабочих документов (WP), 67 Информационных документов (IP), 5 Документов Секретариата (SP), а также 6 Вспомогательных документов (BP) по пунктам Повестки дня:

1. Открытие заседания
2. Принятие Повестки дня
3. Стратегическое обсуждение дальнейшей работы КООС
4. Работа КООС
5. Сотрудничество с другими организациями
6. Восстановительные мероприятия и ликвидация экологического ущерба
7. Последствия изменения климата для окружающей среды
    a. Стратегический подход

   b. Реализация и пересмотр Рабочей программы ответных мер в отношении изменения климата
8. Оценка воздействия на окружающую среду (ОВОС)
   a. Проекты Всесторонней оценки окружающей среды
   b. Прочие вопросы ОВОС
9. Охрана районов и планы управления
   a. Планы управления
   b. Исторические места и памятники
   c. Правила поведения для посетителей участков
   d. Пространственная охрана морской среды и меры пространственного управления
   e. Прочие вопросы, связанные с Приложением V
10. Сохранение антарктической флоры и фауны
   a. Карантин и неместные виды
   b. Особо охраняемые виды
   c. Прочие вопросы, связанные с Приложением II
11. Экологический мониторинг и представление данных об окружающей среде
12. Отчеты об инспекциях
13. Общие вопросы
14. Выборы должностных лиц
15. Подготовка следующего заседания
16. Принятие Отчета
17. Закрытие заседания

Пункт 3. Стратегическое обсуждение дальнейшей работы КООС

(13) В рамках данного пункта повестки дня не было представлено никаких документов.

Пятилетний план работы КООС

(14) Комитет вкратце обсудил Пятилетний план работы, принятый на XIX заседании КООС (Документ Секретариата SP 2), в конце рассмотрения каждого пункта повестки дня.

(15) Комитет пересмотрел и обновил Пятилетний план работы (Приложение 1). К основным изменениям относились мероприятия, согласованные во время Совещания, в том числе: предложенное учреждение Вспомогательной группы по ответным мерам в отношении изменения климата; межсессионных контактных групп (МКГ) по пересмотру Руководства по очистке в Антарктике и по разработке руководства, учитывающего экологические аспекты использования беспилотных летательных аппаратов (БПЛА) / дистанционно пилотируемых авиационных систем (ДПАС); а также дальнейшая работа по вопросам оценки воздействия на окружающую среду (ОВОС).

Пункт 4. Работа КООС

(16) Новая Зеландия представила Рабочий документ WP 25 *Портал окружающей среды Антарктики, подготовленный совместно с Австралией,* Норвегией, США, Японией и СКАР, и сослалась на Информационный документ IP 14 *Antarctic Environments Portal: Content Management Plan [Портал окружающей среды Антарктики: План управления информационным наполнением].* В Рабочем документе WP 25 представлена обновлённая информация о работе Портала окружающей среды Антарктики и отмечены подвижки с момента проведения XIX заседания КООС. Новая Зеландия, в частности, отметила недавний прогресс в долгосрочном управлении Порталом и его работе, в том числе взаимное согласие, достигнутое на Совещании делегатов СКАР в 2016 году о том, что Секретариат СКАР изучит незатратные для СКАР варианты принятия на себя управление работой Портала после 2018 года. Был подготовлен План управления информационным наполнением Портала (Информационный документ IP 14) с целью обеспечения структурированного подхода к разработке информационного наполнения и способствования диалогу с КООС касательно тем для публикаций. Соавторы порекомендовали Комитету рассмотреть возможности поддержки СКАР в будущем управлении Порталом, а также проанализировать План управления информационным наполнением и предоставить комментарии и предложения.

(17) Комитет выразил свою непрекращающуюся поддержку Портала как важного источника современной научной информации, являющегося неотъемлемой частью в работе КООС, и поблагодарил соавторов

документов за их постоянные усилия в управлении и развитии Портала.

(18) Комитет принципиально поддержал решение СКАР принять на себя ответственность за управление Порталом после 2018 года. Он дал согласие рассмотреть дальнейшие возможности поддержки СКАР в управлении Порталом.

(19) Комитет поприветствовал вклад Франции в перевод информационного наполнения Портала на французский язык как пример оказания помощи натурой и поприветствовал выдвинутое на заседании предложение Нидерландов оказывать финансовую помощь Порталу в будущем. Комитет призвал Членов рассмотреть дальнейшие возможности оказания поддержки в управлении порталом и проведения консультаций со СКАР по этому вопросу.

(20) Комитет выразил общую поддержку Плану управления информационным наполнением и напомнил, что Портал предназначен для обеспечения того, чтобы все информационные материалы, представленные на Портале, были нейтральными, объективными, прошедшими экспертную научную оценку и соответствующими приоритетам, определённым Комитетом. В этом отношении Комитет отметил важную роль, исполняемую Редакционным комитетом Портала. Комитет также поприветствовал уведомление СКАР о том, что в дополнение к его активному участию в разработке информационного наполнения Портала он продолжит предоставлять научные рекомендации КООС посредством документов, представляемых на ежегодных заседаниях.

(21) Комитет признал важность поддержания актуальности информационного наполнения Портала путём проведения анализа и пересмотра по мере необходимости. Он отметил, что в редакционную работу для Портала входили периодические пересмотры и обновления существующего информационного наполнения, и поприветствовал дальнейшие возможности для рассмотрения Плана управления информационным наполнением на будущих заседаниях КООС. Касательно вопросов, определённых в текущем Плане управления информационным наполнением, некоторые Члены отметили своё намерение призывать своих учёных к участию в подготовке информационных сводок. Также было высказано мнение, что двумя вопросами, представляющими особый интерес, являются загрязнение изделиями из пластмассы и закисление океана.

(22) Председатель КООС представил Рабочий документ WP 34 *Поддержка работы Комитета по охране окружающей среды (КООС): документ, представленный Председателем КООС*. Во взаимосвязи с 20-м заседанием КООС в документе предлагалось инициировать дискуссию среди Членов о возможностях обеспечения того, чтобы Комитет оставался хорошо подготовленным к поддержке Сторон в вопросах всесторонней охраны окружающей среды Антарктики. В документе отмечалось, что на протяжении многих лет Комитет непрерывно разрабатывал методы повышения эффективности своей работы. Также отдельно была подчёркнута всё возрастающая важность работы КООС в свете существующих, новых и возникающих задач в сфере охраны окружающей среды Антарктики. В свете этих задач и тенденций Председатель КООС пригласил Членов рассмотреть, может ли перечень «научных потребностей» КООС (представленный во Вложении А к Рабочему документу WP 34) способствовать продвижению и поддержке научных исследований, направленных на более глубокое изучение экологических проблем, стоящих перед Антарктикой, и путей их решения; а также может ли умеренное финансирование помочь Комитету предоставлять КСДА качественные и своевременные консультации и рекомендации по приоритетным вопросам.

(23) Приветствуя документ Председателя КООС, Комитет согласился с важностью непрерывного рассмотрения возможностей обеспечения того, чтобы Комитет оставался хорошо подготовленным к поддержке Сторон в вопросах предоставления высококачественных консультаций и рекомендаций. Касательно первого вопроса, поднятого в Рабочем документе WP 34, Члены признали важность того, чтобы работа Комитета проводилась в тесной связи с научной деятельностью. Комитет согласился, что перечень научных потребностей КООС будет способствовать продвижению и поддержке научных исследований, направленных на более глубокое изучение экологических проблем, стоящих перед Антарктикой, и путей их решения, оказывать содействие сотрудничеству и приоретизации в научной деятельности, а также способствовать обеспечению того, чтобы Комитет получал актуальную научную информацию. Комитет также согласился с тем, что такой перечень мог бы быть полезным для особого представления на КСДА потребностей в вопросах исследования и мониторинга окружающей среды с целью обеспечения надлежащего выполнения его функций согласно Статье 12(k) Протокола, а также с целью предоставления информации в ходе текущих обсуждений Сторон по вопросам научных

приоритетов в Антарктике. Было отмечено, что можно дополнительно рассмотреть представление этого перечня в таком формате, который был бы удобным для информирования в ходе обсуждений на КСДА, а также его обновление в ходе ежегодных пересмотров. Некоторые Члены отметили, что они уже использовали перечень, представленный в Рабочем документе WP 34, для обсуждения своих национальных приоритетов научной деятельности в Антарктике. СКАР и ВМО отметили свои непрекращающиеся усилия по проведению и поддержке исследований, касающихся научных потребностей КООС. СКАР указал, что он учтёт дискуссии Комитета при планировании своих научных программ в будущем.

(24) Комитет согласился рассмотреть перечень научных потребностей, содержащийся в Рабочем документе WP 34, на XXI заседании КООС, прежде чем передавать его на рассмотрение КСДА. Он согласился с тем, что при этом можно рассмотреть возможности определения новых и вновь возникающих научных потребностей, привязки этого перечня к Пятилетнему плану работы КООС и изучения возможностей его привязки к Плану управления информационным наполнением Портала окружающей среды.

(25) Комитет также признал необходимость внедрения дополнительных механизмов, которые помогут КООС справиться со всё возрастающей рабочей нагрузкой, и согласился с тем, что его работу можно было бы укрепить путём предоставления доступа к умеренной финансовой поддержке, в частности, в тех сферах, где это могло бы улучшить или ускорить предоставление рекомендаций КСДА. При этом он отметил, что следует дополнительно рассмотреть возможные механизмы получения и использования такого финансирования с учётом того, что источник финансирования должен гарантировать сохранение независимости Комитета. В ходе обсуждений Члены также предложили рассмотреть возможности неденежной поддержки, а также возможности учреждения специальных фондов наподобие тех, которыми пользуется НК-АНТКОМ. В то время как Члены отметили важность рассмотрения дополнительных способов привлечения экспертов к работе КООС, было выражено сомнение в том, стоит ли Комитету брать на себя ответственность за поддержку стипендиальной программы.

(26) Комитет поприветствовал предложение Председателя провести дальнейшую работу в течение межсессионного периода при содействии Секретариата и заинтересованных Членов с целью дальнейшей

разработки концепции механизма по получению умеренного финансирования для КООС с целью поддержки его работы. Комитет ожидает дальнейших обсуждений этого вопроса на XXI заседании КООС.

Рекомендации КООС для КСДА по поддержке работы КООС

(27) Комитет рассмотрел возможности обеспечения того, чтобы КООС оставался хорошо подготовленным к поддержке Сторон в вопросах предоставления высококачественных консультаций и рекомендаций по охране окружающей среды, и принял решение порекомендовать КСДА:

- Согласиться с тем, что перечень научных потребностей может оказать содействие и поддержку проведению научных исследований, направленных на более глубокое изучение экологических проблем, стоящих перед Антарктикой, что было бы полезно для его работы, а также для обсуждаемых на КСДА научных приоритетов в Антарктике. По этому вопросу Комитет пересмотрит перечень научных потребностей КООС, содержащийся в Рабочем документе WP 34, на XXI заседании КООС.
- Признать необходимость внедрения дополнительных механизмов, которые помогут КООС справиться со всё возрастающей рабочей нагрузкой, и согласиться с тем, что его работу можно было бы укрепить путём предоставления доступа к умеренной финансовой поддержке. По этому вопросу Комитет поприветствовал предложение Председателя КООС провести дальнейшую работу в течение межсессионного периода при содействии Секретариата и заинтересованных Членов с целью рассмотрения вариантов получения финансирования для КООС и распоряжения этими средствами.

---

(28) Турция представила Информационный документ IP 94 *Ratification of Protocol on Environmental Protection to the Antarctic Treaty by Turkey [Ратификация Турцией Протокола по охране окружающей среды к Договору об Антарктике]*, чтобы проинформировать Комитет о предстоящей ратификации Турцией Протокола по охране окружающей среды в 2017 году. В ходе заседания Турция сообщила Комитету о том, что 24 мая 2017 года она завершила процесс ратификации Протокола и всех шести Приложений к нему. Протокол и шесть Приложений к

нему были опубликованы в официальном органе печати Турции под номером 30075 и стали частью законодательства Турции. Турция отметила свою надежду на полное членство в СКАР в ближайшее время и заинтересованность в развитии сотрудничества с другими Сторонами.

(29) Комитет поприветствовал уведомление Турции о присоединении к Протоколу по охране окружающей среды и о завершении ратификации в ближайшее время. Комитет заявил, что он с нетерпением ожидает вступления Турции в права Члена Комитета.

Пункт 5. Сотрудничество с другими организациями

(30) КОМНАП представил Информационный документ IP 9 *Ежегодный отчёт Совета управляющих национальных антарктических программ (КОМНАП) за 2016/17 г.* и подчеркнул ряд особо важных вопросов, возникших в период после XIX заседания КООС, в том числе пересмотр Руководства КОМНАП для операторов беспилотных авиационных систем (UAS) в Антарктике (Информационный документ IP 77), пересмотр базы данных КОМНАП и успехи в обновлении Каталога станций КОМНАП. КОМНАП напомнил Членам о Стипендиальной программе КОМНАП для проведения антарктических исследований, разработанной для молодых учёных, техников и инженеров, и призвал Членов донести информацию о программе до сведения потенциальных соискателей.

(31) СКАР представил Информационный документ IP 35 *Ежегодный доклад Научного комитета по антарктическим исследованиям за 2015/16 г. XL Консультативному совещанию по Договору об Антарктик*, в котором содержался краткий обзор основных видов и итогов деятельности СКАР за отчётный период, в том числе по трём научным группам и шести научно-исследовательским программам. В документе было отмечено, что СКАР поприветствовал Австрию, Колумбию, Таиланд и Турцию в качестве новых ассоциированных членов, присоединившихся в 2016 году. СКАР также обратил внимание на новый формат своего Ежегодного отчёта, благодаря которому отчёт стал более доступен широкой аудитории читателей.

(32) Великобритания представила Информационный документ IP 50 *Report by the CEP Observer to the XXXIV SCAR Delegates Meeting [Доклад наблюдателя КООС на XXXIV Совещании делегатов СКАР]*, в котором были отмечены вопросы, поднятые на XXXIV Совещании делегатов СКАР,

представляющие непосредственный интерес для работы КООС. Среди них непрекращающаяся приверженность СКАР выполнению активной роли в поддержке Портала окружающей среды Антарктики и внесению обновлений в отчёт по изменению климата Антарктики и окружающей среды. Было также отмечено, что СКАР продолжит предоставлять отчёты и обновлённые данные по вопросам, связанным с работой КООС.

(33) Комитет поблагодарил КОМНАП, СКАР и Великобританию за представленные ими документы. Комитет также поздравил проф. Стивена Чауна (Steven Chown) с избранием на должность Президента СКАР и выразил признательность проф. Херонимо Лопесу-Мартинесу (Jeronimo Lopez-Martinez) за его достижения во время пребывания в должности Президента СКАР.

(34) АНТКОМ представил Информационный документ IP 53 *Report by the SC-CAMLR Observer to the Twentieth Meeting of the Committee for Environmental Protection [Доклад наблюдателя НК-АНТКОМ на Двадцатом заседании Комитета по охране окружающей среды].* В документе рассматривались пять вопросов, представляющих взаимный интерес для КООС и Научного комитета Комиссии по сохранению морских живых ресурсов Антарктики (НК-АНТКОМ): изменение климата и морская среда Антарктики; разнообразие видов и неместные виды в морской среде Антарктики; антарктические виды, требующие особой охраны; пространственная охрана морской среды и охраняемые районы; а также экосистема и мониторинг окружающей среды. В нём также было отмечено, что НК-АНТКОМ и его рабочие группы рассмотрели отчёт по итогам работы совместного семинара КООС и НК-АНТКОМ по вопросам изменения климата и мониторинга, проведённого в 2016 году, и одобрили рекомендации, содержащиеся в отчёте семинара.

(35) АНТКОМ также отчиталась о Симпозиуме Научного комитета, проведённом 13–14 октября 2016 года, на котором НК-АНТКОМ согласился с необходимостью разработки плана работы с краткосрочными, среднесрочными и долгосрочными целями и с тем, что Пятилетний план работы КООС станет полезным образцом для его разработки. Кроме того, НК-АНТКОМ отметил необходимость более широкого сотрудничества с глобальным научным сообществом и предложил проведение совместных семинаров и интеграцию среднесрочных и долгосрочных приоритетов с такими организациями, как Научный комитет по океанографическим исследованиям и СКАР. АНТКОМ также особо отметила соглашение о создании Морского

охраняемого района (МОР) в регионе моря Росса на основании Меры по сохранению 91-05 и сообщил о том, что в конце апреля 2017 года в Италии был проведён трёхдневный семинар по разработке плана научных исследований и мониторинга МОР в регионе моря Росса.

(36) Комитет поблагодарил Наблюдателя НК-АНТКОМ за доклад и поприветствовал одобрение Научным комитетом рекомендаций, сформулированных по результатам работы совместного семинара КООС и НК-АНТКОМ, проведённого в 2016 году. Комитет выразил желание и в дальнейшем сотрудничать с НК-АНТКОМ как в этой области, так и в других областях взаимного интереса, для обеспечения скоординированного подхода к совместному решению приоритетных задач.

(37) Председатель КООС напомнил, что на XIX заседании КООС были одобрены рекомендации, сформулированных по результатам работы совместного семинара КООС и НК-АНТКОМ по вопросам изменения климата и мониторинга, проведённого в г. Пунта-Аренас, Чили, в мае 2016 года, и признал важность контроля хода выполнения этих рекомендаций. Он также отметил, что на XL КСДА будут рассматриваться результаты работы совместного семинара, и предложил Комитету обсудить предоставление обновлённых рекомендаций по данному вопросу на рассмотрение КСДА.

Рекомендация КООС для КСДА относительно итогов работы совместного семинара КООС и НК-АНТКОМ по вопросам изменения климата и мониторинга, проведённого в 2016 году

(38) Комитет напомнил о своей рекомендации для XXXIX КСДА, в которой говорилось о том, что он одобрил рекомендации, сформулированных по результатам работы совместного семинара КООС и НК-АНТКОМ по вопросам изменения климата и мониторинга, проведённого в г. Пунта-Аренас, Чили, в мае 2016 года, и признал важность контроля хода выполнения этих рекомендаций. Отмечая тот факт, что в Многолетнем стратегическом плане работы КСДА предусмотрено рассмотрение на XL КСДА результатов совместного семинара, Комитет согласился предоставить КСДА рекомендации о том, что:

- НК-АНКОМ также поприветствовал отчёт о семинаре и одобрил рекомендации, сформулированные по результатам его работы;
- действия КООС, направленные на выполнение рекомендаций семинара, в значительной степени были связаны с его текущей

работой по реализации Рабочей программы ответных мер в отношении изменения климата;

- согласно Рекомендации 16, сформулированной на семинаре, он согласился обновить свой Пятилетний план работы, включив в него мероприятие по планированию будущего совместного семинара, в том числе пересмотр реализации рекомендаций, сформулированных по результатам семинара, проведённого в 2016 году.

---

(39) ВМО представила Информационный документ IP 112 *Ежегодный доклад ВМО за 2016/17 г.* и Информационный документ IP 116 *Southern Hemisphere Key Activities and Special Observing Periods during the Year of Polar Prediction [Основные виды деятельности в южном полушарии и специальные периоды наблюдения в течение Года полярных прогнозов].* В этих документах был отмечен ряд инициатив ВМО, представляющих потенциальный интерес для КООС, и в частности представлены обновлённые данные по Году полярных прогнозов и запланированной разработке сети Полярных региональных климатических центров (ПРКЦ) в Антарктике. В Году полярных прогнозов для Антарктики планируется особый период наблюдений с 16 ноября 2018 года по 15 февраля 2019 года, в течение которого особое внимание будет сконцентрировано на расширении регулярных наблюдений с целью устранения недостатков в системе наблюдений на протяжении длительного периода. Успех программы Года полярных прогнозов будет зависеть от энтузиазма и поддержки Сторон.

(40) Комитет поблагодарил ВМО и подчеркнул ранее выраженную поддержку программы Года полярных прогнозов, а также выразил желание получать дальнейшие отчёты от ВМО для информирования участников своих дискуссий по вопросам последствий изменения климата для окружающей среды Антарктики.

Назначение представителей КООС в другие организации

(41) Комитет назначил:

- Д-ра Ива Френо (Yves Frenot), Франция, представлять КООС на 29-м Ежегодном общем совещании КОМНАП, которое будет проходить в г. Брно, Чешская Республика, с 29 июля по 2 августа 2017 года; а также

- Д-ра Полли Пенхейл (Polly Penhale), США, представлять КООС на 36-м заседании НК-АНТКОМ, которое будет проходить в г. Хобарте, Австралия, 16-20 октября 2017 года.

Пункт 6. Восстановительные мероприятия и ликвидация экологического ущерба

(42) Австралия представила Рабочий документ WP 28 *Пересмотр Руководства по очистке в Антарктике*, подготовленный совместно с Великобританией. В соответствии с мерами, определёнными в Пятилетнем плане работы КООС, соавторы предложили организовать МКГ для пересмотра и изменения Руководства по очистке в Антарктике. Это позволит обеспечить коллективное и систематическое рассмотрение данного вопроса.

(43) Комитет поблагодарил Австралию и Великобританию за их документ и согласился с важностью поддержания Руководства по очистке в Антарктике в актуальном состоянии для отражения текущего состояния знаний.

(44) Комитет согласился организовать МКГ по пересмотру Руководства по очистке в Антарктике со следующими рабочими заданиями:

1. Сопоставление информации о прогрессе в работе и достижениях в вопросах, касающихся очистки старых наземных свалок отходов, старых рабочих объектов и загрязнённых участков.
2. Пересмотр Руководства по очистке в Антарктике, прилагаемого к Резолюции 2 (2013 г.) и обновлённого в 2014 году, а также внесение предложений об изменениях и дополнительных рекомендациях.
3. Предоставление отчёта на XXI заседании КООС.

(45) Комитет одобрил предложение д-ра Филлипа Трейси (Dr Phillip Tracey) (Австралия) принять на себя обязанности координатора МКГ.

(46) Комитет также с одобрением принял другие документы, представленные в рамках данного пункта повестки дня, которые сообщают о мерах, предпринятых Сторонами в соответствии с их обязательствами по очистке согласно Приложению III к Протоколу, а также в соответствии с ключевыми принципами Руководства по очистке. Комитет отметил, что данные документы, а также соответствующие документы по предыдущим совещаниям могут быть полезными справочными материалами для заседаний МКГ.

(47) Республика Беларусь представила Информационный документ IP 3 *Опыт уменьшения образования источников отходов в Белорусской антарктической экспедиции.* Беларусь описала шаги, предпринятые ею для улучшения порядка использования топлива на её новой станции, в соответствии с Приложением III к Протоколу, включая установку топливного резервуара с двойными стенками для исключения необходимости использования 200-литровых бочек. Беларусь поблагодарила Российскую Федерацию за техническую помощь, а также КОМНАП, и отметила важность международных сетей для небольших стран и небольших экспедиций.

(48) Италия представила Информационный документ IP 74 *Clean-up and removal of Italy installations at Sitry airfield camp along the avio-route MZS-DDU, Antarctica [Очистка и демонтаж конструкций Италии в лагере у аэродрома Ситри по воздушному маршруту Марио Цуккелли – Дюмон-д'Юрвиль, Антарктика]*, который описывает работы по демонтажу лагеря у аэродрома Ситри, являющегося местом посадки между итальянской станцией Марио Цуккелли и французской станцией Дюмон-д'Юрвиль. Италия сообщила о том, что на участке осталось одиннадцать закопанных бочек и палатка компании Weatherhaven и что для их удаления не было запланировано никакой операции, поскольку воздействие на окружающую среду от специально организованного для этого похода было бы значительно большим. Ожидается, что из закопанных бочек с топливом не будет значительных утечек с учётом высокого качества использованных бочек. Если рядом с данным участком в будущем потребуется проведение работ, то это позволит решить данную задачу.

(49) В рамках данного пункта повестки дня были также представлены следующие документы:

- Информационный документ IP 48 *Clean-up of Scientific Equipment and Infrastructure from Mt. Erebus, Ross Island, Antarctica [Удаление научного оборудования и объектов инфраструктуры с горы Эребус, полуостров Росса, Антарктида]* (США);

- Информационный документ IP 49 *Report on Clean-up at Metchnikoff Point, Brabant Island [Отчёт об очистке на мысе Мечникова, остров Брабант]* (Великобритания);

- Информационный документ IP 108 *Gestión de los desechos sólidos generados en la Estación Maldonado - XXI Campaña Antártica (2016–2017 гг.) [Информационный документ IP 108 «Утилизация твёрдых отходов, производимых на станции Мальдонадо» - XXI антарктическая кампания (2016/17 г.) (Эквадор)]* (Эквадор).

Пункт 7. Последствия изменения климата для окружающей среды

7а) Стратегический подход

(50) Ссылаясь на Рабочий документ WP 13 *Антарктика и Стратегический план по биоразнообразию на 2011–2020 гг.*, Япония обратила внимание Комитета на то, что 22 мая является Международным днём биологического разнообразия.

(51) СКАР представил Информационный документ IP 80, rev. 1 *Antarctic Climate Change and the Environment – 2017 Update [Изменение климата Антарктики и окружающая среда – обновлённые данные за 2017 г.]*, который содержит в себе обновление отчёта «Изменение климата Антарктики и окружающая среда», который был впервые опубликован в 2009 г. и обновлён в 2013 г. Данный документ подробно описывает недавние научные достижения, обеспечивающие более глубокое понимание вопросов изменения климата на Антарктическом континенте и в акватории Южного океана и воздействия этих изменений на наземную и морскую биоту. Аспекты исследования включают в себя: уменьшение площади морского льда вокруг западной части Антарктического полуострова; признаки улучшения с учётом ситуации с озоновой дырой; повышение температуры в океанах вокруг Антарктики; перемещение на юг северной морской звезды, которая потенциально является захватчиком с высокой степенью риска для Субантарктического и Антарктического регионов; а также быстрые изменения ледяного покрова и воздействия этих изменений на популяции пингвинов Адели. В данном документе была отмечена важность проведения дальнейших исследований, ориентированных на конкретные виды, при выявлении реакции экосистемы на изменение климата.

(52) Комитет поблагодарил СКАР за то, что он продолжает предоставлять актуальную информацию для обновления Отчёта по изменению климата Антарктики и высоко оценил значительную работу при подготовке Информационного документа IP 80, rev. 1. Комитет выразил

решительную поддержку решению СКАР представить отчёт в формате, который доступен для понимания широкой аудиторией. Было отмечено, что сводная информация, представленная в Информационном документе IP 80, rev. 1 может оказаться полезной при подготовке и пересмотре содержания Портала окружающей среды. Комитет напомнил о важности научных исследований, как указано в данном документе о его работе, для понимания и учёта экологических последствий изменения климата. Комитет поприветствовал рекомендацию о сотрудничестве ВМО со СКАР при последующих обновлениях отчётов.

(53) ВМО представила Информационный документ IP 115 *The Polar Climate Predictability Initiative of the World Climate Research Programme [Инициатива по прогнозируемости климата полярных районов Всемирной программы исследования климата]*. Данный документ содержит отчёт о работе по Инициативе по прогнозируемости климата полярных районов (PCPI) и о её шести ключевых темах, каждая из которых касается различных аспектов прогнозируемости полярного климата. Основное внимание Инициативы по прогнозируемости климата полярных районов было уделено нахождению элементов климатической системы, повышающих прогнозируемость, и способам улучшения таких процессов в моделях. Инициатива по прогнозируемости климата полярных районов предназначена для расширения понимания источников прогнозируемости полярного климата в масштабах от сезона до нескольких десятилетий. ВМО обратила внимание на то, что данная работа соответствует Рабочей программе ответных мер в отношении изменений климата, а также связана с научно-исследовательской программой AntClim21 МГЭИК и СКАР.

(54) ВМО также представила Информационный документ IP 119 *Regional climate downscaling through the Antarctic-CORDEX project [Региональное масштабирование антарктического климата на меньший размер – проект CORDEX]*. ВМО выпустила отчёт о работе над Экспериментом скоординированного регионального масштабирования антарктического климата на меньший размер (CORDEX) для разработки регионального масштабирования антарктического климата на меньший размер с целью обеспечения точного описания климатических процессов от региональных до локальных, а также их вариативности и изменений. ВМО обратила внимание на то, что в настоящий момент существует 10 групп из 7 стран, участвующих в проекте CORDEX, и предложила всем заинтересованным Членам принять в нём участие.

(55) ВМО представила Информационный документ IP 118 *Progress Update on WMO Polar Regional Climate Centres [Обновление хода работ в Полярных региональных климатических центрах ВМО]*. ВМО предпринимает шаги по развитию антарктической сети Полярного регионального климатического центра (ПРКЦ), которая будет оперативно предоставлять климатические услуги, включая мониторинг и прогнозирование климата для поддержки региональных и национальных мероприятий, связанных с климатом. Одной из важных целей является удовлетворение потребностей Национальных антарктических программ. ВМО планирует организовать Семинар по проблемам сохранения Антарктики в 2018 г. для изучения общих целей на техническом уровне и улучшения понимания потребностей, а также предпочтительной формы и назначения Антарктического регионального климатического центра, разослав при этом приглашения КООС и другим заинтересованным организациям. ВМО призвала Членов, Экспертов и Наблюдателей поддержать данную инициативу и помочь ВМО связать между собой их Национальные метеорологические службы и Национальные антарктические программы.

(56) Комитет высоко оценил широкий спектр работ по исследованию климата, выполняемых ВМО в антарктическом регионе, многие из которых, по-видимому, соответствуют работе Комитета по вопросам изменения климата. Комитет призвал заинтересованных Членов и Наблюдателей к взаимодействию с ВМО по вопросам поддержки данных различных инициатив.

(57) АСОК представила Информационный документ IP 147 *Climate Change Report Card [Доклад по изменению климата в Антарктике]*. АСОК обратила внимание на то, что она ежегодно готовит Доклад по изменению климата в Антарктике, где представляет краткий обзор основных событий и результатов, касающихся изменения климата Антарктики. АСОК порекомендовала КСДА и КООС, а также их Членам:

- Осуществлять инвестиции в эффективный мониторинг антарктического региона для обеспечения понимания общего характера и аномалий климатической системы Земли.
- Осуществлять инвестиции в экологический мониторинг, который является обязательным для понимания реакции видов и экосистем на изменения окружающей среды, включая прямое и размытое антропогенное воздействие.

- Развивать механизм подготовки отчётов КСДА о данных по антарктическому климату для более широкой аудитории.
- Разрабатывать планы предупредительных мер или планы управления быстрой реализации для реагирования на неожиданные события, связанные с изменением климата. Например, АНТКОМ недавно одобрил Меру по сохранению (СМ) 24-04, *Establishing time-limited Special Areas for Scientific Study in newly exposed marine areas following ice-shelf retreat or collapse [Формирование особых районов для проведения научных исследований с ограниченным сроком действия в недавно образовавшихся морских районах, обнажившихся в результате отступления или разрушения шельфовых ледников]*. КСДА может рассмотреть вопрос принятия аналогичных мер для наземных или прибрежных районов, недавно обнажившихся в результате отступления или разрушения шельфовых ледников.
- Установить охраняемые районы, которые могут использоваться в качестве эталонных участков для соотнесения изменений с изменениями климата с минимальным вмешательством в виде локальных и региональных работ или вообще без такого вмешательства.

(58) Комитет одобрил Информационный документ IP 147 и отметил, что АСОК может рассмотреть предложение, представленное Великобританией, для определения возможных связей с Рабочей программой ответных мер в отношении изменений климата при последующих обновлениях отчётов. Комитет отметил, что ряд рекомендаций, упомянутых в Информационном документе IP 147, касается проводимой КООС работы по реализации Рабочей программы ответных мер в отношении изменений климата.

(59) АСОК также представила Информационный документ IP 152, rev. 1 *Tracking Antarctica - A WWF report on the state of Antarctica and the Southern Ocean [Наблюдения за Антарктикой – отчёт Всемирного фонда дикой природы о состоянии Антарктики и Южного океана]*. АСОК отметила, что данный отчёт представляет собой обновление научных данных о состоянии Антарктики и Южного океана. Данный отчёт был выпущен в октябре 2016 г. АСОК подчеркнула, что ключевым выводом отчёта стало заключение о том, что расширение человеческой деятельности усилит последствия изменения климата и повысит чувствительность антарктических экосистем, млекопитающих, рыбы

и птиц. АСОК также отметила, что в отчёте определяются способы, позволяющие реагировать на данные проблемы, которые основаны на последних научных данных. АСОК сообщила Комитету о том, что данный отчёт будет обновляться каждые два года.

(60) Комитет отметил, что данный отчёт даёт дополнительную мотивацию для его текущей работы в области изменения климата, включая Рабочую программу ответных мер в отношении изменений климата. Комитет выразил благодарность за данный документ АСОК и Всемирному фонду дикой природы, являющемуся её членом.

(61) Австралия представила Информационный документ IP 84 *Climate change impacts on Antarctic ice-free areas [Влияние климатических изменений на свободные ото льда районы Антарктики]*. Данным документом подводится итог ожидаемой публикации в журнале *Nature*, в которой количественно выражается потенциальное влияние климатических изменений на свободные ото льда районы Антарктики, являющиеся местообитанием для более чем 99 % антарктических наземных биологических видов. В документе сообщается, что в публикации были рассмотрены потенциальные последствия физических изменений антарктического наземного биоразнообразия, включая повышение конкуренции и распространение инвазивных видов. Выводы публикации напрямую связаны с работой КООС по нескольким первоочередным проблемам, в частности с усилиями по подготовке и формированию устойчивости к воздействиям изменяющегося климата на окружающую среду.

(62) Комитет признал, что документы, представленные по данному пункту повестки, касаются приоритетных направлений Рабочей программы ответных мер в отношении изменений климата и могут быть полезными справочными материалами при обсуждении Комитетом путей использования лучших имеющихся научных достижений для понимания и рассмотрения последствий изменения климата для окружающей среды.

(63) Российская Федерация напомнила о том, что на XIX заседании КООС обсуждались вопросы изменяющегося состояния морского льда. Было отмечено, что до лета 2015/16 г. размеры морского ледяного покрова в Антарктике увеличивались, но в сезон 2016/17 г. объёмы морского льда были минимальными. Кроме того, была подчёркнута важность наблюдений за всеми факторами, влияющими на динамику морского льда в Антарктике, во избежание неправильных выводов.

(64) ВМО заметила, что в документах был точно зафиксирован относительно низкий рост размера морского ледяного покрова в районе Антарктики в последние годы, хотя при этом размер морского ледяного покрова Арктики постоянно уменьшался. ВМО пояснила, что, поскольку озоновая дыра начинает затягиваться, ожидается, что размер морского ледяного покрова в Антарктике будет и дальше уменьшаться, однако в этом аспекте существуют большие сомнения.

(65) СКАР отметил, что обновление отчёта по Изменению климата Антарктики от 2017 г. (Информационный документ IP 80, rev. 1) включает изменение размеров морского ледяного покрова в Антарктике как в виде текста, так и в виде рис. 1. СКАР подчеркнул, что временные ряды на рис. 1 были недостаточными для выполнения конкретных прогнозов будущих условий.

(66) В рамках данного пункта повестки дня были также представлены следующие документы:

- Информационный документ IP 13 U.K./U.S. Research Initiative on Thwaites: The Future of Thwaites Glacier and its Contribution to Sea-level Rise [Инициатива проведения исследований на леднике Туэйтес: будущее ледника Туэйтес и его вклад в повышение уровня моря] (США, Великобритания).
- Информационный документ IP 52 *Integrating Climate and Ecosystem Dynamics in the Southern Ocean (ICED) programme [Программа «Интеграция динамики климата и экосистем в Южном океане» (ICED)]* (Великобритания).
- Документ Секретариата SP 8 *Меры, принятые КООС и КСДА во исполнение рекомендаций СЭДА по вопросам, связанным с изменением климата.*

7b) Реализация и пересмотр Рабочей программы ответных мер в отношении изменения климата

(67) Новая Зеландия представила Рабочий документ WP 2 *Неформальное межсессионное обсуждение: Реализация Рабочей программы ответных мер в отношении изменения климата (CCRWP). В документе было отмечено, что реализация Рабочей программы ответных мер в отношении изменений климата (CCRWP)* была признана Сторонами в качестве приоритетной задачи на основании Резолюции 4 (2015 г.) и что до настоящего момента по результатам обсуждений КООС не были

выработаны способы реализации программы, а также содержались пять рекомендаций. Они включали в себя рекомендацию КООС рассмотреть варианты создания Вспомогательной группы для рассмотрения и управления Рабочей программой ответных мер в отношении изменений климата, а также рекомендацию по совместной разработке механизмов для обеспечения высокого уровня участия и эффективного выполнения работ, включая поддержку Секретариата при переводе основных текстов, а также техническую поддержку для обеспечения координации, коммуникации и обновлений. Новая Зеландия также отметила, что данная группа будет давать рекомендации КООС касательно принимаемых мер, что для обеспечения широкого участия потребуются инновационные методики работы и что потребуются дальнейшие меры по обновлению самой Рабочей программы ответных мер в отношении изменений климата с целью поддержания чёткой коммуникации между Рабочей программой ответных мер в отношении изменений климата и Членами, Наблюдателями, Экспертами и КСДА.

(68) СКАР представил Информационный документ IP 69 *Mapping SCAR affiliated research to the CEPs Climate Change Response Work Programme (CCRWP) [Картографирование исследований СКАР для Рабочей программы ответных мер в отношении изменений климата КООС]*, подготовленный в межсессионный период 2016/17 г. в ответ на запрос Комитета на XIX заседании КООС. В документе отмечается, что, поскольку в исследовании СКАР рассмотрены все основные вопросы Рабочей программы ответных мер в отношении изменений климата и действительно является междисциплинарным, включая физические, биологически и социальные науки, группы СКАР внесли значительный вклад в Рабочую программу ответных мер в отношении изменений климата. СКАР отметил, что чёткое и своевременное взаимодействие между КООС и СКАР по вопросам приоритетов и целей Рабочей программы ответных мер в отношении изменений климата повышает вероятность потенциального вклада СКАР в реализуемую Рабочую программу ответных мер в отношении изменений климата.

(69) Комитет выразил благодарность Новой Зеландии за руководство межсессионными обсуждениями по вопросам реализации Рабочей программы ответных мер в отношении изменений климата и подготовку отчёта в рамках Рабочего документа WP 2. Комитет высоко оценил активное участие всех Членов и Наблюдателей в обсуждениях и выразил общую поддержку рекомендациям в данном документе.

(70) Что касается порядка работы, то Вспомогательной группе было предложено использовать дискуссионный форум КООС, который поможет в реализации объединяющего и прозрачного подхода по управлению соответствующей межсессионной работой. Также было высказано предположение, что усиление формата самой Рабочей программы ответных мер в отношении изменений климата может помочь в достижении целей по улучшению эффективного взаимодействия заинтересованных сторон и КСДА. Кроме того, было отмечено, что в дополнение к работе, которая может выполняться Вспомогательной группой, Комитету важно продолжать выделять специальное время (или даже устраивать семинары) во время последующих совещаний с целью рассмотрения Рабочей программы ответных мер в отношении изменений климата для облегчения широкого участия Членов.

(71) Комитет пришел к соглашению о том, что основные тексты, например тексты для обсуждения и/или проекты ежегодных обновлений Рабочей программы ответных мер в отношении изменений климата, должны переводиться в зависимости от каждого конкретного случая. Комитет счёл, что перевод основных текстов соответствует требованиям Правила 21, отметив, что Вспомогательная группа для рассмотрения и управления Рабочей программой ответных мер в отношении изменений климата в основном будет осуществлять свою деятельность дистанционно.

(72) При условии одобрения КСДА согласно Правилу 10 процедуры КООС Комитет решил сформировать Вспомогательную группу для рассмотрения и управления Рабочей программой ответных мер в отношении изменений климата (SGCCR) в соответствии с базовым подходом, представленном в Приложении 2.

(73) Комитет решил назначить г-жу Биргит Ньостад (Birgit Njåstad) координатором Вспомогательной группы для рассмотрения и управления Рабочей программой ответных мер в отношении изменений климата.

(74) В дополнение к согласованному ТЗ на XX заседании КООС Вспомогательной группе для рассмотрения и управления Рабочей программой ответных мер в отношении изменений климата было поручено разработать механизмы работы в межсессионный период 2017/18 г. для обеспечения высокого уровня участия и эффективного выполнения работы, включая поддержку Секретариата при переводе основных текстов, а также техническую поддержку для обеспечения координации, коммуникации и обновлений.

(75) На XX заседании КООС было отмечено, что в будущем Вспомогательная группа для рассмотрения и управления Рабочей программой ответных мер в отношении изменений климата может:

- Рассматривать новаторские способы работы, привлекающие обширные группы Членов, включая, к примеру, вспомогательные специальные сессии или семинары по мере необходимости.
- Рассматривать Рекомендации 18 (рассмотреть возможность применения более узкого регионального подхода к использованию средств и методов управления охраной окружающей среды в дополнение к используемому общеконтинентальному подходу) и 29 (продолжать пристально следить за мировым развитием средств охраны природы, связанных с изменением климата, которые можно также применить в условиях Антарктики [например, планы адаптации к изменению климата, средства оценки рисков воздействия на окружающую среду и методы принудительного перемещения исчезающих видов]) Совещания экспертов Договора об Антарктике в 2010 г. (СЭДА) касательно изменения климата.

(76) Комитет подчеркнул важность обеспечения более широкого участия и вовлечения Членов КООС в работу Вспомогательной группы.

(77) Комитет выразил благодарность СКАР за его значительные усилия по подготовке исчерпывающего отчёта по огромному объёму работ, выполненных СКАР в связи с Рабочей программой ответных мер в отношении изменений климата. Комитет подтвердил вопросы, поднятые в Информационном документе IP 69 и отметил, что в выполненных СКАР исследованиях рассматриваются все вопросы, касающиеся Рабочей программы ответных мер в отношении изменений климата. Комитет также отметил сложность задачи по интеграции результатов различных текущих инициатив СКАР в структуру Рабочей программы ответных мер в отношении изменений климата с переходом от общего обзора проделанной работы к пониманию того, как результаты работы обеспечивают решение задач Рабочей программы ответных мер в отношении изменений климата. Комитет согласился с тем, что эффективная коммуникация между КООС и СКАР по вопросам реализации Рабочей программы ответных мер в отношении изменений климата остаётся важной.

(78) Комитет с одобрением принял предложение ВМО о представлении аналогичного документа на XXI заседании КООС, увязывающего

собственные работы с вопросами и потребностями, определёнными в Рабочей программе ответных мер в отношении изменений климата.

Рекомендация КООС для КСДА по реализации Рабочей программы ответных мер в отношении изменений климата

(79) Отмечая содержащуюся в Резолюции 4 (2015 г.) просьбу КСДА о получении от КООС ежегодных обновленных докладов о реализации Рабочей программы ответных мер в отношении изменений климата, Комитет попросил КСДА:

- Утвердить сформированную Вспомогательную группу по ответным мерам в отношении изменения климата (SGCCR) в соответствии с Правилом 10 Правил процедуры КООС с целью поддержки реализации Рабочей программы ответных мер в отношении изменений климата, как указано в Приложении 2.
- Попросить Секретариат оказать поддержку при переводе основных текстов, а также техническую поддержку для обеспечения координации, коммуникации и обновлений для обеспечения высокого уровня участия и эффективного выполнения работы.
- Отметить, что Комитет поприветствовал комплексный отчёт от СКАР о работе его вспомогательных и связанных с ним групп, касающийся вопросов и потребностей, определённых в Рабочей программе ответных мер в отношении изменений климата, в котором чётко указано, что группы СКАР внесут свой вклад в работу.
- Также отметить, что Комитет с одобрением принял предложение ВМО представить отчёт на XXI заседании КООС касательно её работы по Рабочей программе ответных мер в отношении изменений климата.

---

(80) Председатель КООС сослался на Документ Секретариата SP 8 *Меры, принятые КООС и КСДА во исполнение рекомендаций СЭДА по вопросам, связанным с изменением климата*. Комитет отметил, что Рекомендации 18–30 касаются работы КООС и что все они, за исключением Рекомендаций 18 (о возможности применения более узкого регионального подхода к использованию средств и методов управления охраной окружающей среды) и 29 (о продолжении пристального наблюдения за мировым развитием средств охраны природы, связанных с изменением климата), были включены в Рабочую

программу ответных мер в отношении изменений климата. Поэтому Комитет согласился с тем, что рассмотрение Рекомендаций 18 и 29 поручается Вспомогательной группе для рассмотрения и управления Рабочей программой ответных мер в отношении изменений климата в качестве будущей работы, и КООС не требуются последующие обновления от Секретариата. Комитет отметил, что КСДА может пожелать всё равно получать обновления о ходе работ по реализации Рекомендаций, в частности Рекомендаций 1–17.

(81) Великобритания представила Информационный документ IP 71 *Agreement by CCAMLR to establish time-limited Special Areas for Scientific Study in newly exposed marine areas following ice shelf retreat or collapse in the Antarctic Peninsula region [Составленное АНТКОМ соглашение по формированию особых районов для проведения научных исследований с ограниченным сроком действия в недавно образовавшихся морских районах, обнажившихся в результате отступления или разрушения шельфовых ледников в районе Антарктического полуострова]*, подготовленный совместно с Бельгией, Финляндией, Францией, Германией, Италией, Нидерландами, Польшей, Испанией и Швецией. В нём описывается механизм определения Особых районов научных исследований согласно Охранной мере АНТКОМ 24-04 и применимые меры управления в соответствии с Рекомендацией 26 Совещания экспертов Договора об Антарктике (СЭДА) по вопросам изменения климата (2010 г.).

(82) Комитет с одобрением принял меру АНТКОМ CM 24-04 в качестве положительного вклада в выполнение Рекомендации 26 СЭДА 2010 г.

Пункт 8. Оценка воздействия на окружающую среду (ОВОС)

8a) Проект Всесторонней оценки окружающей среды

(83) В рамках данного пункта повестки дня не было представлено никаких документов.

8b) Другие вопросы ОВОС

(84) Великобритания представила Рабочий документ WP 41 *Оценка воздействия на окружающую среды – обновление по дискуссиям о более широком стратегическом подходе*, подготовленный совместно с Австралией, Бельгией, Новой Зеландией и Норвегией. В документе было отмечено, что в ходе неформальных межсессионных обсуждений

были рассмотрены вопросы более широкого стратегического подхода к Оценке воздействия на окружающую среду (ОВОС), определённые на заседаниях МКГ, созванных в межсессионные периоды 2014/2015 г. и 2015/16 г. с целью пересмотра Руководства по оценке воздействия на окружающую среду Антарктики. Великобритания отметила, что целью документа является не попытка дать обзор прошедших дискуссий, а осветить самые значимые вопросы и области, по которым стороны пришли к общему согласию. Представленные в документе вопросы были разделены на три категории в зависимости от сложности их решения. В документе представлено шесть рекомендаций для КООС по следующим пунктам: Технические задания на проведение межсессионных обсуждений с целью анализа ВООС; создание центрального хранилища для практических рекомендаций и ресурсов по ОВОС (в дополнение к Руководству по ОВОС); эффективность Резолюции 1 (2005 г.); стандартные подходы к фоновым исследованиям окружающей среды; добавление сопутствующих задач по ОВОС в Пятилетний план работы КООС; а также обращение к КСДА за информацией о приоритетах ОВОС.

(85) Комитет поблагодарил Великобританию и соавторов за их работу по подготовке документа и отметил его важность, а также выразил общую поддержку рекомендаций. Кроме того, ряд Членов и АСОК выразили интерес к участию в дальнейших дискуссиях по данному вопросу.

(86) Комитет согласился обновить *Процедуры по межсессионному рассмотрению КООС проектов ВООС* (Приложение 3) и включить в них стандартное Техническое задание, призванное ответить на следующие вопросы:

- в процессе выполнения ВООС: i) было ли полностью определено воздействие предлагаемой деятельности на окружающую среду; а также ii) были ли предложены соответствующие методы по минимизации (уменьшению или предупреждению) такого воздействия.

(87) Комитет также согласился включить следующие меры в Пятилетний план работы КООС:

- обеспечить сотрудничество Членов и Наблюдателей с целью продвижения и координации информации, которая поможет разработке правил определения и оценки кумулятивных воздействий;

- запросить СКАР предоставить руководство о методах оценки исходных условий окружающей среды для ОВОС и в установленном порядке рассмотреть его отчёт;
- поощрять Участников предоставлять свои отзывы об использовании пересмотренного *Руководства по оценке воздействия на окружающую среду Антарктики* при подготовке ОВОС;
- рассмотреть возможные изменения, которые необходимо внести в базу данных ОВОС для улучшения её использования, с перспективой предоставления соответствующих предложений Секретариату.

(88) Применительно к первому пункту маркированного списка, СКАР выразил свою готовность поддержать КООС, предоставив данное руководство, однако предупредил о том, что объём предоставляемой информации будет зависеть от доступных ресурсов для поддержки этой работы.

(89) Комитет согласился с пользой сбора исходных материалов, широко применимых для оказания помощи при подготовке ОВОС и используемых наряду с пересмотренным Руководством по ОВОС. Поскольку стороны не пришли к консенсусу по вопросу того, как мог бы быть представлен данный материал (как центральное хранилище информации, приложение к пересмотренному Руководству по ОВОС или Методическое руководство по ОВОС) в Пятилетний план работы КООС никакие действия добавлены не были. Комитет призвал Членов поделиться своим опытом и ресурсами и отметил возможность рассмотрения презентации материала в будущем, когда будет собрано достаточно такого материала.

(90) Комитет согласился с тем, что Резолюция 1 (2005 г.) остаётся актуальной и продолжает являться источником очень полезной информации.

Рекомендации КООС для КСДА по стратегическим вопросам, относящимся к процессу Оценки воздействия на окружающую среду

(91) Комитет рассмотрел отчёт о межсессионных обсуждениях вопросов, связанных с более широким стратегическим подходом применительно к положениям по ОВОС Приложения I и определённых на заседаниях МКГ, созванных в межсессионные периоды 2014/2015 г. и 2015/16 г. с целью пересмотра Руководства по оценке воздействия на окружающую среду Антарктики, и согласился рекомендовать КСДА выполнить следующее:

- предложить всем Сторонам своевременно и надлежащим образом предоставить информацию, требуемую в Резолюции 1 (2005 г.);
- запросить у КСДА информацию о том, в каком объёме КООС должен начать работу, связанную:
  - Разработка в рамках Системы Договора об Антарктике соответствующих эффективных методов, обеспечивающих предотвращение осуществления проектов, наносящих ущерб окружающей среде.
  - с рассмотрением возможности применения к Антарктике методов скрининга (screening), в рамках которого определяется, необходимо ли оценивать проект с точки зрения воздействия на окружающую среду и насколько детально, и скопинга (scoping), в рамках которого определяются важные проблемы и сферы влияния, а также источники информации для ОВОС, которые широко используются во всем мире в качестве составной части процедуры ОВОС для крупномасштабных проектов;
  - с разработкой порядка проведения регулярного критического анализа осуществления деятельности, разрешённой на основании ВООС (включая оценку соответствия любому условию выдачи разрешения, установленному компетентным органом).

---

(92) Беларусь представила Информационный документ IP 5 *К установлению порогов критических нагрузок и допустимых уровней для окружающей среды Антарктики*, в котором было отмечено, что хотя уникальные экосистемы Антарктического полуострова особенно чувствительны к антропогенному воздействию, такие термины, как «нагрузка», «предел», «пороговое значение» и аналогичные термины редко встречаются в документах КООС. Беларусь подчеркнула, что такие данные из Программ научных исследований СКАР, как О состоянии экосистемы Антарктики (AntEco) и Границы Антарктики – устойчивость и адаптация экосистемы (AnT-ERA), могут помочь установить соответствующие границы. Беларусь предложила КООС рассмотреть добавление задания по разработке методологической и информационной основы для оценки критических уровней нагрузки при пересмотре руководства по подготовке Всесторонней оценки окружающей среды (ВООС).

(93) Германия представила Информационный документ IP 41 *Final Modernisation of GONDWANA-Station, Terra Nova Bay, northern Victoria*

Land [Окончательная модернизация станции ГОНДВАНА, залив Терра Нова, северная часть Земли Виктории], в котором было указано, что все работы по ремонту станции Гондвана были завершены в октябре и ноябре 2016 г. В документе сообщалось, что станция готова обеспечивать проведение научно-исследовательской деятельности в северной части Земли Виктории в течение как минимум 25–30 лет.

(94) Италия представила Информационный документ IP 70 *Final Comprehensive Environmental Evaluation for the construction and operation of a gravel runway in the area of Mario Zucchelli Station, Terra Nova Bay, Victoria Land, Antarctica [Окончательная всесторонняя оценка окружающей среды для строительства и эксплуатации взлётно-посадочной полосы с гравийным покрытием в районе станции Марио Цуккелли, залив Терра Нова, Земля Виктории, Антарктика]*. Документ, содержащий окончательную ВООС, был утверждён Министерством окружающей среды и защиты земель и моря Италии, при этом его подача была разрешена Министерством иностранных дел и международного сотрудничества Италии. В нём было указано, что при подготовке окончательной ВООС были учтены отзывы, полученные от Комитета на XIX заседании КООС. Италия сделала вывод, что преимущества предлагаемой инфраструктуры, включая более надёжное и экономичное управление научной и логистической деятельностью итальянской станции, а также повышение безопасности и расширение сотрудничества с соседними антарктическими программами, будет перевешивать её воздействия на окружающую среду. Италия вновь обратила внимание на то, что она обязуется принять меры для минимизации, в максимально возможной степени, потенциальных воздействий на окружающую среду, связанных со строительством взлётно-посадочной полосы с гравийным покрытием.

(95) Республика Корея поздравила Италию с завершением Окончательной ВООС и отметила, что Италия пересмотрела и прекратила использование взрывчатых веществ при строительстве взлётно-посадочной полосы, чтобы свести к минимуму влияние на соседнюю колонию пингвинов. Республика Корея выразила желание сотрудничать с Италией с целью уменьшения кумулятивных воздействий использования таких веществ.

(96) Комитет поблагодарил Италию за представление Информационного документа IP 70, дав свою оценку тому, как в окончательной ВООС были учтены замечания по проекту ВООС, высказанные на XIX заседании КООС.

(97) Эквадор представил Информационный документ IP 106 *Environmental Compliance Audit of the XX Ecuadorian Antarctic Expedition (2015-2016) [Проверка соответствия экологическим нормам XX антарктической экспедиции Эквадора (2015/16 г.)]*, в котором даётся отчёт о первой проведённой Эквадором Проверке соответствия экологическим нормам с целью оценки воздействия на окружающую среду деятельности, осуществлявшейся на научно-исследовательской станции Педро Висенте Мальдонадо во время 20-й экспедиции.

(98) В рамках данного пункта повестки дня были также представлены следующие документы:

- Документ Секретариата SP 7 rev. 2 *Ежегодный перечень Первоначальных оценок окружающей среды (ПООС) и Всесторонних оценок окружающей среды (ВООС), подготовленных в период с 1 апреля 2016 г. по 31 марта 2017 г.* (СДА);
- Вспомогательный документ BP 3 *Information on the Progress of the Renovation of the King Sejong Korean Antarctic Station on King George Island, South Shetland Islands [Информация о ходе реконструкции корейской антарктической станции Кинг Седжон на острове Кинг-Джордж (Ватерлоо), Южные Шетландские острова]* (Республика Корея).

Пункт 9. Охрана районов и планы управления

9a) Планы управления

i) Проекты Планов управления, рассмотренные Вспомогательной группой по планам управления

(99) Конвинер Вспомогательной группы по планам управления (ВГПУ) Патрисия Ортусар (Patricia Ortúzar) (Аргентина) представила первую часть Рабочего документа WP 45 *Отчёт о работе Вспомогательной группы по планам управления в межсессионный период 2016/17 г.* от имени ВГПУ. Конвинер поблагодарила всех активных участников ВГПУ за их кропотливую работу и напомнила Комитету, что все Члены приглашены присоединиться к ВГПУ. В соответствии с Техническими заданиями № 1–3 ВГПУ подготовила к пересмотру следующие пять проектов планов управления Особо охраняемыми районами Антарктики (ООРА), предложенные КООС для рассмотрения в межсессионный период.

- ООРА № 125: «Полуостров Файлдс» (остров Кинг-Джордж [Ватерлоо]) (Чили).
- ООРА № 144: «Бухта Чили (Бухта Дисковери)» (Остров Гринвич, Южно-Шетландские Острова) (Чили).
- ООРА № 145: «Порт-Фостер» (остров Десепшен (Тейля), Южные Шетландские острова) (Чили).
- ООРА № 146: «Южная Бухта» (Остров Доумер, Архипелаг Палмер) (Чили).
- ООРА № 150: «Остров Ардли» (залив Максвелл, остров Кинг-Джордж [Ватерлоо]) (Чили).

(100) ВГПУ сообщила КООС, что пять планов управления всё ещё находятся на рассмотрении инициатора, поэтому пересмотренные редакции планов всё ещё недоступны для рассмотрения ВПГУ.

ii) Пересмотренные проекты Планов управления, не рассматривавшиеся Вспомогательной группой по планам управления

(101) Комитет рассмотрел пересмотренные планы управления для семи ООРА и одного Особо управляемого района Антарктики (ОУРА). В каждом случае инициатор (инициаторы) подытоживали предложенные изменения, вносимые в существующий план управления, а также рекомендовали Комитету утвердить его и направить в КСДА для принятия.

- Рабочий документ WP 7 rev. 1 *Пересмотр Плана управления Особо охраняемым районом Антарктики (ООРА) № 111 «Южная часть острова Поуэлл и соседние острова» (Южные Оркнейские острова)* (Великобритания).
- Рабочий документ WP 8 *Пересмотр Плана управления Особо охраняемым районом Антарктики (ООРА) № 140 «Части острова Десепшен» (Южные Шетландские острова)* (Великобритания).
- Рабочий документ WP 9 rev. 1, *Пересмотр Плана управления Особо охраняемым районом Антарктики (ООРА) № 129 «Мыс Ротера», (остров Аделейд)* (Великобритания).
- Рабочий документ WP 10 rev. 1 *Пересмотр Плана управления Особо охраняемым районом Антарктики (ООРА) № 110 «Остров Линч» (Южные Оркнейские острова)* (Великобритания).
- Рабочий документ WP 11 rev. 1 *Пересмотр Плана управления Особо охраняемым районом Антарктики (ООРА) № 115*

«Остров Лаготельри» (залив Маргерит, земля Грейама) (Великобритания).

- Рабочий документ WP 12 rev. 1 *Пересмотр Плана управления Особо охраняемым районом Антарктики (ООРА) № 109 «Остров Муэ» (Южные Оркнейские острова* (Великобритания).
- Рабочий документ WP 14 rev. 1 *Обновлённые План управления и карты для Особо управляемого района Антарктики № 5 «Южнополярная станция Амундсен-Скотт» (Южный полюс)* (США и Норвегия).
- Рабочий документ WP 38 *Пересмотр Плана управления Особо охраняемым районом Антарктики (ООРА) № 165 «Мыс Эдмонсон» (залив Вуд, море Росса*) (Италия).

(102) В отношении Рабочих документов WP 7, ред. 1 (ООРА № 111), WP 8 (ООРА № 140), WP 9, ред. 1 (ООРА № 129), WP 10, ред. 1 (ООРА № 110), WP 11, ред. 1 (ООРА № 115) и WP 12, ред. 1 (ООРА № 109) Великобритания отметила, что планы управления были пересмотрены и отредактированы с учётом требований *Руководства по подготовке Планов управления Особо охраняемыми районами Антарктики* (далее – Руководство), и в существующие планы управления было предложено внести лишь незначительные изменения. Планы управления ООРА, в которых присутствовали колонии птиц, были обновлены путём включения положения, согласно которому пролёт дистанционно-пилотируемых авиационных систем (ДПАС) над колониями птиц в пределах Района не допускается за исключением случаев, когда это необходимо в научных или операционных целях согласно разрешению, выданному соответствующей национальной инстанцией. Были добавлены ссылки на Заповедные биогеографические регионы Антарктики (Резолюция 6 [2012 г.]) и на Ключевые орнитологические территории Антарктики (Резолюция 5 [2015 г.]). План управления ООРА № 140 был пересмотрен с целью более эффективной охраны ботанических ценностей; в частности, статус Участка J (конус Перчуч) был изменён на статус Запретной зоны (как это уже было сделано в отношении других участков геотермической активности) и была добавлена ссылка на Кодекс поведения при осуществлении деятельности на наземных участках геотермальной активности в Антарктике, разработанный СКАР.

(103) В отношении Рабочего документа WP 14, ред. 1 (ОУРА № 5) США и Норвегия отметили, что изменения были внесены после консультаций

с более чем 50 членами научного сообщества, группой управления южнополярной станцией Амундсен-Скотт и с использованием данных, полученных от групп посетителей из неправительственных организаций, в том числе МААТО. Изменения, внесённые в план управления, включали в себя корректировки границ секторов для отражения новых данных обследований, переименование нескольких ранее существующих зон в «Зоны ограниченного доступа» в целях обеспечения согласованности с обсуждениями на КООС, касающимися разграничения зон, упрощение Тихого сектора путём удаления «Тихого круга» и предоставление перечня и мест расположения определённых ИМП вместо Исторической зоны.

(104) Применительно к Рабочему документу WP 38 (ООРА № 165) Италия отметила, что были предложены лишь незначительные изменения, включая пересмотр Карты 4 с целью отражения колоний пингвинов, добавления нового сезонного лагеря и пешеходного маршрута. Другие внесённые изменения включали в себя обновление видов деятельности, ссылок и данных учёта численности с целью отражения результатов недавно проведённых научных исследований.

(105) Чтобы учесть замечания, выдвинутые во время заседания в отношении пересмотренных положений касательно использования БПЛА/ДПАС, Комитет согласился на внесение незначительных изменений в пересмотренные Планы управления ООРА № 109, ООРА № 110, ООРА № 111, ООРА № 115 и ООРА № 129. Комитет также согласился с внесением предложенного во время заседания незначительного изменения в карту, содержащуюся в пересмотренной Плане управления ОУРА № 5. Рассмотрев эти изменения, Комитет одобрил все изменённые планы управления, которые не были пересмотрены ВГПУ.

Рекомендации КООС для КСДА относительно пересмотренных планов управления ООРА и ОУРА

(106) Комитет согласился направить следующие пересмотренные планы управления для принятия на КСДА посредством Меры:

ООРА № 109:	«Остров Муэ» (Южные Оркнейские острова)
ООРА № 110:	«Остров Линч» (Южные Оркнейские острова)
ООРА № 111:	«Южная часть острова Поуэлл и соседние острова» (Южные Оркнейские острова)
ООРА № 115:	«Остров Лаготельри» (залив Маргерит, Земля Грейама)
ООРА № 129	«Мыс Ротера» (остров Аделейд)

ООРА № 140:	«Части острова Десепшен (Тейля)» (Южные Шетландские острова)
ООРА № 165:	«Мыс Эдмонсон» (залив Вуд, море Росса)
ОУРА № 5:	«Южнополярная станция Амундсен-Скотт» (Южный полюс)

iii) Новые проекты планов управления для охраняемых и управляемых районов

(107) Новые проекты планов управления для охраняемых и управляемых районов представлены не были.

iv) Прочие вопросы, касающиеся планов управления охраняемыми / управляемыми районами

(108) Китай представил Рабочий документ WP 35 *Отчёт о неформальном обсуждении предложения об определении нового Особо управляемого района Антарктики «Китайская антарктическая станция Куньлунь» (Купол А), состоявшемся в течение межсессионного периода 2016/17 г.* В продолжение дискуссий на предыдущих заседаниях КООС и неформальных межсессионных обсуждений касательно предложения Китая об определении в качестве Особо управляемого района Антарктики китайской антарктической станции Куньлунь (Купол А) в документе было сообщено о дальнейших неофициальных обсуждениях, проведённых Китаем во время межсессионного периода 2016/17 г. в отношении вариантов управления для района Купола А. Китай выразил свою благодарность семи Членам, участвовавшим в неофициальных обсуждениях.

(109) В документе были представлены ответы Китая на замечания, выдвинутые семью участниками, и отмечалось, что: Китай высказал мнение, что охрана и управление Куполом А должны осуществляться в рамках Системы Договора об Антарктике и посредством её инструментов; согласился с тем, что Комитет должен поощрять Членов планировать свою деятельность в районе, чтобы заранее проводить консультации с Китаем на стадии планирования, с учётом положений Статьи 6.1 Протокола по охране окружающей среды и Рекомендации XV-17 (1989 г.); а также выразил признание нескольким Членам, которые поделились своим опытом управления своими антарктическими станциями, но по-прежнему выразил некоторую обеспокоенность в связи с предложением применения национальных процедур Китая.

(110) Китай выразил готовность ознакомиться с потенциальными альтернативными вариантами управления районом и подчеркнул своё мнение о том, что ОУРА

является наиболее подходящим инструментом эффективного управления и охраны научных и экологических ценностей Купола А. Китай сообщил Комитету о своём намерении разработать проект Кодекса поведения как первый возможный вариант управления для Купола А и предложил провести неформальные межсессионные обсуждения в период 2017/18 г. на основе проекта. Китай рекомендовал КООС поддержать данное предложение и призвал заинтересованных и обеспокоенных Членов и организации, таких как СКАР и КОМНАП, принять в этом участие.

(111) Комитет поблагодарил Китай за проведение межсессионных обсуждений и предоставление отчёта в Рабочем документе WP 35. Он также поблагодарил Членов, принявших участие в обсуждениях. Комитет напомнил о недавних дискуссиях по данной теме и приветствовал прогресс, достигнутый в работе. Комитет также приветствовал продолжающееся взаимодействие Китая с другими участниками по вопросу вариантов управления районом Купола А.

(112) Аргентина выразила мнение о том, что все районы должны охраняться с помощью инструментов, предусмотренных в Протоколе и одобренных КСДА, а не полагаться на национальные процедуры, и что любой кодекс поведения должен относиться к управлению деятельностью и поведением персонала в районе, а не к управлению самим районом.

(113) Комитет приветствовал предложение Китая подготовить проект Кодекса поведения для Купола А и провести межсессионные дискуссии на основе такого проекта. Некоторые Члены выразили сомнения касательно идеи утверждения Кодекса поведения посредством Резолюции. Китай пояснил, что не планировал принятие Кодекса поведения с помощью Резолюции на данном этапе, но отметил, что международный интерес к научным исследованиям в районе Купола А растёт, и что может быть целесообразным рассмотреть такую процедуру в будущем. Комитет призвал заинтересованных Членов и Наблюдателей внести свой вклад в данную работу и выразил желание получать дальнейшую информацию о ходе работы.

9b) Исторические места и памятники

(114) Норвегия представила Рабочий документ WP 47 *Отчёт межсессионной контактной группы по разработке методического руководства по определению подходов к сохранению антарктического наследия в контексте необходимых мер по управлению*, разработанный

совместно с Великобританией. Норвегия сообщила о первом периоде МКГ, установленном на XIX заседании КООС с целью разработки методического руководства по определению подходов к сохранению антарктического наследия в контексте необходимых мер по управлению. МКГ обсудила основополагающие принципы, рассмотрела круг подлежащих включению в руководство вопросов, представленных в п. 2 ТЗ, уточнила ряд важнейших основополагающих принципов и начала рассмотрение структуры планируемого методического руководства. МКГ прокомментировала ряд основных вопросов, обсуждавшихся во время заседания МКГ, в том числе: необходимость дополнительного рассмотрения терминов «места» и «памятники» ввиду их различного понимания разными странами; полезность отдельного рассмотрения понятий «ценности наследия» и конкретные «исторические ценности»; необходимость проявления осторожности при введении концепции универсальности; а также целесообразность включения в методическое руководство обзорных материалов по имеющемуся широкому разнообразию альтернативных решений по управлению с акцентом на методах оценки исторических мест и памятников применительно к представленным решениям по управлению. Соавторы рекомендовали Комитету: принять решение о продлении мандата МКГ на межсессионный период 2017/18 г. и согласовать доработанное Техническое задание МКГ для проведения дальнейшей работы до представления методического руководства на рассмотрение XXI заседания КООС.

(115) Комитет поблагодарил Норвегию и Великобританию за проведение первого периода межсессионной работы в МКГ и высоко оценил вклад других участвовавших Членов и Наблюдателей. Комитет поприветствовал отчёт о промежуточных результатах дискуссий МКГ. Комитет признал, что работа МКГ была связана со сложными вопросами и дискуссиями.

(116) Комитет отметил, что необходимость обеспечения равновесия между положениями Приложения III, касающегося очистки, и Приложения V, касающегося охраны исторических мест, была неотъемлемой частью в работе МКГ.

(117) Комитет отметил возможность дополнительного рассмотрения (во время продолжающихся дискуссий МКГ) нескольких вопросов, поднятых в ходе заседания, в том числе: целесообразность главного видения; необходимость дополнительных обсуждений по вопросу определения уровней значимости для мест и памятников на основе

концепции универсальности; дальнейшее рассмотрение способов передачи информации о событиях и действиях, представленных местами и памятниками, и их увековечивания; а также важность рассмотрения воздействий на окружающую среду во время дальнейшей работы.

(118) Комитет согласился с тем, что МКГ продолжит работу в течение межсессионного периода 2017/18 г. со следующими техническими заданиями:

1. Завершение дискуссий и подготовка для рассмотрения на заседании КООС окончательной редакции проекта Руководства по оценке объектов антарктического наследия и исторических мест на основе итогов обсуждения в межсессионный период 2016/17 г. и на XX заседании КООС. Материалы руководства должны включать в себя:

    - методические рекомендации по оценке необходимости и оптимальности предоставления месту и (или) объекту статуса ИМП; а также
    - методические рекомендации по определению оптимальных альтернативных решений по управлению ИМП.

2. Осуществление взаимодействия в своей работе с международными и национальными экспертами в области сохранения объектов наследия (по мере целесообразности).

3. Разработка методического руководства для рассмотрения на XXI заседании КООС.

(119) Комитет поблагодарил Норвегию и Великобританию за их согласие продолжить работу МКГ во время следующего межсессионного периода, призвал к широкому участию во втором раунде обмена мнениями и выразил желание получать дальнейшую информацию на XXI заседании КООС.

(120) В рамках данного пункта повестки дня был также представлен следующий документ:

- BP 4 *Antarctic Historic Resources: Ross Sea Heritage Restoration Project. Conservation of Hillary's Hut, Scott Base, Antarctic HSM 75 [Исторические ресурсы Антарктики: Проект по сохранению наследия моря Росса. Сохранение хижины Хиллари, Скотт-Бейс, антарктического ИМП № 75]*. (Новая Зеландия).

9c) Правила поведения для посетителей участков

(121) МААТО представила Информационный документ IP 164 *Report on IAATO Operator Use of Antarctic Peninsula Landing Sites and ATCM Visitor Site Guidelines, 2016-17 Season [Отчёт об использовании операторами МААТО мест высадки на Антарктическом полуострове и Правила поведения для посетителей участков, подготовленные КСДА для сезона 2016/17 г.]*, в котором приведены данные, собранные МААТО из Форм отчёта о посещении Оператора МААТО за период 2016/17 г. МААТО отметила, что общие показатели масштабов туристической деятельности в Антарктике выросли с пикового сезона 2007/08 г., а в период 2017/18 г., вероятно, вырастут ещё больше, превысив предыдущий уровень. МААТО отметила неравномерность такого роста: несколько районов обеспечили большую часть роста, в то время как в других местах активность деятельности снизилась. МААТО подчеркнула, что более 95 % всего наземного туризма в районе Антарктического полуострова в основном, как и прежде, ограничивается традиционным коммерческим морским туризмом. МААТО отметила, что увеличение количества пассажиров объясняется, главным образом, введением в эксплуатацию новых судов большей пассажирской вместимости. МААТО подчеркнула, что все наиболее посещаемые места регулируются либо Правилами поведения для посетителей участков, подготовленными КСДА, либо Национальными программами на посещаемых участках.

(122) Комитет поблагодарил МААТО за отчёт и приветствовал её постоянное стремление предоставлять КООС информацию о вертолётной площадке операторов МААТО и используемых Правил поведения для посетителей участков.

9d) Пространственная охрана морской среды и меры пространственного управления

(123) Аргентина представила Информационный документ IP 127 *Update on the process of designation of a Marine Protected Area (MPA) in the West Antarctic Peninsula and Southern Arc of Scotia (Domain 1) [Обновление процесса определения Морского охраняемого района (МОР) на западе Антарктического полуострова и в южной части Южно-Антильского хребта (Домен 1)]*, подготовленный совместно с Чили. В нём сообщалось о деятельности, проводимой Аргентиной и Чили с целью определения

приоритетных районов на западе Антарктического полуострова и в южной части Южно-Антильского хребта (Домен 1). Эта стала возможным благодаря участию разных стран с обширным обменом опытом и данными. Соавторы выразили надежду представить предлагаемый МОР для Домена 1 на предстоящем заседании Рабочей группы по мониторингу и управлению экосистемами АНТКОМ (WG-EMM), и призвали Комитет поддержать деятельность АНТКОМ, связанную с процессом определения МОР. Они также призвали Комитет отметить важность работы, проведённой Аргентиной и Чили в сотрудничестве с несколькими Членами с целью определения приоритетных охраняемых районов в Домене 1, и призвали других Членов сотрудничать с Аргентиной и Чили в достижении лучшего понимания работ по извлечению ресурсов в Домене 1, чтобы эффективно спроектировать соответствующий МОР.

(124) Поприветствовав презентацию Аргентины и Чили, предложенную для WG-EMM, АСОК, от имени Международного союза охраны природы (МСОП), проинформировала Комитет о предстоящем четвёртом Международном конгрессе по морским охраняемым районам (IMPAC4), проводимом в Ла-Серена/Кокимбо, Чили, в сентябре 2017 г., а также о специальной сессии, посвящённой антаркстическим МОР и проводимой на заседании.

(125) Комитет поблагодарил Аргентину и Чили за представление документа. Комитет отметил, что в рамках АНТКОМ в надлежащем порядке прошли существенные обсуждения определения МОР в зоне действия Конвенции, но одновременно приветствовал отчёт о ходе работ по планированию в Домене 1, проводимых Аргентиной и Чили.

(126) Великобритания и США отметили, что они уже внесли вклад в разработку предложения и совместно с другими Членами выразили интерес к сотрудничеству с Аргентиной и Чили в этой работе. Комитет отметил замечания, высказанные во время обсуждения, в том числе призыв к участникам проекта применять гибкие инструменты при дальнейшей разработке предложений. Комитет призвал заинтересованных Членов сотрудничать с Аргентиной и Чили в предстоящей работе по направлениям, описанным в документе.

(127) Комитет отметил, что в будущем было бы целесообразно рассмотреть и обсудить средства и возможности исследования связи между океаническими пространствами и наземными территориями, а также могут ли дополнительные меры в рамках Протокола по охране

окружающей среды, в частности Приложения V, поддержать и укрепить инициативы по охране морской среды.

(128) Несколько Членов также воспользовались возможностью отметить успехи АНТКОМ в сфере пространственной охраны морской среды, включая определение МОР в районе моря Росса.

9е) Прочие вопросы, связанные с Приложением V

(129) Координатор ВГПУ Патрисия Ортусар (Patricia Ortúzar), Аргентина, представила вторую часть Рабочего документа WP 45 *Отчёт Вспомогательной группы по планам управления о деятельности в межсессионный период 2016/17 г.*. ВГПУ продолжала работу по разработке руководящих документов для ОУРА в соответствии с пунктами Технического задания № 4 и № 5, касающимися совершенствования планов управления и процесса их межсессионного рассмотрения. Данная работа осуществлялась членами ВГПУ из Норвегии и США, и в Рабочем документе WP 16 Методические материалы по вопросам определения Особо управляемых районов Антарктики (ОУРА) было сообщено о результатах работы. Аргентина также представила предлагаемый план работы ВГПУ на межсессионный период 2017/18 г.

(130) Норвегия представили Рабочий документ WP 16 *Методические материалы по вопросам определения Особо управляемых районов Антарктики (ОУРА)*, подготовленный совместно с США. В документе представлены результаты работы ВГПУ в соответствии с планом работы, согласованным на XIX заседании КООС, по окончательной доработке руководства по оценке района в контексте необходимости его определения в качестве ОУРА и начале работы по разработке руководства по подготовке и представлению плана управления ОУРА в случае положительного решения по его определению. В документе сообщается о том, что обсуждения были конструктивными и плодотворными, а также о том, что к обсуждениям были привлечены девять Членов и Наблюдателей. Комитету было предложено рассмотреть два пакета руководств, при необходимости внести соответствующие поправки, принять их и представить вниманию КСДА с целью оказать содействие их распространению и применению посредством принятия Резолюции.

(131) Отмечая свою роль в качестве неправительственной организации по вопросам охраны и управления окружающей средой Антарктики, АСОК

выразила заинтересованность в дальнейшем участии в дискуссиях о потенциальных ОУРА.

(132) Комитет поддержал *Руководство по оценке района в контексте необходимости определения его в качестве Особо управляемого района Антарктики и Руководство по подготовке Планов управления ОУРА* с изменениями, в которых отражены комментарии, высказанные в ходе заседания.

(133) Комитет признал, что при будущем пересмотре *Руководства по оценке района в контексте необходимости определения его в качестве Особо управляемого района Антарктики* целесообразно включить схему или таблицу, в которых будет проиллюстрирован/обобщён процесс оценки и формулирования выводов по оценке какого-либо района в контексте необходимости определения его в качестве ОУРА. Было отмечено, что это дополнительно улучшит руководство и облегчит процесс принятия решений.

(134) Великобритания отметила, что хотя она и намеревалась убрать из первоначального проекта *Руководства по подготовке Планов управления ОУРА* пункт, касающийся географических названий, с тем, чтобы Руководство было утверждено, тем не менее она хотела особо отметить великолепную работу, проведённую СКАР по разработке редактированию Сводного справочника географических названий Антарктики. Она также отметила свою высокую оценку справочника и выразила мнение, что именно в него следует добавлять новые географические названия.

(135) Комитет поблагодарил ВГПУ за рекомендации, призвал Членов к дальнейшему участию в работе и согласился принять следующий план работы ВГПУ на 2017/18 г.:

Техническое задание	**Предлагаемые рабочие задания**
Пункты 1 – 3 ТЗ	Рассмотрение проектов Планов управления, направленных КООС на рассмотрение в межсессионный период, и выработка рекомендаций их инициаторам (включая пять планов, рассмотрение которых было отложено в межсессионном периоде 2016/17 г.)
Пункты 4 и 5 ТЗ	Проведение работы с соответствующими Сторонами в целях ускорения хода работ по пересмотру планов управления с истёкшими сроками обязательного пятилетнего пересмотра
	Рассмотрение вопроса дальнейшего улучшения Руководства по оценке района в контексте необходимости определения его в качестве Особо управляемого района Антарктики
	Пересмотр и обновление рабочего плана ВГПУ

Рабочие документы	Подготовка отчёта ВГПУ для XIX заседания КООС по пунктам 1–3 ТЗ
	Подготовка отчёта ВГПУ для XIX заседания КООС по пунктам 4 и 5 ТЗ

Рекомендации КООС для КСДА относительно методических материалов по вопросам определения Особо управляемых районов Антарктики (ОУРА)

(136) Комитет одобрил *Руководство по оценке района в контексте необходимости определения его в качестве Особо управляемого района Антарктики и Руководство по подготовке Планов управления Особо охраняемыми районами Антарктики* и согласился направить на утверждение КСДА проект Резолюции, призывающей к их распространению и применению.

(137) Председатель КООС напомнил, что КООС на XIX заседании одобрил разработанный СКАР Кодекс поведения при осуществлении деятельности на наземных участках геотермической активности в Антарктике и согласился с тем, что было бы также целесообразно способствовать распространению и использованию других разработанных СКАР Кодексов поведения посредством Резолюции КСДА.

(138) СКАР представил Рабочий документ WP 17 *Кодекс поведения при разведке и исследовании подледниковых водных сред обитания – СКАР*, в котором содержится проанализированное и пересмотренное руководство по планированию и исследованию подледниковых водных сред обитания. СКАР особо подчеркнул, что при анализе и пересмотре данного добровольного Кодекса поведения были проведены широкие и многосторонние консультации, в том числе с высокопоставленными должностными лицами, экологами, научными экспертами, вспомогательными органами СКАР и Постоянным комитетом по Системе Договора об Антарктике (SCATS). Отмечая, что значительных изменений внесено не было, СКАР рекомендовал КООС рассмотреть пересмотренный Кодекс поведения и, в случае его согласования, оказать содействие в распространении и применении Кодекса поведения при планировании и осуществлении деятельности в подледниковых водных средах обитания.

(139) Комитет поблагодарил СКАР за представленный документ и за проведение обширных консультаций с заинтересованными сторонами

по пересмотру и улучшению добровольного Кодекса поведения. Комитет согласился оказать содействие в распространении и применении Кодекса поведения при планировании и осуществлении деятельности в подледниковых водных средах обитания с учётом незначительных изменений, предложенных во время заседания.

Рекомендации КООС для КСДА относительно разработанного СКАР Кодекса поведения при разведке и исследовании подледниковых водных сред обитания

(140) Комитет поддержал разработанный СКАР *Кодекс поведения при разведке и исследовании подледниковых водных сред обитания* и согласился направить на одобрение КСДА проект Резолюции по оказанию содействия в его распространении и использовании.

---

(141) СКАР представил Рабочий документ WP 18 *Экологический кодекс поведения при осуществлении наземных научных полевых исследований в Антарктике, разработанный СКАР*, в котором содержится проанализированное и пересмотренное руководство по планированию и осуществлению наземных научных полевых исследований в Антарктике. СКАР проинформировал Комитет, что при анализе и пересмотре данного добровольного Кодекса поведения были проведены широкие и многосторонние консультации, в том числе с высокопоставленными должностными лицами, экологами, научными экспертами, вспомогательными органами СКАР и Постоянным комитетом по Системе Договора об Антарктике (SCATS). СКАР сообщил, что в Кодекс поведения были внесены незначительные изменения, дополнения и улучшения. Он порекомендовал КООС изучить Кодекс поведения и, в случае его согласования, способствовать его распространению и использованию при планировании и осуществлении наземных научных полевых исследований в Антарктике.

(142) Комитет поблагодарил СКАР за его работу по пересмотру и улучшению Кодекса поведения. Он подчеркнул важность наличия такого Кодекса поведения, отметив, каким образом такое руководство для конкретных видов деятельности в Антарктике способствует общему улучшению охраны Антарктики. Он также отметил ценность текущей редакции Кодекса.

(143) Хотя некоторые Члены поддержали принятие Кодекса поведения в том виде, в котором он был представлен, другие Члены выразили

мнение о необходимости дополнительных консультаций, в том числе с Национальными антарктическими программами, которые поддерживают деятельность полевых исследователей.

(144) Комитет поприветствовал желание СКАР провести дополнительные консультации, в том числе с КОМНАП, с тем, чтобы представить новую версию для рассмотрения на XXI заседании КООС.

(145) Комитет также поприветствовал сообщение СКАР о том, что он представит *Кодекс поведения по использованию животных для научных целей в Антарктике* на рассмотрение Комитета на XXI заседании КООС.

(146) Аргентина отметила целесообразность представления этих Кодексов Комитету в виде Рабочих документов, что даст возможность их официального перевода на четыре официальных языка Договора об Антарктике.

(147) Великобритания представила Рабочий документ WP 21 *Порядок проведения предварительной оценки ООРА и ОУРА*, подготовленный совместно с Норвегией. Напомнив об обсуждениях, проведённых на XIX заседании КООС, соавторы сообщили о консультациях, проведённых в межсессионный период с заинтересованными Членами, и представили пересмотренный необязательный шаблон для предварительной оценки ООРА. Они рекомендовали КООС признать пользу обеспечения стандартизированного представления информации по определениям предлагаемых новых ООРА в случаях, когда инициаторы посчитают целесообразным привлечь Комитет к обсуждению предварительной оценки, и согласились с тем, что *Руководство: порядок проведения предварительной оценки для определения ООРА и ОУРА* (Приложение 3 к Отчёту XVIII заседания КООС) необходимо изменить и добавить необязательный шаблон предварительной оценки ООРА.

(148) Комитет поблагодарил Великобританию и Норвегию за документ и за проведение консультаций с заинтересованными Членами в межсессионный период. Комитет подчеркнул, что цель шаблона заключается в том, чтобы обеспечить практические и необязательные средства для облегчения представления информации в соответствии с руководством по предварительной оценке, а не в том, чтобы отложить предложения по определению новых районов или воспрепятствовать этому, и не в том, чтобы подразумевать предварительное одобрение определения нового района.

(149) В ответ на вопрос МААТО Великобритания заметила, что идея заключалась в том, чтобы предоставляемая в шаблоне информация в целом основывалась на убедительных научных данных. Были предложены некоторые незначительные изменения, которые были внесены в окончательный вариант шаблона.

(150) Комитет отметил, что шаблон для ОУРА, будучи более сложным вопросом, всё же может быть полезным и способствовать тому, чтобы заинтересованные Члены рассмотрели вопрос разработки такого шаблона.

Рекомендации КООС для КСДА по поводу Руководства: Порядок проведения предварительной оценки для определения ООРА и ОУРА

(151) Комитет согласился рекомендовать КСДА обновить *Руководство: Порядок проведения предварительной оценки для определения ООРА и ОУРА*, принятое на XVIII заседании КООС, и добавить необязательный шаблон предварительной оценки ООРА для облегчения представления информации в соответствии с Руководством (Дополнение 4). Данная новая редакция Руководства заменяет редакцию, приложенную к отчёту XVIII заседания КООС в 2015 году.

---

(152) Австралия представила Рабочий документ WP 29 *Предлагаемое обновление Заповедных биогеографических регионов Антарктики* и указала на Информационный документ IP 15 *Antarctic biogeography revisited: updating the Antarctic Conservation Biogeographic Regions [К вопросу о биогеографии Антарктики: обновление Заповедных биогеографических регионов Антарктики]* (оба документа поданы совместно с Новой Зеландией и СКАР). Документы содержат краткий обзор последнего пересмотра Заповедных биогеографических регионов Антарктики (ЗБРА), принятых согласно Резолюции 6 (2012 г.). В пересмотре отражены обновления основных уровней пространственных данных, в том числе текущее представление свободных ото льда территорий Антарктики и результаты новых исследований, обосновывающих включение дополнительного (16-го) биологически отличного района в регионе Гор Принца Чарльза. В нём сообщается о том, что пересмотренный уровень пространственных данных имелся в наличии в Австралийском центре антарктических данных, и что они будут предоставлены Секретариату Договора об Антарктике для общей оценки и использования. Соавторы рекомендовали КООС одобрить пересмотренные Заповедные биогеографические регионы

Антарктики (ЗБРА, 2-я редакция), направить на утверждение КСДА проект Резолюции, представленный в Рабочем документе WP 29, и обратиться с просьбой к Секретариату Договора об Антарктике сделать обновлённый уровень данных доступным на своём веб-сайте.

(153) Комитет поблагодарил Австралию, Новую Зеландию и СКАР за их работу над Рабочим документом WP 29 и Информационным документом IP 15 и напомнил о своём одобрении ЗБРА на XV заседании КООС как важной рамочной основы для обсуждений пространственных ценностей и охраны окружающей среды в Антарктике, а также последующем утверждении ЗБРА на КСДА посредством Резолюции 6 (2012 г.) в качестве динамической модели руководства работой Комитета.

(154) Комитет согласился с важностью продолжения обновления рамочной основы, в том числе для гарантии того, что она будет включать последние данные о биоразнообразии свободных ото льда территорий Антарктики, полученных из наилучших имеющихся источников. Исходя из этого, Комитет согласился одобрить пересмотренные ЗБРА и обратился с просьбой к Секретариату Договора об Антарктике сделать обновлённый уровень пространственных данных доступным на своём веб-сайте. Комитет также отметил рекомендацию Новой Зеландии сделать доступным обновлённый уровень пространственных данных на карте, представленной на веб-сайте Портала окружающей среды Антарктики.

Рекомендации КООС для КСДА относительно обновления Заповедных биогеографических регионов Антарктики

(155) Комитет рассмотрел результаты последних исследований с целью пересмотра Заповедных биогеографических регионов Антарктики, принятых согласно Резолюции 6 (2012 г.). Для обеспечения того, чтобы работа КООС и Сторон основывалась на самом современном понимании территориального распределения наземного биоразнообразия Антарктики, Комитет рекомендовал КСДА принять пересмотренные Заповедные биогеографические регионы Антарктики (ЗБРА, 2-я редакция) и направить на утверждение КСДА проект Резолюции для замены Резолюции 6 (2012 г.).

---

(156) Великобритания представила рабочий документ WP 37 *Особо охраняемые районы Антарктики и Ключевые орнитологические территории*, поданный совместно с Австралией, Испанией, Новой Зеландией и Норвегией. На основании Резолюции 5 (2015 г.), в

которой КООС поручалось подготовить на рассмотрение КСДА уточнённую информацию о существующей или необходимой степени представленности Ключевых орнитологических территорий (КОТ) в сети ООРА, в данном документе сообщалось о том, что в ходе двух недавно проведённых исследований КОТ изучалось, в какой степени характерные и потенциально уязвимые колонии птиц в настоящее время представлены в сети ООРА. Результаты исследований представлены в Информационном документе IP 16 *Representation of Important Bird Areas in the network series of Antarctic Specially Protected Areas [Представленность Ключевых орнитологических территорий в сети Особо охраняемых районов Антарктики]* (поданном Великобританией, Новой Зеландией и Норвегией) и в Информационном документе IP 17 *High resolution mapping of human footprint across Antarctica and its implications for the strategic conservation of bird life [Картографирование с высоким разрешением следов человеческой деятельности в Антарктике и их последствия для стратегически важного сохранения жизни птиц]* (поданном Великобританией и Испанией). Соавторы Рабочего документа WP 37 отметили важность охраны колоний различных видов антарктических птиц, а также необходимость применения более согласованного подхода к охране всех местных видов антарктических птиц. Соавторы также разъяснили, что не следует предполагать, что все КОТ необходимо определять в качестве ООРА, а также то, что колонии птиц, которые не являются КОТ, не должны рассматриваться для определения в качестве ООРА. Соавторы Рабочего документа WP 37 рекомендовали Комитету рассмотреть результаты данных исследований и призвать заинтересованных Членов провести дальнейшую работу в межсессионный период с тем, чтобы разработать критерии для оценки целесообразности присвоения колониям птиц статуса ООРА, в том числе определить значение понятия «крупные колонии гнездящихся птиц», как это указано в Статье 3 (2)(c) Приложения V к Протоколу, и рекомендовать Комитету список КОТ, отвечающих этим критериям.

(157) Комитет поблагодарил авторов представленных на совещании документов за их помощь Комитету при рассмотрении запроса, содержащегося в Резолюции 5 (2015 г.). Комитет согласился с рекомендациями Рабочего документа WP 37 провести работу в межсессионный период с тем, чтобы разработать критерии для оценки целесообразности присвоения колониям птиц статуса ООРА, в том числе определить значение понятия «крупные колонии гнездящихся

птиц», как это указано в Статье 3 (2)(с) Приложения V к Протоколу, и рекомендовать Комитету список КОТ, отвечающих этим критериям.

(158) Комитет поприветствовал предложение Великобритании возглавить неформальное обсуждение в межсессионный период при консультациях с заинтересованными Членами и Наблюдателями. Многие Члены выразили заинтересованность в участии в такой работе в межсессионный период. Комитет отметил, что во время работы в межсезонный период могут быть дополнительно рассмотрены вопросы, поднятые Членами в ходе обсуждения на заседании, в частности: важность рассмотрения также соответствующей информации, отличной от представленной в Информационных документах IP 16 и IP 17, в том числе прошедших экспертную оценку данных наземной проверки и текущих исследований, упомянутых несколькими Членами; существующие механизмы охраны и управления на участках, которые не определены в качестве ООРА; актуальность механизмов, указанных в Приложении II, которые играют важную роль в охране колоний антарктических птиц. Касательно последнего пункта, Комитет приветствовал недавнее вступление в силу пересмотренного Приложения II.

(159) Относительно Информационного документа IP 17, Комитет подчеркнул важность рассмотрения оценки, представленной в свете результатов наземной проверки, проведённой путём полевых исследований и мониторинга с учётом особенностей конкретных участков, а также результатов исследования антропогенного воздействия. Комитет также отметил комментарий Нидерландов в отношении потенциально более широкой значимости результатов, представленных в данном документе, для дальнейшего обсуждения Комитетом вопроса расширения следов человеческой деятельности и охраны первозданной природы в Антарктике, а также призыв к дальнейшей работе.

(160) Комитет отметил замечания Аргентины касательно методов и результатов, содержащихся в научной статье, приложенной к Информационному документу IP 17. Аргентина выразила мнение, что ценности для следов человеческой деятельности, связанные с колонией птиц возле станции Эсперанса, не включают в себя наземные данные и другую относящуюся к делу информацию, что может привести к ложным результатам. В связи с этим Аргентина отметила, что эту оценку следует использовать с оглядкой.

(161) Бельгия представила Рабочий документ WP 42 *Предварительная оценка предлагаемого Особо охраняемого района Антарктики (ООРА) в горах Сёр-Рондане*. Бельгия уведомила Комитет о том,

что она провела предварительную оценку предлагаемого ООРА в соответствии с Приложением V к Протоколу и Руководством: *Порядок проведения предварительной оценки для определения ООРА и ОУРА* (см. Приложение 3 к Отчёту XVIII заседания КООС). Бельгия обратилась к Членам с просьбой предоставить дополнительные рекомендации о дальнейших действиях, в том числе в отношении составления проекта Плана управления. Бельгия рекомендовала Комитету: согласиться с тем, что ценности, содержащиеся в предлагаемом ООРА в горах Сёр-Рондане, заслуживают особой охраны; одобрить разработку под руководством Бельгии Плана управления Районом и предложить заинтересованным Членам неформально сотрудничать с Бельгией в межсессионный период при разработке Плана управления для его возможного представления на XXI заседании КООС.

(162) Комитет поприветствовал информацию, представленную Бельгией согласно *Руководству: Порядок проведения предварительной оценки для определения ООРА и ОУРА* и соответствующему необязательному шаблону. Комитет отметил, что данный документ предоставляет Членам возможность своевременно включиться в процесс рассмотрения предложения и оказать помощь в его разработке. В то же время Комитет подчеркнул, что Руководство не носило обязательного характера и не предназначалось для того, чтобы предоставлять или подразумевать предварительное одобрение определения Комитетом.

(163) Комитет согласился с тем, что ценности окружающей среды и научные ценности участка гор Сёр-Рондане, в том числе в целом слабо изученные организмы, заслуживают дальнейшего рассмотрения в контексте необходимости определения в качестве ООРА, в том числе лучшей представленности ООРА в ЗБРА 6. Также было отмечено, что информация, представленная на XL КСДА, свидетельствовала о потенциальном росте перемещений в районе в будущем, что может обосновать необходимость охраны районов девственной природы в этом регионе. Комитет поприветствовал намерение Бельгии продолжить разработку проекта Плана управления для этого района и отметил, что несколько Членов выразили заинтересованность в том, чтобы внести свой вклад в эту работу. Он предложил другим заинтересованным Членам и Наблюдателям сотрудничать с Бельгией в межсессионный период.

(164) Комитет отметил ряд участков и тем для возможного дополнительного рассмотрения Бельгией. Среди них: рассмотрение вопроса дополнительного

разъяснения ценностей района с учётом положений Приложения V, включая «уникальные ценности»; рассмотрение вопроса преимущества определения района в качестве ООРА с учётом существующих мер по управлению; рассмотрение вопроса последствий возможного расширения деятельности в районе; рассмотрение вопроса деятельности, связанной с историческими ценностями, что могло бы помочь в определении возможных ненарушенных территорий, которые могут потребовать дополнительной специальной охраны; возможность исключения участков, покрытых льдом, находящихся между свободными ото льда участками; возможность включения хребта Утштайнен в предлагаемый район; определение возможных рисков, связанных со взаимодействием деятельности станции и рассматриваемого района; предоставление дополнительной информации о наличии колонии буревестников и возможного наличия эндемичных микроорганизмов и лишайников.

(165) В качестве общего замечания Комитет высказал мнение, что Члены, использующие шаблон предварительной оценки, в будущем смогут предоставлять описание ценностей рассматриваемого района в дополнение к определению наличия или отсутствия конкретных типов ценностей.

(166) Комитет поблагодарил Бельгию за её работу и будет рад слышать о дальнейших успехах в будущем. Бельгия поблагодарила Комитет за положительный отзыв о Рабочем документе WP 42 и отметила, что она намерена принимать во внимание все соображения.

(167) АСОК представила Информационный документ IP 149 *ASOC update on Marine Protected Areas in the Southern Ocean 2016-2017 [Обновлённая информация АСОК по Морским охраняемым районам в Южном океане в 2016-2017 гг.]*, в котором содержится информация об обсуждениях Морских охраняемых районов (МОР), которые проводились во время XXXV совещания АНТКОМ в октябре 2016 года. АСОК отметила, что после утверждения Морского охраняемого района в регионе моря Росса АНТКОМ теперь может рассмотреть вопросы утверждения дополнительных МОР в Южном океане. АСОК сообщила, что работы по определению МОР для Восточной Антарктики и моря Уэдделла можно продолжить во время XXXVI совещания АНТКОМ в октябре 2017 года, и отметила, что предложения по МОР для данных двух регионов впервые были внесены, соответственно, в 2010 и 2016 году. АСОК также отметила, что антарктический туристический оператор опубликовал заявление о поддержке существующих и будущих МОР в Южном океане, и выразила надежду, что другие туристические операторы

последуют этому примеру. АСОК рекомендовала КООС отметить успехи, достигнутые АНТКОМ в утверждении МОР в Южном океане, и призвала АНТКОМ продолжать работу по данному вопросу до её завершения, а также рекомендовала КООС рассмотреть вопрос разработки аналогичного процесса последовательного планирования мер по охране окружающей среды с учётом расширения сети морских и наземных охраняемых районов в Антарктике. АСОК также отметила, что АНТКОМ, КООС и КСДА следует своевременно обращать внимание на согласованность работы в вопросах пространственной охраны морской среды.

(168) МААТО поблагодарила АСОК за предоставление полезного обзора, который может представлять интерес для тех, кто не охвачен мероприятиями АНТКОМ. Подтверждая комментарий АСОК, МААТО сообщила, что её Секретариат в занимается сбором информации по данному вопросу, чтобы облегчить принятие решений Членами МААТО.

(169) АСОК представила Информационный документ IP 153 *Considerations for the systematic expansion of the protected areas network [К вопросу о последовательном расширении сети охраняемых районов]*, в котором АСОК отметила, что система ООРА является недостаточной для охраны ценностей, перечисленных в Приложении V к Протоколу. АСОК высказала мнение о том, что для расширения системы ООРА КСДА следует приступить к реализации процесса последовательного планирования мер по охране окружающей среды, направленных на выявление и определение новых ООРА. АСОК проинформировала КООС о том, что она собрала диалоговую базу данных, которая, как она надеется, может быть полезной при определении новых ООРА. АСОК рекомендовала Комитету: продолжить пополнять перечень соответствующих имеющихся метаданных с целью совершенствования классификации окружающей среды Антарктики, созданной с использованием анализа экологических доменов, и её применения для систематического развития системы охраняемых районов; приступить к реализации процесса последовательного планирования мер по охране окружающей среды на срок от пяти до десяти лет с целью создания сети охраняемых районов в районе действия Договора об Антарктике в соответствии со Статьями 3 (1) и (2) Приложения V; дополнить данный процесс использованием других инструментов защиты районов, в том числе ООРА, и других инструментов, доступных в рамках системы Договора об Антарктике (таких как МОР АНТКОМ).

(170) Комитет поблагодарил АСОК за её документы и отметил, что некоторые проблемы, рассмотренные в Информационном документе IP 153, уже поднимались в Рабочей программе ответных мер в отношении изменения климата (CCRWP) как вопросы, требующие внимания в будущем. Комитет согласился с тем, что расширение сети охраняемых районов является важным вопросом, который он обязуется изучить в будущем.

(171) СКАР представил Информационный документ IP 166 *Systematic Conservation Plan for the Antarctic Peninsula [Комплексный план сохранения окружающей среды Антарктического полуострова]*, подготовленный совместно с МААТО. МААТО и СКАР отметили, что они недавно пришли к соглашению предпринять совместные усилия по разработке комплексного плана сохранения окружающей среды Антарктического полуострова, в частности, с учётом управления долгосрочной экологичностью антарктического туризма. Отметив, что это была новая инициатива, СКАР пригласил заинтересованных Членов к сотрудничеству в данном процессе.

(172) Комитет поблагодарил МААТО и СКАР за рекомендации, представленные в Информационном документе IP 166. Несколько Членов и Наблюдателей выразили заинтересованность в том, чтобы внести свой вклад в данную инициативу, в том числе обменяться опытом других соответствующих работ, а также участвовать в обсуждениях по определению целей и задач сохранения окружающей среды и рассмотрению вопросов взаимодействия между данной работой и другими работами, которые проводят или планируют КООС и его Члены. Комитет отметил сообщение МААТО о том, что данная инициатива является частью многонаправленной стратегии, которую разрабатывает МААТО для управления будущим ростом, в том числе управления участками, и призвал заинтересованных Членов обращаться к МААТО или СКАР, которые приветствуют сотрудничество.

(173) Португалия представила Информационный документ IP 23 *Historical and geo-ecological values of Elephant Point, Livingston Island, South Shetland Islands [Исторические и гео-экологические ценности мыса Элефант, остров Ливингстон (Смоленск), Южные Шетландские острова]*, поданный совместно с Бразилией, Великобританией и Испанией. В документе содержится информация о высокой экологической ценности и историческом значении свободного ото льда участка мыса Элефант (остров Ливингстон [Смоленск], Южные Шетландские острова,

Антарктика) и подчёркивается важность всех пяти видов ценностей, указанных в Приложении V к Протоколу (экологических, научных, исторических, эстетических ценностей и ценностей дикой природы). Португалия отметила, что документ предназначен для информирования о рассмотрении Комитетом вопросов охраны данного района и управления им, возможно, путём определения в качестве ООРА или путём включения его в близлежащий ООРА № 126 «Полуостров Байерс» (остров Ливингстон [Смоленск], Южные Шетландские острова).

(174) МААТО проинформировала Комитет о том, что участок на мысе Элефант (остров Ливингстон [Смоленск]) используется туристическими операторами. МААТО сообщила, что в прошлом сезоне на участке побывали около 1900 посетителей и что в отсутствие конкретных правил поведения для посетителей участка управление высадкой на берег осуществлялось на основании Общего руководства для посетителей Антарктики (включённого в состав Резолюции 3 (2011 г.) в качестве приложения) и механизмов МААТО. МААТО предложила внести свой вклад в будущие обсуждения в виде экспертных знаний об участке, если это потребуется.

(175) Комитет выразил заинтересованность в получении новой информации, когда соавторы продолжат разрабатывать варианты охраны мыса Элефант и управления им.

(176) Австралия представила Информационный документ IP 25 *Report of the Antarctic Specially Managed Area No. 6 Larsemann Hills Management Group [Отчёт Группы управления по Особо управляемому району Антарктики № 6 «Холмы Ларсеманн»]*, поданный совместно с Индией, Китаем и Российской Федерацией. В документе содержится краткое сообщение о деятельности, осуществлённой в период 2015-2016 гг. Группой управления, созданной для осуществления надзора за реализацией Плана управления ОУРА № 6 «Холмы Ларсеманн». Группа обращала внимание на следующие основные вопросы: координация деятельности авиации, сотрудничество в области научных исследований и планируемые улучшения главного пути доступа в район. Австралия также отметила, что в течение следующего периода возглавлять Группу управления будет Китай.

(177) Новая Зеландия представила Информационный документ IP 86 *Use of UAS for Improved Monitoring and Survey of Antarctic Specially Protected Areas [Использование БАС для улучшения мониторинга и исследования Особо охраняемых районов Антарктики]*, в котором содержится краткий

обзор последних работ, выполненных учёными Новой Зеландии, которые использовали дистанционно-пилотируемые авиационные системы для проведения высокоразрешающих исследований в двух Особо охраняемых районах Антарктики в районе моря Росса: ООРА № 154 «Залив Ботани» и ООРА № 155 «Мыс Эванс». Новая Зеландия сообщила о том, что исследования в заливе Ботани будут завершены в течение сезона 2017/18 г. и что обновлённый План управления будет подготовлен на основании результатов исследований и будет представлен на XXI заседании КООС.

(178) Великобритания отметила, что подход Новой Зеландии к использованию БПЛА/ДПАС для мониторинга и исследования ООРА указывает путь в будущее для мониторинга охраняемых районов в Антарктике и что такая технология расширит возможности для более глубокого понимания охраняемых районов.

(179) В рамках данного пункта повестки дня были также представлены следующие документы:

- Информационный документ IP 34 *Workshop on Environmental Assessment of the McMurdo Dry Valleys: Witness to the Past and Guide to the Future (United States) [Семинар по оценке воздействия на окружающую среду в Сухих долинах Мак-Мёрдо: свидетельство о прошлом и руководство на будущее* (США)].
- Информационный документ IP 44 *Существенные изменения в ООРА № 151 «Лайонз-Рамп» (остров Кинг-Джордж (Ватерлоо), Южные Шетландские острова)* (Польша).
- Информационный документ IP 73 *Deception Island Antarctic Specially Managed Area (ASMA No. 4) - 2017 Management report [Особо управляемый район Антарктики «Остров Десепшен (Тейля)» (ОУРА № 4). Отчёт об управлении в 2017 году]* (Аргентина, Великобритания, Испания, Норвегия, США и Чили).

Пункт 10. Сохранение антарктической флоры и фауны

10a) Карантин и неместные виды

(180) Великобритания представила подготовленный совместно с Испанией Рабочий документ WP 5 *Протокол ответных мер в отношении неместных видов (Алгоритм ответных действий в отношении неместных видов)*, в котором содержится рекомендательный Алгоритм

ответных действий, способствующий принятию взвешенных решений в случае выявления на территории, подпадающей под действие Договора об Антарктике, предполагаемых неместных видов. В документе отмечается, что КООС неоднократно заострял внимание на необходимости дальнейшей разработки рекомендаций, направленных на оказание помощи Сторонам в принятии ответных мер в отношении возможной интродукции неместных видов.

(181) Соавторы документа рекомендуют Комитету провести обсуждение представленного Алгоритма ответных действий в межсессионный период с целью последующего принятия и включения его в состав Руководства КООС по неместным видам на XXI заседании КООС.

(182) Комитет выразил благодарность Великобритании и Испании за подготовку представленного рекомендательного Алгоритма ответных действий и отметил, что проделанная работа имеет непосредственное отношение к удовлетворению потребностей и реализации мер, предусмотренных Руководством КООС по неместным видам, пятилетним планом работы КООС и Рабочей программой ответных мер в отношении изменений климата. Комитет заострил внимание на целесообразности и важности включения данного Алгоритма ответных действий в состав Руководства по неместным видам.

(183) Ряд Членов Комитета отметили готовность принять Алгоритм ответных действий в том виде, в котором он представлен в Рабочем документе WP 5. Остальные Члены Комитета высказались в поддержку дальнейшего обсуждения вопросов, поднятых в документе. Комитет поддержал предложение Великобритании и Испании о проведении консультаций с заинтересованными Членами в межсессионный период по вопросу доработки Алгоритма ответных действий с целью последующего включения его в состав Руководства КООС по неместным видам на XXI заседании КООС.

(184) Комитет отметил, что в межсессионный период следует по мере целесообразности обсудить ряд замечаний и предложений, высказанных Членами Комитета, в том числе вопросы необходимости проведения оценки воздействия ответных действий на окружающую среду, вопросы, связанные с вероятностью присутствия в течение некоторого времени лишь недавно выявленных неместных видов и идею разработки наглядного пособия, помогающего выявлять конкретные виды на местах, в качестве дополнения к Руководству по неместным видам.

(185) Норвегия высказала соображение более широкого плана в отношении возможности последующего рассмотрения Комитетом условий, при которых ответные действия в отношении неместных видов следует рассматривать в качестве составной части действий в чрезвычайных ситуациях в соответствии с положениями Протокола и, следовательно, не требующих предварительной оценки воздействия на окружающую среду.

(186) Комитет особо отметил любезное предложение СКАР представить на XXI заседание КООС документ с информацией об имеющихся наработках, знаниях и опыте в области выявления неместных видов.

(187) В отношении доработки Руководства по неместным видам Комитет пришёл к согласию о нижеследующем:

- руководство является динамично развивающимся документом, открытым для доработки с целью включения в него передовых методов и наработок;
- секретариату следует производить соответствующее обновление интернет-версии Руководства после каждого заседания КООС с целью отражения в ней всех изменений, одобренных Комитетом;
- внесенные изменения должны быть отмечены соответствующим образом, указывающим на их одобрение Комитетом без наличия официального утверждения КСДА;
- в Пятилетнем плане работы КООС предусматривается положение о периодическом всестороннем пересмотре Руководства и представлении новой редакции документа на утверждение КСДА в рамках соответствующей Резолюции.

(188) В соответствии с достижением вышеупомянутого согласия Комитет обратился с просьбой к Секретариату о выполнении соответствующего обновления интернет-версии Руководства по неместным видам с учётом решений Комитета по следующим вопросам:

- обновление данных в отношении Заповедных биогеографических регионов Антарктики (Рабочий документ WP 29);
- одобрение подготовленного *СКАР Кодекса поведения при разведке и исследовании подледниковых водных сред обитания* (Рабочий документ WP 17);
- включение ссылки на Руководство по неместным видам, разработанное Аргентиной и распространяющееся на деятельность

в рамках её национальной антарктической программы (Информационный документ IP 128 rev. 1).

(189) Республика Корея представила Рабочий документ WP 26 *Неместные виды мошек в системах обработки сточных вод на острове Кинг-Джордж (Ватерлоо), Южные Шетландские острова*, подготовленный совместно с Великобританией, Уругваем и Чили. В документе отмечается, что на XIX заседании КООС было принято решение о необходимости проверки установок по очистке сточных вод на заражённость неместными видами беспозвоночных Сторонами, имеющими научно-исследовательские станции на острове Кинг-Джордж (Ватерлоо), и проведения, в случае их выявления, совместных исследований по определению происхождения этих видов и организации практических и скоординированных ответных мер по искоренению или контролю двукрылых. Документ содержит информацию о распространении двукрылых в естественной окружающей среде и на территории станций и о первых согласованных международных действиях по борьбе с двукрылыми.

(190) Комитет с удовлетворением воспринял Рабочий документ WP 26 и выразил благодарность соавторам документа за предоставление оперативной информации по вопросам, обсуждавшимся на XIX заседании КООС. Комитет поздравил участвующие Стороны с результатами проводимой работы по борьбе с неместными видами двукрылых в установках по чистке сточных вод на ряде научно-исследовательских станций на острове Кинг-Джордж (Ватерлоо). Комитет призвал Стороны, имеющие станции на острове Кинг-Джордж (Ватерлоо), к проведению проверки своих объектов и осуществлению непрерывного и периодического мониторинга окружающей среды на наличие каких-либо неместных видов двукрылых. Комитет также призвал Стороны к совместной разработке согласованных типовых программ мониторинга и борьбы с двукрылыми в целях обеспечения эффективного контроля за их распространением и к участию в совместном исследовательском проекте. В этой связи Комитет отметил желание и готовность Аргентины и Китая, которые также имеют станции на территории острова, присоединиться к данной совместной деятельности.

(191) Комитет также отметил информацию КОМНАП в отношении того, что его Членами разработаны вопросник и учебные программы по неместным видам, и о готовности Совета к оказанию помощи в осуществлении данной деятельности при возникновении такой необходимости.

(192) В ответ на поступившие вопросы Республика Корея проинформировала о проведении очистки отстойников сточных вод и использовании ловушек для насекомых на своей станции. Однако, ввиду того, что данные мероприятия к сожалению не принесли желаемого результата в борьбе с двукрылыми, планируется дальнейшая работа по использованию других методов борьбы. Комитет выразил надежду на представление информации по данному вопросу на следующем заседании.

(193) Польша представила Информационный документ IP 47 *Eradication of a non-native grass Poa annua L. from ASPA No. 128 Western Shore of Admiralty Bay, King George Island, South Shetland Islands [Искоренение неместной травы Poa annua L. на территории ООРА № 128 «Западный берег залива Адмиралти» (остров Кинг-Джордж (Ватерлоо), Южные Шетландские острова)]*. В данном документе представлены результаты научного исследования по искоренению неместного вида травы Poa annua на территориях ООРА № 128 и станции Арцтовски. В документе также содержится информация о последующих шагах, предпринятых в антарктическом сезоне 2016/17 г., и содержится вывод о том, что работы по полному искоренению относятся к разряду долгосрочных проектов.

(194) Комитет выразил благодарность Польше за представление данного документа. На основании выполнения предшествующей просьбы в отношении предоставления оперативной информации о ходе данной деятельности и одобрения текущей деятельности по искоренению и мониторингу Комитет поздравил Польшу с продолжением работы и выразил надежду на дальнейшее предоставление Польшей оперативной информации в отношении успешного осуществления этой деятельности.

(195) Аргентина представила Информационный документ IP 128 rev. 1 *Prevention of the Introduction of Non-native Species to the Antarctic Continent: Argentine Antarctic Program Operations Manual [Предотвращение интродукции неместных видов на территорию антарктического континента: Руководство по осуществлению деятельности в рамках аргентинской антарктической программы]*. В документе представлена информация о разработке Аргентиной руководства, направленного на предотвращение распространения неместных видов в результате осуществления деятельности в рамках национальной антарктической программы, включающей в себя широкий спектр научно-исследовательских работ и операций по материально-техническому обеспечению. Руководство было разработано в виде

специальных информационных бюллетеней и организовано в отношении логистических средств (склады для хранения грузов, воздушные и морские суда) и в отношении соответствующего персонала (логистического и научного). В документе особо подчёркивается, что это Руководство является первым документом по данному вопросу на этом языке, и что все изначальные материалы представлены на испанском языке, что представляет ценность для антарктических программ других испаноязычных стран. Аргентина выразила готовность поделиться данным Руководством с другими Членами Комитета и вышла с предложением о рассмотрении Руководства в рамках КООС и включении его в раздел руководств и источников информации Руководства КООС по неместным видам.

(196) Комитет поблагодарил Аргентину за предоставление в распоряжение руководства по предотвращению интродукции неместных видов при осуществлении деятельности в рамках национальной антарктической программы. Ряд Членов Комитета отметили полезность и ценность наличия данных материалов на испанском языке, которые могут быть использованы и внедрены в практику национальными программами других испаноязычных стран по своему усмотрению. Комитет поддержал предложение Аргентины о включении Руководства в раздел руководств и источников информации Руководства КООС по неместным видам.

(197) В рамках данного пункта повестки дня были также представлены следующие документы:

- Информационный документ IP 54 *Detection and eradication of a non-native Collembola incursion in a hydroponics facility in East Antarctica [Выявление вторжения и искоренение неместного вида Collembola на гидропонном объекте в Восточной Антарктиде]*(Австралия).

10b) Особо охраняемые виды

(198) В рамках данного пункта повестки дня не было представлено никаких документов.

10c) Прочие вопросы, связанные с Приложением II

(199) СКАР представил подготовленный совместно с Бельгией и Монако Рабочий документ WP 13 *Антарктика и Стратегический план по*

биоразнообразию на 2011–2020 гг. В документе представлена краткая информация об итогах и рекомендациях совещания, состоявшегося под эгидой СКАР, Княжества Монако и ряда партнёров в июне 2015 года по вопросам оценки биоразнообразия Антарктики и Южного океана и его природоохранного статуса в контексте Стратегического плана по биоразнообразию на 2011–2020 гг. и его Айтинских целевых задач. По результатам оценки были сделаны следующие основные выводы: пять целей Стратегического плана и Айтинские целевые задачи тесно переплетаются с многоплановой и способствующей решению вопросов работой в рамках СДА по обеспечению всесторонней охраны окружающей среды Антарктики, а соглашения в рамках СДА предоставляют беспрецедентную возможность повышения эффективности природоохранной деятельности в течении следующих пяти лет, особенно с учётом Сантьягской декларации, принятой на XXXIX КСДА – XIX заседании КООС, и поддержки природоохранной деятельности со стороны всех организаций, осуществляющих деятельность в регионе. Соавторы документа рекомендуют Комитету рассмотреть вопрос о разработке совместно с организациями-партнёрами комплексной стратегии и плана мероприятий по сохранению биоразнообразия Антарктики и Южного океана. Это будет способствовать претворению в жизнь обязательств Консультативных Сторон Договора об Антарктике в отношении дальнейшего усиления работы по сохранению и охране наземной и морской среды Антарктики и ляжет в основу вклада Антарктики и Южного океана в поистине глобальную оценку состояния биоразнообразия и мер по управлению им в 2020 году. Бельгия высказала мнение, что портал *"biodiversity.aq"* мог бы сыграть ключевую роль в этом процессе.

(200) Комитет выразил благодарность Бельгии, Монако и СКАР за представленный документ и за их неустанные усилия в области оценки состояния биоразнообразия Антарктики и Южного океана. Ряд Членов Комитета поддержали рекомендацию в отношении рассмотрения Комитетом вопроса о разработке комплексной стратегии и плана мероприятий по сохранению биоразнообразия Антарктики и Южного океана. Некоторые из этих членов отметили, что эта работа согласуется со Статьёй 3(2) Договора. Другие Члены Комитета, несмотря на отсутствие поддержки данной рекомендации с их стороны, заявили о своей поддержке дальнейшей работы КООС в целях обеспечения более глубокого понимания вопросов биоразнообразия и его сохранения в Антарктике, в том числе продолжение работы, планируемой Бельгией,

Монако и СКАР, и с удовлетворением восприняли информацию СКАР о его успехах, достигнутых в области реализации своей природоохранной стратегии.

(201) Комитет отметил, что более глубокое понимание состояния биоразнообразия Антарктики также будет способствовать глобальным усилиям по сохранению биоразнообразия, и особо отметил, что Система Договора об Антарктике является отвечающим требованиям механизмом, обеспечивающим возможность сохранения биоразнообразия в районе действия Договора об Антарктике. Комитет подчеркнул, что в настоящее время реализуется целый ряд мер, направленных на обеспечение высокого уровня охраны и сохранения всей Антарктики в соответствии с требованиями положений Протокола по охране окружающей среды и Конвенции АНТКОМ. Комитет позволил себе напомнить о том, что значительная часть его работы направлена на обеспечение охраны и сохранения биоразнообразия Антарктики, включая мероприятия, предусмотренные пятилетним планом работы и программой CCRWP. Комитет с одобрением воспринял деятельность Бельгии, Монако, СКАР и других Членов в отношении разработки научно-доказанных средств и выработки научно обоснованных подходов, в том числе в рамках проведения предстоящего семинара, запланированного на июль 2017 года, способствующих КООС в решении проблем, связанных с сохранением биоразнообразия, и призвал участников этой деятельности обращаться с предложениями по рассмотрению соответствующих вопросов в рамках КООС.

(202) АСОК выразила признательность соавторам документа за проделанную работу в области оценки состояния биоразнообразия Антарктики и привлечение внимания к вопросам, требующим направления дополнительных усилий. В частности АСОК отметила, что потепление и закисление Южного океана и связанное с этим воздействие на экосистемные услуги настоятельно требуют приложения существенных усилий по управлению этими глобальными услугами и их защите. АСОК особо отметила необходимость приложения дополнительных усилий в вопросах определения охраняемых районов, как на суше, так и в морской среде, и в частности необходимость определения в качестве таковых наземных и морских районов, являющихся характерными и важными в отношении биоразнообразия. АСОК поддержала предложение соавторов документа в отношении разработки Комитетом комплексной стратегии и плана мероприятий по сохранению биоразнообразия Антарктики и Южного океана. АСОК отметила, что

в этом случае к 2020 году можно было бы надеяться на достижение существенного прогресса в реализации комплексной стратегии и плана мероприятий.

Беспилотные летательные аппараты и дистанционно пилотируемые авиационные системы

(203) Комитет позволил себе напомнить о предшествующем обсуждении вопросов воздействия на окружающую среду Антарктики беспилотных летательных аппаратов (БПЛА) / дистанционно пилотируемых авиационных систем (ДПАС), достижении предварительного согласия СКАР в отношении представления им на XX заседание КООС доклада по вопросам воздействия этих аппаратов на диких животных и принятии решения о дальнейшем рассмотрении на XX заседании КООС вопросов разработки методического руководства по экологическим аспектам применения БПЛА/ДПАС в Антарктике. Напомнив о том, что данная тема обсуждалась в течение ряда лет, Комитет также отметил, что в Многолетнем стратегическом плане работы КСДА предусмотрено рассмотрение рекомендаций КООС по данному вопросу на XL КСДА.

(204) СКАР представил Рабочий документ WP 20 *Уровень изученности реакции диких животных на дистанционно пилотируемые авиационные системы (ДПАС)* со ссылкой на Вспомогательный документ BP 1 *Best Practice for Minimising Remotely Piloted Aircraft System Disturbance to Wildlife in Biological Field Research [Передовые практические методы сведения к минимуму причинения беспокойства диким животным дистанционно пилотируемыми авиационными системами при проведении биологических исследований в полевых условиях]*, в которых содержится обобщённая информация в отношении чувствительности диких животных к ДПАС на основании данных 23 научных публикаций. Данный документ согласуется с рекомендациями, содержащимися в Рабочем документе WP 27, представленном на XXXVIII КСДА, и поддерживает вывод об отсутствии универсального подхода к обеспечению уменьшения причинения беспокойства диким животным и очевидной необходимости учёта в методическом руководстве особенностей конкретного участка и конкретных видов животных, а также типа используемой ДПАС, включая её шумовые характеристики. СКАР рекомендует Комитету рассмотреть возможность использования предварительных передовых практических рекомендаций в отношении применения всех видов ДПАС вблизи мест обитания диких животных

в Антарктике в том виде, в котором они представлены в Рабочем документе WP 20, до разработки общего руководства. В документе также определены приоритетные направления, касающиеся дальнейшего изучения вопросов причинения беспокойства диким животным Антарктики при использовании ДПАС.

(205) Германия представила Информационный документ IP 38 *Use of UAVs in Antarctica, A competent authority's perspective and lessons learned [Применение БПЛА в Антарктике, точка зрения компетентного органа и полученный практический опыт]*, в котором представлена точка зрения компетентного органа в отношении различных аспектов применения БПЛА в Антарктике. Основываясь на опыте, приобретённом при выдаче разрешений на использование и в ходе применения беспилотных летательных аппаратов в Антарктике различными заинтересованными сторонами, Германия отметила наличие потребности в методическом руководстве по применению БПЛА в Антарктике. Германия также призвала другие национальные компетентные органы к обмену опытом по вопросам процедур или порядка выдачи разрешений на применение БПЛА.

(206) Польша представила Информационный документ IP 45 *UAV remote sensing of environmental changes on King George Island (South Shetland Islands): update on the results of the third field season 2016/2017 [Дистанционное зондирование изменения условий окружающей среды при помощи БПЛА на острове Кинг-Джордж (Ватерлоо): новые данные по итогам третьего полевого сезона 2016/17 г.]*, в котором представлена оперативная информация о результатах успешно проведённого полевого сезона по выполнению программы мониторинга в целях сбора геопространственных данных о состоянии окружающей среды при помощи БПЛА самолётного типа. Польские научные работники использовали БПЛА с поршневым двигателем для сбора данных о численности популяций пингвинов и ластоногих, распределении растительных сообществ и их картографирования, а также для наблюдений за причинением беспокойства морским слонам при пролёте над ними. Польша выразила благодарность Чили за оказание помощи в осуществлении деятельности с использованием БПЛА.

(207) Польша представила Информационный документ IP 46 *UAV impact – problem of a safe distance from wildlife concentrations [Воздействие БПЛА, к вопросу о соблюдении безопасного расстояния до скоплений диких животных]*, в котором содержится информация о научном исследовании причинения беспокойства БПЛА гнездящимся пингвинам

Адели, а также о приобретённом в течение трёх антарктических сезонов опыте применения БПЛА самолётного типа для сбора различных данных об окружающей среде. В отношении сбора данных об окружающей среде в документе отмечается, что большое количество соответствующих предварительных испытаний фотовидеокамеры и датчиков было выполнено в Польше до использования аппаратуры в реальных полевых условиях. В качестве приложения к документу Польша также представила проект руководства по применению БПЛА самолётного типа вблизи колоний диких животных, разработанного польской национальной программой.

(208) КОМНАП представил Информационный документ IP 77 *Update from the COMNAP Unmanned Aerial Systems Working Group (UAS-WG) [Оперативная информация Рабочей группы КОМНАП по беспилотным авиационным системам (РГ-БАС)]*. В документе освещается два вопроса, имеющие самое непосредственное отношение к обсуждению в рамках КООС. Первый вопрос касается результатов анализа применения ДПАС в Антарктике национальными антарктическими программами, которые свидетельствуют о том, что у 80% соответствующих государств имеется внутреннее законодательство в отношении применения ДПАС, при этом 33% этих государств используют его для проведения операций в Антарктике. Второй вопрос касается освещения широкого спектра применения ДПАС в научных целях и в вопросах, связанных с охраной окружающей среды.

(209) СКАР проинформировал о проведении в настоящее время значительных исследований в области применения ДПАС в Антарктике. По вопросу безопасного расстояния от ДПАС до колоний птиц СКАР подчеркнул тот факт, что рекомендации, представленные в Рабочем документе WP 20, являются скорее мерой предосторожности, хотя и имеют под собой научное обоснование. СКАР отметил, что он и впредь намерен ориентироваться на научно доказанные данные и призвал к поддержке дальнейших исследований в данной области.

(210) Комитет выразил благодарность СКАР за обстоятельный доклад об изученности вопроса причинения беспокойства диким животным при использовании ДПАС в Антарктике, а также поблагодарил авторов других информационных документов, представленных вниманию Комитета. Комитет вновь признал преимущества использования БПЛА/ДПАС для научных исследований и мониторинга, в том числе в вопросах потенциального снижения экологических рисков. Комитет признал

полезность передовых практических рекомендаций по соблюдению мер предосторожности при использовании ДПАС вблизи мест обитания диких животных, представленных в Рабочем документе WP 20, и принял решение о способствовании распространению и применению данных рекомендаций в качестве временной меры до разработки общего руководства по экологическим аспектам применения БПЛА/ДПАС в Антарктике. Комитет отметил, что в процессе последующей межсессионной деятельности следует рассмотреть вопросы, связанные с другими воздействиями БПЛА/ДПАС на окружающую среду Антарктики (не относящимися к причинению беспокойства диким животным), вопросы, связанные с выработкой рекомендаций по их применению в контексте конкретных условий участков и видов диких животных, а также вопросы перспективной оценки применения БПЛА/ДПАС при реализации научно-исследовательских проектов.

(211) Комитет поддержал рекомендацию СКАР в отношении того, что при проведении дальнейших исследований в отношении причинения БПЛА/ДПАС беспокойства диким животным Антарктики следует рассмотреть следующие аспекты:

- видовое обилие, включая летающих морских птиц и тюленей;
- поведенческие и физиологические реакции;
- демографическое воздействие, включая влияние на число размножающихся животных и успех размножения;
- условия окружающей среды, например ветер и шум;
- степень воздействия ДПАС в зависимости от их размеров и технических характеристик;
- влияние уровня шума, производимого ДПАС, на степень беспокойства диких животных;
- проведение сравнительного анализа с контрольными участками и антропогенным воздействием;
- эффект привыкания.

(212) Комитет отметил, что перечень научных потребностей, представленный в Рабочем документе WP 34, может быть соответствующим образом уточнён при его доработке на XXI заседании КООС.

(213) КОМНАП с удовлетворением воспринял рекомендации СКАР, которые были доведены до членов Совета и будут использованы в качестве справочного материала при пересмотре Руководства КОМНАП по БАС,

добавив при этом, что он согласен с целесообразностью разработки руководства по применению ДПАС в конкретных ситуациях. МААТО проинформировала о согласии членов ассоциации продлить действие запрета на применение БПЛА/ДПАС в рекреационных целях в прибрежных районах.

(214) Комитет принял решение о создании МКГ по вопросам разработки методического руководства по экологическим аспектам применения БПЛА/ДПАС в Антарктике. Комитет отметил, что в своей работе МКГ может опираться на Рабочий документ WP 20 (XL КСДА, СКАР), Информационный документ IP 77 (XL КСДА, КОМНАП) и другие документы по данному вопросу, представленные вниманию заседаний КООС, а также на результаты проводимых научных исследований и накопленный опыт национальных компетентных органов.

(215) Комитет пришёл к согласию о том, что деятельность МКГ будет осуществляться в рамках следующего Технического задания (ТЗ):

1. проведение анализа и уточнение имеющейся информации по экологическим аспектам применение БПЛА/ДПАС, включая накопленный опыт по их применению национальными антарктическими программами и МААТО;
2. сбор информации, имеющейся у компетентных органов по экологическим аспектам используемых процедур или порядка выдачи разрешений на применение БПЛА/ДПАС;
3. разработка с использованием подхода, основанного на принципе «осторожности», методического руководства по экологическим аспектам применения БПЛА/ДПАС в Антарктике с учётом различных целей их применения (например, научные исследования, материально-техническое обеспечение, коммерческое и рекреационное применение) и типов применяемых БПЛА/ДПАС, включая применение в контексте конкретных условий участков и видов диких животных;
4. представление отчёта о результатах работы и проекта методического руководства на XXI заседании КООС.

(216) Комитет с удовлетворением воспринял предложение д-ра Хайке Хераты (Heike Herata), Германия, выступить в качестве координатора работы МКГ.

(217) СКАР, КОМНАП и МААТО выразили готовность и впредь участвовать в работе Комитета по данным вопросам, включая взаимодействие с МКГ.

Рекомендации КООС для КСДА по вопросам применения беспилотных летательных аппаратов (БПЛА) и дистанционно пилотируемых авиационных систем (ДПАС)

(218) Отметив тот факт, что в Многолетнем стратегическом плане работы КСДА предусмотрено рассмотрение рекомендаций КООС в отношении применения БПЛА/ДПАС, Комитет пришёл к согласию о представлении на рассмотрение КСДА следующих рекомендаций:

- поддержать распространение и применение передовых практических рекомендаций по соблюдению мер предосторожности при использовании в Антарктике беспилотных летательных аппаратов (БПЛА) / дистанционно пилотируемых авиационных систем (ДПАС) вблизи мест обитания диких животных в том виде, в котором они представлены в Рабочем документе WP 20;
- признать необходимость рассмотрения вопросов, изложенных в Рабочем документе WP 20, при проведении дальнейших исследований в отношении причинения БПЛА/ДПАС беспокойства диким животным Антарктики; а также
- принять решение о создании межсессионной контактной группы по вопросам разработки методического руководства по экологическим аспектам применения БПЛА/ДПАС в Антарктике для представления его на рассмотрение на XXI заседании КООС.

---

(219) Аргентина представила Рабочий документ WP 44 *Механизмы охраны колонии императорских пингвинов острова Сноу-Хилл на северо-востоке Антарктического полуострова*, содержащий информацию по оценке различных механизмов охраны колонии императорских пингвинов на острове Сноу-Хилл в современных условиях изменения климата и антропогенных нагрузок на окружающую среду. Аргентина отметила, что необходимо начать обсуждение различных механизмов обеспечения дополнительной охраны для колонии. В рамках Системы Договора об Антарктике существуют различные способы обеспечения дополнительной охраны, например определение Особо охраняемых видов (ООВ), создание Особо охраняемых районов Антарктики (ООРА) и регулирование посещений посредством внедрения Правил поведения

для посетителей участков. Подчёркивая свою уверенность в том, что имеется достаточно оснований для внесения предложения об охране колонии посредством определения ООРА, Аргентина отметила, что процесс фактического определения может занять несколько лет. Пока не будет определено, следует ли применить этот охранный механизм или другую более строгую меру, в соответствии с превентивным подходом Аргентина представила ряд конкретных руководящих принципов поведения на месте для острова Сноу-Хилл в связи с расположенной здесь колонией императорских пингвинов, которые следует безотлагательно принять и ввести в действие. Аргентина порекомендовала КООС оценить целесообразность принятия дополнительных мер по охране колонии императорских пингвинов на острове Сноу-Хилл; рассмотреть правила поведения, представленные в Приложении к Рабочему документу WP 44, на предмет их применения до оценки необходимости более жёстких ограничительных охранных механизмов и оказать помощь в определении альтернативных охранных механизмов, которые не были рассмотрены в документе Рабочем документе WP 44.

(220) СКАР обратил внимание Комитета на недавно опубликованную работу под редакцией Робина Кристофари (Robin Cristofari) *Full circumpolar migration ensures unity in the Emperor penguin [Миграция в полном составе в циркумполярном регионе обеспечивает единство императорских пингвинов]*, опубликованную в журнале *Nature Communications* в 2016 году. В этой работе содержится предположение о том, что императорские пингвины представляют собой единую демографическую совокупность, а это означает, что местное поведение императорских пингвинов может находиться под влиянием процессов, происходящих в отдалённых районах континента. Великобритания отметила своё намерение представить на XXI заседании КООС доказательства изменения популяции колонии императорских пингвинов в регионе Антарктического полуострова, что, по её мнению, внесёт определённый вклад в этот анализ.

(221) Комитет выразил признательность Аргентине за представленный документ и пришёл к согласию в отношении важности проведения оценки в контексте необходимости принятия дополнительных мер по охране колонии императорских пингвинов на острове Сноу-Хилл. Комитет пришёл к согласию рекомендовать введение в действие *Правил поведения в районе колонии императорских пингвинов на острове Сноу-Хилл*, представленных в Рабочем документе WP 44 в качестве

временной меры до проведения оценки необходимости применения более строгих механизмов охраны.

(222) Комитет пришёл к согласию в отношении оказания поддержки Аргентине в её дальнейшей работе по разработке механизмов охраны колонии и призвал заинтересованных Членов Комитета и Наблюдателей принять участие в данной работе. Комитет призвал Членов к продолжению исследований в отношении императорских пингвинов с целью мониторинга динамики демографических показателей колоний. Комитет также с удовлетворением воспринял информацию МААТО о том, что правила поведения будут распространены среди Членов ассоциации и Комитету будут предоставлены замечания и пожелании в отношении их применения. Комитет с удовлетворением воспринял информацию СКАР в отношении соответствующих недавних исследований, результаты которых могут оказаться полезными при последующем рассмотрении данных вопросов Аргентиной и Комитетом. Комитет выразил надежду на представление Аргентиной оперативной информации по данному вопросу на следующем заседании.

Рекомендация КООС для КСДА по вопросу механизмов охраны колонии императорских пингвинов на острове Сноу-Хилл

(223) Комитет пришёл к согласию сообщить КСДА о том, что он с одобрением воспринят Рабочий документ WP 44, и рекомендовать введение в действие *Правил поведения в районе колонии императорских пингвинов на острове Сноу-Хилл* в качестве временной меры до проведения оценки необходимости применения более строгих механизмов охраны.

---

(224) Испания представила Информационный документ IP 20 *The role of monitoring, education and EIA in the prevention of vegetation trampling within ASPA No. 140, Site C: Caliente Hill [Роль мониторинга, разъяснительной работы и ОВОС в предотвращении вытаптывания растительности на территории ООРА № 140, Участок C (холм Кальенте)]*, подготовленный совместно с Великобританией. Документ содержит обобщённую информацию по вопросу кумулятивного вытаптывания редких растительных сообществ в местах геотермического нагревания почвы на Участке С: (холм Кальенте) на территории ООРА № 140 «Части острова Десепшен (Тейля)». В документе сообщается о разработке соавторами документа высокоточной системы картирования, нанесении на карту каждого сообщества и планируемой рассылке данной информации всем туроператорам и научным работникам,

осуществляющим деятельность в данном районе. Соавторы документа призвали другие Стороны, осуществляющие деятельность в данном районе, к проведению разъяснительной работы среди научных работников и работников служб материально-технического обеспечения, имеющих доступ в район, по вопросам уязвимости растительных сообществ и включить меры по уменьшению степени вероятного вытаптывания в документы по ОВОС предлагаемых полевых исследований.

(225) Германия обратила внимание Комитета на Информационный документ IP 37 *Bird Monitoring in the Fildes Region [Мониторинг птиц в районе полуострова Файлдс]* и Информационный документ IP 39 *Study on monitoring penguin colonies in the Antarctic using remote sensing data [Исследования по мониторингу колоний пингвинов в Антарктике с использованием данных дистанционного зондирования]* и особо отметила, что полные отчёты по каждому исследовательскому проекту можно найти в интернете по следующим ссылкам: Информационный документ IP 37 *http://www.umweltbundesamt.de/publikationen/monitoring-the-consequences-of-local-climate-change* and IP 39 *https://www.umweltbundesamt.de/publikationen/monitoring-penguin-colonies-in-the-antarctic-using.*

(226) В рамках данного пункта повестки дня также был представлен следующий документ:

- Информационный документ IP 75 *A report on the development and use of the UAS by the US National Marine Fisheries Service for surveying marine mammals [Доклад о результатах разработки и применения БАС Национальной службой по определению морских рыбных ресурсов (США) для учёта морских млекопитающих].*

Пункт 11. Экологический мониторинг и представление данных об окружающей среде

(227) Комитет напомнил о том, что на XXXIX КСДА к КООС обратились с просьбой разработать серию пороговых уровней «наилучших оценок» для содействия руководству мониторинговой деятельностью, как предписано в Рекомендации 7 по результатам исследования КООС в области туристической деятельности, проведённого в 2012 г. Он отметил, что Рекомендация 7 ссылается на Рекомендацию 3, являющуюся предметом текущей работы по разработке метода оценки чувствительности участков, используемых посетителями.

(228) Австралия представила Информационный документ IP 83, rev. 1 *Update on work to develop a methodology to assess the sensitivity of sites used by visitors [Обновлённые результаты работы по разработке метода оценки чувствительности участков, используемых посетителями]*, подготовленный совместно с Великобританией, Новой Зеландией, Норвегией и США, и в сотрудничестве с МААТО. В этом документе представлены обновлённые результаты работы, проведённой после XIX заседания КООС, с целью разработки метода оценки чувствительности участков, используемых посетителями (Рекомендация 3), и планируемые следующие шаги. После обсуждения этой темы на XIX заседании КООС в 2016 году другие Члены и Наблюдатели высказали свои предложения, касающиеся дальнейшей разработки проекта метода чувствительности участков. Авторы планировали пересмотреть метод, учитывая высказанные предложения, и затем провести предварительное испытание для подготовки к потенциальным полевым испытаниям. Кроме того, в документе представлены начальные предложения соавторов относительно Рекомендации 7, касающейся исследования КООС пороговых уровней «наилучших оценок» для содействия руководству мониторинговой деятельностью в области туристической деятельности, проведённого в 2012 г. Они отметили, что пороговые уровни для руководства мониторингом участков и управленческой деятельностью будут определены в ходе анализа чувствительности участков к посещениям и дальнейшая работа по разработке метода оценки чувствительности участков будет являться соответствующим следующим шагом для выполнения Рекомендации 3 и Рекомендации 7.

(229) Комитет поблагодарил авторов документа и одобрил их текущую работу по разработке метода оценки чувствительности участков, используемых посетителями, отметив, что эта работа будет способствовать выполнению Рекомендации 3 и Рекомендации 7 по результатам исследования КООС в области туристической деятельности.

(230) МААТО заявила о своей готовности внести вклад в этот процесс, если это потребуется.

Рекомендации КООС для КСДА касательно рекомендаций по результатам исследования КООС в области туристической деятельности, проведённого в 2012 г.

(231) Комитет отметил, что на XXXIX КСДА к КООС обратились с просьбой разработать серию пороговых уровней «наилучших оценок» для содействия руководству мониторинговой деятельностью, как

предписано в Рекомендации 7 по результатам исследования КООС в области туристической деятельности, проведённого в 2012 г. Он изучил отчёт о текущей работе согласно Рекомендации 3 с целью разработки метода оценки чувствительности участков к посещениям туристов и отметил, что эта работа также имеет отношение к Рекомендации 7.

---

(232) ВМО представила Информационный документ IP 113 *The Global Cryosphere Watch and CryoNet [Система глобального наблюдения за криосферой Земли и сеть CryoNet]*. Она объяснила, что Система глобального наблюдения за криосферой Земли (GCW), после того, как заработает в полную силу, позволит оценивать криосферу и изменения в ней, и даст широкий доступ к информации о криосфере. Кроме того, она сделала доклад о сети стандартизированных наблюдательных станций GCW (CryoNet) и заявила о том, что восемь стран, имеющих станции в Антарктике, пообещали включить станции в сеть наблюдения GCW. ВМО призвала Членов и Наблюдателей рассмотреть вопрос участия в GCW (возможность включения, при наличии, наблюдательных станций, которыми они управляют или которые они используют, в число участков или станций CryoNet; добавить в GCW известную им информацию о существующих источниках данных о криосфере в Антарктике, чтобы такая информация была доступна на портале данных GCW).

(233) Кроме того, ВМО представила Информационный документ IP 114 *The Polar Space Task Group: Coordinating Space Data in the Antarctic Region [Целевая группа по наблюдению из космоса: координатное пространство в антарктическом регионе]*. Она рассказала о работе Целевой группы по наблюдению из космоса, в чьи полномочия входит сбор и распространение данных спутникового наблюдения, оказание помощи в разработке продуктов для криосферных и полярных научных исследований и применений. К числу этих продуктов относится обширная комбинация средств измерения высоты при помощи дополнительных спутниковых радиолокационных станций, изображения с РЛС с синтезированной апертурой, оптические изображения и ряд гравиометрических данных. К прочим инструментам, разработанным для облегчения доступа к этим рядам данных, относится инструмент регистрации гравиметрического изменения массы антарктического ледового щита в масштабе времени, разработанный Дрезденским техническим университетом (*https://data1.geo.tu-dresden.de/ais_gmb/*), и ENVEO CryoPortal (*http://cryoportal.enveo.at/*). Кроме того, Группа разработала продукты для атмосферы и морского льда.

(234) Комитет напомнил о важности деятельности ВМО в области изучения климата в антарктическом регионе.

(235) Португалия представила Информационный документ IP 22 *Trace element contamination and availability within the Antarctic Treaty Area [Загрязнение микропримесями и наличие микропримесей в зоне действия Договора об Антарктике]*, подготовленный совместно с Великобританией, Германией, Российской Федерацией и Чили. Этот документ основан на предыдущих отчётах о наличии микропримесей в образцах почвы и морской воды, отобранных на Полуострове Файлдс и в ООРА № 150 «Остров Ардли», в которых сказано, что загрязнение возникло из конкретных антропогенных источников и может оказать негативное воздействие на местную биоту. Инициаторы призвали Членов поделиться данными о своих наблюдениях для содействия дальнейшему проведению исследований в области мониторинга и разработки концепции, а также рассмотреть возможность применения соответствующих методов контроля загрязнения и восстановления.

(236) СКАР представил Информационный документ IP 68 *Update on activities of the Southern Ocean Observing System (SOOS) [Обновлённые результаты деятельности в рамках Системы наблюдения за Южным океаном (SOOS)]*. Он отметил, что Рабочая группа для наблюдения за популяциями животных из космоса в рамках SOOS занималась разработкой экономичного метода дистанционного наблюдения за популяциями животных из космоса согласно дискуссии Комитета по этому вопросу. Он также сообщил, что в 2018 году состоится международная конференция, организованная в рамках SOOS, Оценка морской экосистемы в Южном океане, целью которой является оценка состояния и тенденций сред обитания, основных видов и экосистем в Южном океане. Он отметил, что SOOS полностью соответствует целям Комитета и играет большую роль для понимания Южного океана и его экосистемы.

(237) ВМО отметила значительную ценность SOOS и подчеркнула важность продолжения её финансирования. Кроме того, она выразила признательность Австралии и Швеции за постоянную поддержку.

(238) Комитет напомнил о важности работ, выполненных SOOS для облегчения сбора и передачи наблюдений о динамике и изменении систем Южного океана.

(239) Новая Зеландия представила Информационный документ IP 76 *Supporting the analysis of environments and impacts: A tool to enable*

broader-scale environmental management [Содействие анализу сред обитания и влияния: инструмент для более широкомасштабной природоохранной деятельности]. Она представила новую информацию об исследовательском проекте Новой Зеландии по разработке инструмента, помогающего в планировании, разрешении и осуществлении деятельности в Антарктике, ограничивая неблагоприятное воздействие на окружающую среду Антарктики. Новая Зеландия подчеркнула, что этот инструмент будет удобен для пользователей, и пригласила Членов продолжить участие в разработке данного инструмента.

(240) Комитет поблагодарил Новую Зеландию за документ, приветствовал дальнейшую разработку инструмента и выразил свою заинтересованность в дальнейших отчётах о разрабатываемом инструменте.

(241) СКАР представил Информационный документ IP 81 *Report of Oceanites, Inc. [Отчёт фонда Oceanites, Inc.]*, подготовленный после XXXIX КСДА, включая результаты последнего 23-го полевого сезона Инвентаризации антарктических участков, последние сведения о приложении Oceanites для картографирования популяций пингвинов и прогнозируемой динамики, анализ климатических изменений, выполненный Oceanites, и мероприятия по сохранению пингвинов, а также вступительный отчёт *State Of Antarctic Penguins [Состояние антарктических пингвинов]*.

(242) Великобритания напомнила, что она много лет сотрудничает с фондом Oceanites и продолжает поддерживать его действия.

(243) МААТО заявила, что её суда поддерживают работу фонда Oceanites с момента его создания, оказывая логистическое содействие и проводя сбор данных, и её операторы будут продолжать оказывать такую поддержку.

(244) В рамках данного пункта повестки дня были также представлены следующие документы:

- Информационный документ IP 8 *Field Project Reviews: Fulfilling Environmental Impact Assessment (EIA) Monitoring Obligations [Обзор полевых проектов: мониторинг оценки воздействия на окружающую среду]* (США).
- Информационный документ IP 34 *Workshop on Environmental Assessment of the McMurdo Dry Valleys: Witness to the Past and Guide to the Future [Семинар по оценке воздействия на окружающую*

среду в Сухих долинах Мак Мёрдо: свидетельства прошлого и руководство на будущее] (США).

- IP 79 *Environmental monitoring of the reconstruction work of the Brazilian Antarctic Station (2015/16 and 2016/17) [Экологический мониторинг работ по реконструкции Бразильской антарктической станции (2015/16 и 2016/17 г.)]* (Бразилия).
- Документ Секретариата SP 9 *Обновлённые данные касательно текущего состояния рекомендаций по результатам исследования КООС в области туристической деятельности, проведённого в 2012 г.* (СДА).
- Вспомогательный документ BP 8 *Using virtual reality technology for low-impact monitoring and communication of protected and historic sites in Antarctica [Использование технологии виртуальной реальности для осуществления мониторинга с минимальным воздействием на окружающую среду и передачи информации об охраняемых и исторических участках в Антарктике]* (Новая Зеландия).

Пункт 12. Отчёты об инспекциях

(245) Чили представила Рабочий документ WP 43 *Общие рекомендации по результатам совместных инспекций, проведённых Аргентиной и Чили в соответствии со Статьёй VII Договора об Антарктике и Статьёй 14 Протокола по охране окружающей среды* и сослалась на Информационный документ IP 126 Report of the *Joint Inspections' Program undertaken by Argentina and Chile under Article VII of the Antarctic Treaty and Article 14 of the Environmental Protocol [Отчёт о Программе совместных инспекций, реализованной Аргентиной и Чили в соответствии со Статьёй VII Договора об Антарктике и Статьёй 14 Протокола по охране окружающей среды]*. Оба документа подготовлены совместно с Аргентиной. Соавторы обратили внимание на общие комментарии и рекомендации, касающиеся совместных инспекций, проведённых в соответствии со Статьёй VII Договора об Антарктике и Статьёй 14 Протокола по охране окружающей среды. Они основаны на опыте, полученном в ходе совместных инспекций Аргентины и Чили с 20 января по 24 февраля 2017 г. на станции Иоганна Грегора Менделя (Чешская Республика) и станции Ротера (Великобритания). Аргентина и Чили сообщили, что обе станции соответствуют Протоколу по охране окружающей среды, и отметили достижения в области эффективного

использования энергии, ряд полезных руководств и обучение на станциях, а также важность мероприятий по ликвидации отходов, включая старые отходы. Кроме того, Аргентина и Чили сердечно поблагодарили Чешскую Республику и Великобританию за их сотрудничество и гостеприимство во время инспекций, и отметили, что инспекции являются ценным инструментом для обучения как для инспектирующих, так и для инспектируемых сторон.

(246) Чешская Республика поблагодарила Аргентину и Чили за их совместную инспекцию станции Иоганна Грегора Менделя и приветствовала их конструктивные рекомендации, являющиеся полезным вкладом в улучшение использования станций. Она также поблагодарила Аргентину и Чили за то, что они отметили высокий процент возобновляемых источников энергии на станции.

(247) Великобритания поблагодарила Аргентину и Чили за их совместную инспекцию станции Ротера. Она отметила преимущества снижения использования ископаемых видов топлива. Кроме того, она обозначила параметры, контролируемые на находящемся рядом ООРА № 129 «Мыс Ротера» (остров Аделейд), отметив, что они включают в себя мониторинг количества поморников и успеха гнездования, мониторинг загрязнения почвы, поиск неместных видов и изучение содержания металла в лишайниках. Великобритания отметила, что предстоящие Первоначальные оценки окружающей среды (ПООС) для модернизации причала и станции появится на сайте Антарктического управления Великобритании (BAS) и в базе данных ОВОС.

(248) Комитет поблагодарил Чили и Аргентину за отчёт о проведении инспекций в 2017 г. Он приветствовал положительное заключение группы инспекторов, касающееся высокой степени соответствия Протоколу по охране окружающей среды и использования возобновляемых источников энергии, ликвидации отходов, наличия последних протоколов по охране окружающей среды на проинспектированных станциях. Отметив, что КСДА тоже изучит отчёт о проведении инспекции, Комитет выразил поддержку в отношении общих рекомендаций, представленных в Рабочем документе WP 43.

(249) В ходе дискуссии был затронут ряд общих вопросов, в том числе ценность наличия свежей информации в СЭОИ; ценность предыдущих отчётов о проведении инспекций для планирования инспекций; преимущества совместных инспекций; ценность получения отчётов от проинспектированных Сторон о предпринятых действиях,

учитывая рекомендации, высказанные после проведения инспекций. Комитет одобрил отчёты, представленные Польшей (BP 7) и Чешской Республикой (BP 14).

(250) Австралия представила Информационный документ IP 30 *Australian Antarctic Treaty and Environmental Protocol inspections: December 2016 [Инспекции, проведённые Австралией в рамках Договора об Антарктике и Протокола по охране окружающей среды: декабрь 2016 г.]*. Она сделала доклад об инспекции Южнополярной станции Амундсен-Скотт, используемой США, и Особо управляемого района Антарктики (ОУРА) № 5 Южнополярная станция Амундсен-Скотт, проведённой австралийскими наблюдателями в декабре 2016 г. Она обратила внимание КООС на заключение группы инспекторов о том, что ОУРА № 5 используется эффективно и выполняет предусмотренные цели по управлению, а также что Южнополярная станция Амундсен-Скотт используется в соответствии с положениями и целями Протокола по охране окружающей среды. США поблагодарили Австралию за проведённую инспекцию.

(251) Комитет приветствовал положительное заключение группы инспекторов о том, что ОУРА № 5 эффективно выполняет предусмотренные цели по управлению и Южнополярная станция Амундсен-Скотт используется в соответствии с положениями и целями Протокола по охране окружающей среды.

(252) В рамках данного пункта повестки дня были также представлены следующие документы:

- Вспомогательный документ BP 7 *Measures taken on the recommendations by Inspection team at Arctowski Polish Antarctic Station in 2016/2017 [Меры, предпринятые на основании рекомендаций группы инспекторов на польской антарктической станции Арцтовски в 2016/17 г.]* (Польша).
- Вспомогательный документ BP 14 *Follow-up to the Recommendations of the Inspection Teams at the Eco-Nelson Facility [Контроль выполнения рекомендаций групп инспекторов в отношении сооружения ЭкоНельсон]* (Индия).

Пункт 13. Общие вопросы

(253) Китай представил Рабочий документ WP 36 *Зелёная экспедиция в Антарктику*, подготовленный совместно с Австралией, Великобританией, Германией, Индией, Новой Зеландией, Норвегией, США, Республикой Корея, Францией и Чили. В документе представлена концепция «Зелёной экспедиции», которая подразумевает продвижение природосберегающих видов деятельности в Антарктике лицами, планирующими и осуществляющими деятельность, и предполагает минимизацию воздействия на окружающую среду всеми способами. Это предполагает внедрение методов и руководящих указаний, подробно изложенных в Резолюциях и являющихся предметом дискуссий на заседаниях КООС и на КСДА, а также новых методов, разработанных с использованием последних достижений в области современного управления и технологий. Документ содержит предлагаемую Резолюцию, призывающую Стороны планировать и осуществлять свою деятельность в Антарктике эффективным и ответственным образом.

(254) Комитет выразил благодарность Китаю и соавторам этого документа. Соавторы подчеркнули лидирующую роль Китая в разработке этой инициативы. Комитет поддержал концепцию «Зелёной экспедиции», изложенную в Рабочем документе WP 36, в целях продвижения планирования и осуществления всех видов деятельности в Антарктике экологически безопасными методами. Некоторые участники представили дополнительные примеры мер, предпринятых ими в соответствии с концепцией «Зелёной экспедиции».

(255) Аргентина отметила, что процедуры и правила поведения также способствуют экологически безопасному проведению деятельности.

Рекомендации КООС для КСДА по поводу «Зелёных экспедиций»

(256) КООС принял решение направить для одобрения на КСДА проект резолюции, в которой поощряется и продвигается концепция «Зелёных экспедиций».

---

(257) Португалия представила Информационный документ IP 24 *Future Challenges in Southern Ocean Ecology Research: another outcome of the 1st SCAR Horizon Scan [Будущие задачи в исследовании экологии Южного океана: ещё один результат 1-го сканирования горизонта силами СКАР]*, подготовленный совместно с Бельгией, Бразилией,

Великобританией, Германией, Нидерландами, США, Францией и СКАР. В документе сообщается о вкладе СКАР в Сканирование научного горизонта Антарктики и Южного океана. В нём отмечается, что представленная работа отражает вклад многих учёных, изучающих Антарктику, и лиц, определяющих политику в отношении Антарктики. Основное внимание в документе уделяется областям исследования, вызывающим повышенный интерес, в частности связанным с живыми организмами и экологией Южного океана, которые хотя и не всегда остаются в числе главных приоритетов рассматриваемых научных областей, но имеют большое значение для биологии и экологии Южного океана. В документе подчёркивается, что экологические исследования Южного океана требуют долгосрочных обязательств Сторон по проведению международных и междисциплинарных исследований, опирающихся на развитие технологий (в сотрудничестве с такими организациями, как КОМНАП и СКАР). Также отмечается, что для успешного решения задач в области исследования Антарктики важную роль играют образовательная и информационно-просветительская деятельность (совместно с такими организациями, как Ассоциация молодых полярных исследователей Международное объединение работников образования в области популяризации полярных исследований) и согласованные стратегии финансирования для различных заинтересованных сторон.

(258) Комитет поблагодарил соавторов за рассказ об этой работе. Он отметил согласованность научных потребностей, определённых Комитетом в таких документах, как CCRWP, как изложено в Рабочем документе WP 34, и областей исследования, определённых в данном документе.

(259) Эквадор представил Информационный документ IP 110 *Plan de contingencias y riesgos durante la XXI Campaña Antártica Ecuatoriana (2016-2017)*, в котором излагаются планы неотложных мер и действий в чрезвычайных ситуациях для эквадорской станции Campaña Antártica Ecuatoriana. В нём отмечается, что эти планы охватывают вопросы, касающиеся безопасности людей, инфраструктуры и охраны окружающей среды.

Пункт 14. Выборы должностных лиц

(260) Комитет избрал д-ра Кевина Хьюза (Kevin Hughes), Великобритания, на пост заместителя председателя на двухгодичный срок и поздравил его с назначением на эту должность.

(261) Комитет искренне поблагодарил д-ра Полли Пенхейл (Polly Penhale), США, за прекрасную работу и ценный вклад и поздравил её с замечательными результатами четырёхлетней деятельности на посту заместителя председателя.

Пункт 15. Подготовка следующего заседания

(262) Комитет принял предварительную повестку дня XXI заседания КООС (Приложение 5).

Пункт 16. Принятие Отчёта

(263) Комитет принял Отчет.

Пункт 17. Закрытие заседания

(264) В пятницу 26 мая 2017 года Председатель объявил заседание закрытым.

Приложение 1

Пятилетний план работы КООС 2017

Вопрос / Нагрузка на окружающую среду: Интродукция неместных видов	
Приоритет: 1	
Действия: 1. Продолжить разработку практических инструкций и ресурсов для всех антарктических операторов. 2. Осуществить соответствующие мероприятия согласно Рабочей программе ответных мер в отношении изменений климата. 3. Рассмотреть подробную пространственную оценку рисков с разбивкой по видам деятельности, что позволит снизить риски, связанные с наземными неместными видами. 4. Разработать стратегию надзора за районами с высоким риском закрепления неместных видов. 5. Уделить особое внимание рискам, связанным с переносом пропагул внутри Антарктики.	
Межсессионный период 2017/18 г.	• Приступить к разработке стратегии деятельности в области ответных мер в отношении неместных видов, включая надлежащие меры реагирования при выявлении болезней в мире дикой природы • В целях оказания помощи Комитету в вопросах оценки эффективности Руководства обратиться к КОМНАП с ходатайством о предоставлении материалов о результатах проведения карантинных мероприятий и осуществления мер биобезопасности странами-членами Совета • Координатором обсуждения вопросов по доработке Алгоритма ответных действий в отношении неместных видов с заинтересованными Членами и Наблюдателями является Великобритания
КООС XXI 2018 г.	• Провести обсуждение результатов работы в межсессионный период по вопросам разработки стратегии деятельности в области ответных мер для включения соответствующих положений в Руководство по неместным видам, а также по вопросам проведения карантинных мероприятий и осуществления мер биобезопасности членами КОМНАП. Провести анализ доклада ИМО по Руководству по контролю за биообрастанием корпусов судов • Рассмотреть отчёт об итогах межсессионного обсуждения Алгоритма ответных действий в отношении неместных видов и вопрос о включении его в Руководство по неместным видам • Предоставление СКАР информации об имеющихся методах, способствующих выявлению неместных видов
Межсессионный период 2018/19 г.	• Обратиться к СКАР с ходатайством по вопросу составления перечня имеющихся источников информации о биоразнообразии и соответствующих баз данных в качестве вспомогательного информативного материала о местных видах, имеющихся на территории Антарктики, с целью оказания помощи Сторонам при определения масштабов имеющейся на данный момент и последующей интродукции • Разработать общеприменимые рекомендации по осуществлению мониторинга. Для отдельных районов может потребоваться разработка более подробных рекомендаций по мониторингу, характерных для конкретного участка • Обратиться к Сторонам и Наблюдателям с ходатайством о предоставлении материалов по вопросу применения руководства по обеспечению биологической безопасности их членами

КООС XXII 2019 г.	• Провести обсуждение результатов работы в межсессионный период по вопросам разработки рекомендаций по осуществлению мониторинга с целью включения их в Руководство по неместным видам. Рассмотреть материалы Сторон и Наблюдателей по вопросу применения руководства по обеспечению биологической безопасности их членами
Межсессионный период 2019/20 г.	• Приступить к работе по оценке риска интродукции морских неместных видов
КООС XXIII 2020 г.	• Провести обсуждение результатов работы в межсессионный период по вопросам опасности интродукции морских неместных видов
Межсессионный период 2020/21 г.	• Разработать целевые рекомендации по снижению уровня попадания в окружающую среду неместных видов при сбросе сточных вод • Провести анализ применения и содержания Руководства по неместным видам КООС
КООС XXIV 2021 г.	• Рассмотреть на заседании КООС вопрос о необходимости пересмотра и доработки Руководства по неместным видам
Межсессионный период 2021/22 г.	• В случае необходимости провести в межсессионный период пересмотр Руководства по неместным видам
КООС XXV 2022 г.	• В случае создания МКГ рассмотреть на заседании КООС её отчёт и вопрос о принятии на КСДА пересмотренного Руководства по неместным видам в рамках соответствующей Резолюции

Вопрос / Нагрузка на окружающую среду: Туризм и неправительственная деятельность	
Приоритет: 1	
Действия: 1. Обеспечить консультации для КСДА по мере необходимости. 2. Реализовать рекомендации СЭДА по морскому туризму.	
Межсессионный период 2017/18 г.	• Продолжить разработку методики оценки чувствительности участков (рекомендации 3 и 7 исследования по вопросам туристической деятельности)
КООС XXI 2018 г.	
Межсессионный период 2018/19 г.	
КООС XXII 2019 г.	
Межсессионный период 2019/20 г.	
КООС XXIII 2020 г.	
Межсессионный период 2020/21 г.	
КООС XXIV 2021 г.	

Вопрос / Нагрузка на окружающую среду: Последствия изменения климата для окружающей среды	
Приоритет: 1	
Действия: 1. Рассмотреть влияния изменения климата на управление окружающей средой Антарктики. 2. Реализовать рекомендации СЭДА по изменению климата. 3. Реализовать Рабочую программу ответных мер в отношении изменения климата (CCRWP).	
Межсессионный период 2017/18 г.	• До получения одобрения КСДА работа вспомогательной группы осуществляется в соответствии с согласованным планом работы
КООС XXI 2018 г.	• Постоянный пункт повестки дня • Рассмотрение информацию о соответствии деятельности ВМО мероприятиям CCRWP • До получения одобрения КСДА рассмотреть отчёт вспомогательной группы • СКАР продолжает предоставлять актуальную информацию для обновления отчёта ACCE с предоставлением информации от ВМО, ICED и SOOS по мере необходимости
Межсессионный период 2018/19 г.	• До получения одобрения КСДА работа вспомогательной группы осуществляется в соответствии с согласованным планом работы
КООС XXII 2019 г.	• Постоянный пункт повестки дня • До получения одобрения КСДА рассмотреть отчёт вспомогательной группы • СКАР продолжает предоставлять актуальную информацию для обновления отчёта ACCE с предоставлением информации от ВМО, ICED и SOOS по мере необходимости
Межсессионный период 2019/20 г.	
КООС XXIII 2020 г.	• Постоянный пункт повестки дня • СКАР продолжает предоставлять актуальную информацию для обновления отчёта ACCE с предоставлением информации от ВМО, ICED и SOOS по мере необходимости • Рассмотрение аналитических материалов вспомогательной группы • Проведение анализа выполнения мероприятий, намеченных по итогам совместного семинара КООС и НК-АНТКОМ (2016 г.) • Планирование совместного семинара НК-АНТКОМ и КООС в межсессионный период 2021/22 г. в соответствии с пятилетним планом проведения семинаров
Межсессионный период 2020/21 г.	
КООС XXIV 2021 г.	• Окончательная доработка плана проведения совместного семинара НК-АНТКОМ и КООС в межсессионный период 2021/22 г.
Межсессионный период 2021/22 г.	• Проведение регулярного совместного семинара НК-АНТКОМ и КООС в соответствии с пятилетним планом семинаров

Вопрос / Нагрузка на окружающую среду: Обработка новых и пересмотренных планов управления охраняемыми / управляемыми районами	
Приоритет: 1	
Действия: 1. Уточнить процесс пересмотра новых и пересмотренных планов управления. 2. Обновить существующие инструкции. 3. Реализовать рекомендации СЭДА по изменению климата. 4. Разработать инструкции по подготовке ОУРА.	
Межсессионный период 2017/18 г.	• ВГПУ проводит работу по предложенному плану управления • Норвегия и заинтересованные Члены подготавливают документ касательно руководства по упразднению ООРА
КООС XXI 2018 г.	• Рассмотреть отчёт ВГПУ • Рассмотреть документ, подготовленный Норвегией и заинтересованными Членами
Межсессионный период 2018/19 г.	
КООС XXII 2019 г.	
Межсессионный период 2019/20 г.	
КООС XXIII 2020 г.	
Межсессионный период 2020/21 г.	
КООС XXIV 2021 г.	

Вопрос / Нагрузка на окружающую среду: Работа КООС и стратегическое планирование	
Приоритет: 1	
Действия: 1. Обновлять 5-летний план работы руководствуясь изменяющимися обстоятельствами и требованиями КСДА. 2. Определить возможности улучшения эффективности КООС. 3. Рассмотреть долгосрочные цели для Антарктики (на 50-100 лет). 4. Рассмотрение возможностей укрепления рабочих взаимоотношений между КООС и КСДА.	
Межсессионный период 2017/18 г.	• Проведение Председателем КООС консультаций с Секретариатом и заинтересованными Членами по дополнительным возможностям финансирования и распоряжения денежными средствами в целях повышения эффективности работы КООС
КООС XXI 2018 г.	• Рассмотрение КООС отчёта Председателя КООС • Рассмотрение КООС перечня научных потребностей, представленных в Рабочем документе WP 34 (XL КСДА)
Межсессионный период 2018/19 г.	
КООС XXII 2019 г.	
Межсессионный период 2019/20 г.	
КООС XXIII 2020 г.	
Межсессионный период 2020/21 г.	
КООС XXIV 2021 г.	

Вопрос / Нагрузка на окружающую среду: Устранение вреда, наносимого окружающей среде, или ослабление его воздействия	
Приоритет: 2	
Действия: 1. Ответить на дальнейший запрос от КСДА касательно устранения вреда, наносимого окружающей среде, или ослабления его воздействия по мере необходимости. 2. Проконтролировать ход работы по созданию перечня мест Антарктики, где в прошлом проводились работы. 3. Рассмотреть инструкции по устранению вреда, наносимого окружающей среде, или ослаблению его воздействия. 4. Члены должны разработать практические указания и дополнительные ресурсы для их включения в Руководство по очистке. 5. Продолжить разработку практических биовосстановительных мероприятий для включения в Руководство по очистке.	
Межсессионный период 2017/18 г.	• МКГ по пересмотру Руководства по очистке территории Антарктики
КООС XXI 2018 г.	• Рассмотрение отчёта МКГ по пересмотру Руководства по очистке территории Антарктики
Межсессионный период 2018/19 г.	
КООС XXII 2019 г.	
Межсессионный период 2019/20 г.	
КООС XXIII 2020 г.	
Межсессионный период 2020/21 г.	
КООС XXIV 2021 г.	

Вопрос / Нагрузка на окружающую среду: Контроль и состояние отчетности по окружающей среде	
Приоритет: 2	
Действия: 1. Определить ключевые экологические индикаторы и инструменты. 2. Установить процесс отчетности перед КСДА. 3. СКАР должен предоставить информацию КОМНАП и КООС.	
Межсессионный период 2017/18 г.	• Проведение СКАР консультаций с КОМНАП и заинтересованными Членами Комитета по вопросам пересмотра разработанного СКАР Экологического кодекса поведения при осуществлении наземных научных полевых исследований в Антарктике • МКГ по вопросам разработки методического руководства по экологическим аспектам применения БПЛА/ДПАС
КООС XXI 2018 г.	• Рассмотрение КООС доклада СКАР о результатах пересмотра Экологического кодекса поведения в межсессионный период • Рассмотрение отчёта МКГ по вопросам применения БПЛА/ДПАС
Межсессионный период 2018/19 г.	
КООС XXII 2019 г.	• Рассмотрение Кодекса поведения при использовании животных в научных целях в Антарктике, разработанного СКАР
Межсессионный период 2019/20 г.	
КООС XXIII 2020 г.	
Межсессионный период 2020/21 г.	
КООС XXIV 2021 г.	• Рассмотрение отчёта о мониторинге, подготовленного Великобританией по ООРА № 107

<table>
<tr><td colspan="2">Вопрос / Нагрузка на окружающую среду: Пространственная охрана морской среды и меры пространственного управления</td></tr>
<tr><td colspan="2">Приоритет: 2</td></tr>
<tr><td colspan="2">Действия:
1. Сотрудничество между КООС и НК-АНТКОМ по вопросам общего интереса.
2. Сотрудничество с АНТКОМ по биорайонированию Южного океана и другим общим интересам и согласованным принципам.
3. Определить и применить процессы для пространственной охраны морской среды.
4. Реализовать рекомендации СЭДА по изменению климата.
5. Рассмотрение взаимосвязи суши и океана и взаимодополняющих мер, которые могут быть приняты Сторонами в отношении МОР.</td></tr>
<tr><td>Межсессионный период 2017/18 г.</td><td></td></tr>
<tr><td>КООС XXI 2018 г.</td><td></td></tr>
<tr><td>Межсессионный период 2018/19 г.</td><td></td></tr>
<tr><td>КООС XXII 2019 г.</td><td></td></tr>
<tr><td>Межсессионный период 2019/20 г.</td><td></td></tr>
<tr><td>КООС XXIII 2020 г.</td><td></td></tr>
<tr><td>Межсессионный период 2020/21 г.</td><td></td></tr>
<tr><td>КООС XXIV 2021 г.</td><td></td></tr>
</table>

<table>
<tr><td colspan="2">Вопрос / Нагрузка на окружающую среду: Специальное руководство для наиболее посещаемых туристами территорий</td></tr>
<tr><td colspan="2">Приоритет: 2</td></tr>
<tr><td colspan="2">Действия:
1. Периодически пересматривать перечень участков, на которые распространяются правила поведения для посетителей, а также рассмотреть необходимость разработки правил для дополнительных участков.
2. Обеспечить консультации для КСДА по мере необходимости.
3. Пересмотр формата Правил поведения для посетителей участков.</td></tr>
<tr><td>Межсессионный период 2017/18 г.</td><td></td></tr>
<tr><td>КООС XXI 2018 г.</td><td>• Постоянный пункт повестки дня; Стороны должны предоставить отчеты по пересмотру</td></tr>
<tr><td>Межсессионный период 2018/19 г.</td><td></td></tr>
<tr><td>КООС XXII 2019 г.</td><td>• Постоянный пункт повестки дня; Стороны должны предоставить отчеты по пересмотру</td></tr>
<tr><td>Межсессионный период 2019/20 г.</td><td></td></tr>
<tr><td>КООС XXIII 2020 г.</td><td>• Постоянный пункт повестки дня; Стороны должны предоставить отчеты по пересмотру</td></tr>
<tr><td>Межсессионный период 2020/21 г.</td><td></td></tr>
<tr><td>КООС XXIV 2021 г.</td><td></td></tr>
</table>

Вопрос / Нагрузка на окружающую среду: Обзор системы охраняемых районов	
Приоритет: 2	
Действия: 1. Применить Анализ экологических доменов (АЭД) и систему Заповедных биогеографических регионов Антарктики (ЗБРА) для расширения системы охраняемых районов. 2. Реализовать рекомендации СЭДА по изменению климата. 3. Поддерживать и развивать базу данных охраняемых районов. 4. Оценить масштаб, в котором КОТ в Антарктике представлены или должны быть представлены в ряде ООРА.	
Межсессионный период 2017/18 г.	• Координатором обсуждения вопросов по Особо охраняемым районам Антарктики и Ключевым орнитологическим территориям с заинтересованными Членами и Наблюдателями является Великобритания
КООС XXI 2018 г.	• Планировать проведение совместного семинара СКАР и КООС по биогеографии Антарктики, в том числе с целью: определить практическое применение биогеографических инструментов для целей управления и будущие исследовательские потребности • Представить на КСДА отчет о состоянии сети Охраняемых районов Антарктики • Рассмотрение отчёта о результатах межсессионной работы по вопросам Особо охраняемых районов Антарктики и Ключевых орнитологических территорий
Межсессионный период 2018/19 г.	• Совместный семинар СКАР и КООС по биогеографии Антарктики
КООС XXII 2019 г.	• Рассмотреть отчёт совместного семинара СКАР и КООС по биогеографии Антарктики
Межсессионный период 2019/20 г.	
КООС XXIII 2020 г.	
Межсессионный период 2020/21 г.	
КООС XXIV 2021 г.	

<table>
<tr><td colspan="2">Вопрос / Нагрузка на окружающую среду: Информационно-просветительская и образовательная деятельность</td></tr>
<tr><td colspan="2">Приоритет: 2</td></tr>
<tr><td colspan="2">Действия:
1. Пересмотреть имеющиеся примеры и определить возможности расширения информационно-просветительской и образовательной деятельности.
2. Призвать Членов обмениваться информацией касательно их опыта в данной области.
3. Разработать стратегию и инструкции для обмена информацией между Членами по информационно-просветительской и образовательной деятельности в долгосрочной перспективе.</td></tr>
<tr><td>Межсессионный период 2017/18 г.</td><td>• Празднование 20-й годовщины КООС</td></tr>
<tr><td>КООС XXI 2018 г.</td><td>• В круг обязанностей Болгарии входит привлечение внимания Комитета ко всем результатам работы МКГ по вопросам образовательной и информационно-просветительской деятельности, имеющим непосредственное отношение к деятельности КООС</td></tr>
<tr><td>Межсессионный период 2018/19 г.</td><td></td></tr>
<tr><td>КООС XXII 2019 г.</td><td></td></tr>
<tr><td>Межсессионный период 2019/20 г.</td><td></td></tr>
<tr><td>КООС XXIII 2020 г.</td><td></td></tr>
<tr><td>Межсессионный период 2020/21 г.</td><td></td></tr>
<tr><td>КООС XXIV 2021 г.</td><td></td></tr>
</table>

Вопрос / Нагрузка на окружающую среду: Реализация и усовершенствование положений ОВОС Приложения I	
Приоритет: 2	
Действия: 1. Уточнить процесс рассмотрения ВООС и консультаций КСДА соответствующим образом. 2. Разработать инструкции для оценки кумулятивного воздействия. 3. Пересмотреть руководство по ОВОС и рассмотреть более обширную политику и другие вопросы. 4. Рассмотреть применение стратегической оценки окружающей среды в Антарктике. 5. Реализовать рекомендации СЭДА по изменению климата.	
Межсессионный период 2017/18 г.	• Создать МКГ для пересмотра проекта ВООС по мере необходимости • Работа Сторон, Экспертов и Наблюдателей в области наработки и координирования информации, способствующей разработке методического руководства по определению и оценке кумулятивных воздействий • Рассмотрение вопроса о внесении необходимых изменений в базу данных ОВОС для повышения её функциональности
КООС XXI 2018 г.	• Обсуждения вопроса о внесении изменений в базу данных ОВОС с целью представления Секретариату соответствующих предложений • Рассмотрение отчетов МКГ по проекту ОВОС по мере необходимости
Межсессионный период 2018/19 г.	• Создать МКГ для пересмотра проекта ВООС по мере необходимости • Работа Сторон, Экспертов и Наблюдателей в области наработки и координирования информации, способствующей разработке методического руководства по определению и оценке кумулятивных воздействий
КООС XXII 2019 г.	• Рассмотрение отчетов МКГ по проекту ОВОС по мере необходимости
Межсессионный период 2019/20 г.	• Создать МКГ для пересмотра проекта ВООС по мере необходимости • Работа Сторон, Экспертов и Наблюдателей в области наработки и координирования информации, способствующей разработке методического руководства по определению и оценке кумулятивных воздействий
КООС XXIII 2020 г.	• Обращение с просьбой к СКАР о предоставлении информации в отношении методики исследования исходного состояния окружающей среды и рассмотрение предоставленной информации в своё время • Рассмотрение отчётов МКГ по проектам ОВОС по мере необходимости
Межсессионный период 2020/21 г.	• Создать МКГ для пересмотра проекта ВООС по мере необходимости • Работа Сторон, Экспертов и Наблюдателей в области наработки и координирования информации, способствующей разработке методического руководства по определению и оценке кумулятивных воздействий
КООС XXIV 2021 г.	• Призывать Участников предоставлять свои отзывы об использовании пересмотренного *Руководства по оценке воздействия на окружающую среду Антарктики* при подготовке ОВОС • Рассмотрение альтернативных подходов к разработке методического руководства по определению и оценке кумулятивный воздействий • Рассмотрение отчётов МКГ по проектам ОВОС по мере необходимости

Вопрос / Нагрузка на окружающую среду: Определение и управление Историческими местами и памятниками	
Приоритет: 2	
Действия: 1. Вести перечень и рассматривать новые предложения по мере их возникновения. 2. При необходимости рассмотреть стратегические вопросы, в том числе вопросы, относящихся к определению ИМП с учётом мер по очистке, указанных в Протоколе. 3. Пересмотреть представление перечня ИМП с целью усовершенствования доступности информации.	
Межсессионный период 2017/18 г.	• МКГ по вопросам разработки руководства по определению ИМП
КООС XXI 2018 г.	• Рассмотрение отчета МКГ
Межсессионный период 2018/19 г.	
КООС XXII 2019 г.	
Межсессионный период 2019/20 г.	
КООС XXIII 2020 г.	
Межсессионный период 2020/21 г.	
КООС XXIV 2021 г.	

Вопрос / Нагрузка на окружающую среду: Сведения о биоразнообразии	
Приоритет: 3	
Действия: 1. Поддерживать осведомленность об угрозах существующему биоразнообразию. 2. Реализовать рекомендации СЭДА по изменению климата. 3. КООС должен рассмотреть дальнейшие научные рекомендации по поводу нарушения жизни диких животных.	
Межсессионный период 2017/18 г.	
КООС XXI 2018 г.	• Обсуждение обновленной информации СКАР по подводному шуму
Межсессионный период 2018/19 г.	
КООС XXII 2019 г.	
Межсессионный период 2019/20 г.	
КООС XXIII 2020 г.	
Межсессионный период 2020/21 г.	
КООС XXIV 2021 г.	

Вопрос / Нагрузка на окружающую среду: Охрана выдающихся геологических ценностей	
Приоритет: 3	
Действия: 1. Рассмотреть дальнейшие механизмы для охраны уникальных геологических ценностей.	
Межсессионный период 2017/18 г.	
КООС XXI 2018 г.	• Рассмотрение рекомендаций СКАР
Межсессионный период 2018/19 г.	
КООС XXII 2019 г.	
Межсессионный период 2019/20 г.	
КООС XXIII 2020 г.	
Межсессионный период 2020/21 г.	
КООС XXIV 2021 г.	

Приложение 2

Вспомогательная группа по вопросам ответных мер в отношении изменения климата – Общие принципы

История вопроса

В 2008 году вопрос изменения климата был включён в повестку дня заседания КООС, а в 2009 году СКАР опубликовал свой доклад «Изменение климата Антарктики и окружающая среда» (ACCE). В 2010 году под эгидой КСДА состоялось Совещание экспертов Договора об Антарктике (СЭДА) по вопросам изменения климата и его последствиям для регулирования и управления деятельностью в Антарктике, в ходе которого были выработаны и представлены вниманию КСДА и КООС 30 рекомендаций, в том числе рекомендация для КООС по вопросу необходимости разработки Рабочей программы ответных мер в отношении изменения климата, в которой, в числе прочего, рекомендовалось предусмотреть следующее:

- неустанное уделение первоочередного внимания мерам по управлению неместными видами;
- проведение классификации существующих охраняемых районов по степени их уязвимости к изменению климата;
- необходимость проведения более высокотехнологичного и скоординированного мониторинга экосистем, включая необходимость расширения сотрудничества между КООС и НК-АНТКОМ;
- проведение критического анализа используемых средств и методов управления с целью оценки их соответствия в условиях изменения климата (например, Руководство по ОВОС (особенно в отношении планируемой долгосрочной деятельности), Руководство по Особо охраняемым видам, Руководство по подготовке планов управления).

КООС принял решение о создании МКГ по разработке Рабочей программы ответных мер в отношении изменения климата (CCRWP), которая была одобрена КСДА в рамках Резолюции 4 (2015 г.); при этом КСДА призвало КООС к реализации программы в первоочередном порядке с представлением вниманию КСДА ежегодных отчётов о ходе её выполнения и проведением регулярного критического анализа CCRWP. Реализация программы CCRWP является приоритетом № 1 в пятилетнем плане работы КООС.

Вспомогательные органы КООС

По согласованию с КСДА КООС вправе создавать вспомогательные органы по мере необходимости. Эти вспомогательные органы осуществляют свою деятельность на основе соответствующих Правил процедуры Комитета (Правило 10). XX заседание КООС пришло к согласию о создании Вспомогательной группы по вопросам ответных мер в отношении изменения климата (ВГОМИК) в целях обеспечения реализации программы CCRWP.

Техническое задание ВГОМИК

XX заседание КООС утвердило следующее Техническое задание, определяющее деятельность Вспомогательной группы:

Обеспечение эффективной и своевременной реализации CCRWP посредством:

- содействия координации усилий и взаимодействию Членов Комитета, Наблюдателей и Экспертов в рамках программы CCRWP, заострения внимания на мероприятиях и мерах, запланированных на предстоящие годы и обеспечения предоставления участниками соответствующей оперативной информации о планируемой деятельности;
- подготовки проектов рекомендуемых ежегодных уточнений CCRWP, в том числе по вопросам управления, проведения научных исследований или деятельности по мониторингу;
- подготовки проектов ежегодных отчётов о ходе реализации CCRWP в качестве основы для подготовки КООС оперативной информации для КСДА.

КООС вправе вносить изменения в ТЗ в любое время.

Перевод материалов

КООС пришёл к согласию о необходимости перевода принципиально важных текстовых материалов, например материалов для обсуждения или проектов ежегодных уточнений CCRWP, при этом соответствующее решение принимается отдельно по каждому случаю. Принимая во внимание тот факт, что деятельность ВГОМИК как правило будет осуществляться в дистанционном режиме, КООС полагает, что осуществление перевода принципиально важных текстовых материалов соответствует положениям Правила 21.

Участники группы

Поскольку ВГОМИК является группой открытого состава, в её работе могут участвовать любые Члены Комитета, Наблюдатели и Эксперты. Участие представителей СКАР и ВМО в работе группы является весьма желательным. Членам Комитета рекомендуется участие в работе ВГОМИК в течение более одного года для сохранения единого состава и поддержания уровня осведомлённости.

Комитет пришёл к согласию о важности широкого участия в работе группы, поэтому в составе ВГОМИК рекомендуется участие не менее четырёх Членов КООС. Контроль за участием в работе ВГОМИК осуществляется координатором группы.

Координатор группы

В зависимости от конкретного случая координаторами группы могут быть либо один из заместителей председателя КООС, либо Член КООС, избранный в порядке, установленном для избрания заместителей председателя согласно положениям Правила 15 Правил процедуры. Координаторы группы имеют право, но не обязаны вносить научный вклад в работу ВГОМИК.

Анализ эффективности деятельности

XX заседание КООС приняло решение о проведении анализа эффективности работы ВГОМИК по истечении трёхлетнего срока деятельности группы.

Приложение 3

Порядок межсессионного рассмотрения КООС проектов документов по ВООС

1. В повестку дня каждого заседания КООС в обязательном порядке включается пункт, касающийся рассмотрения проектов документов по ВООС, представляемых вниманию КООС в соответствии с пунктом 4 Статьи 3 Приложения I к Протоколу.*

2. В рамках данного пункта повестки дня КООС рассматривает все представленные проекты документов по ВООС и даёт КСДА свои рекомендации в отношении рассмотренных проектов в соответствии с положениями Статьи 12 и Приложения I к Протоколу.*

3. Инициаторам проведения оценки рекомендуется представлять проекты документов по ВООС в кратчайшие разумные сроки, но не позднее чем за 120 дней до начала очередного Консультативного совещания по Договору об Антарктике (см. пункт 4 Статьи 3 Приложения I к Протоколу).

4. Одновременно инициатор проекта документа по ВООС направляет копии документа Членам Комитета по дипломатическим каналам с уведомлением Председателя КООС (предпочтительно по электронной почте) о рассылке проекта документа по ВООС.**

5. Инициатор также размещает проект документа по ВООС на веб-сайте на языке оригинала. Ссылка на используемый веб-сайт размещается на сайте КООС. В случае отсутствия у инициатора веб-сайта для размещения проекта документа по ВООС, электронная версия документа направляется Председателю КООС для его размещения на сайте КООС.**

[Кроме того, Секретариат обеспечивает перевод каждого проекта документа на другие официальные языки Договора об Антарктике и размещает эти версии документа на веб-сайте КООС в кратчайшие возможные сроки.]

6. В каждом отдельном случае Председатель КООС незамедлительно уведомляет контактных лиц КООС о размещении проекта документа по ВООС и сообщает адрес соответствующего веб-сайта.**

7. Кандидатура координатора межсессионной контактной группы открытого состава по рассмотрению проектов документов по ВООС предлагается Председателем КООС. Не рекомендуется предлагать кандидатуры координаторов МКГ из числа представителей Сторон-инициаторов документов.**

8. Председателем КООС отводится Членам Комитета 15 дней на представление возражений, замечаний или предложений в отношении:

i. предложенной кандидатуры координатора группы;

ii. дополнительных пунктов Технического задания, выходящих за рамки следующих общих вопросов:

- степень соответствия документа по ВООС требованиям Статьи 3 Приложения I к Протоколу по охране окружающей среды;
- качество документа по ВООС в отношении i) полноты определения и учёта воздействия предлагаемой деятельности на окружающую среду и ii) адекватности мер по минимизации (уменьшению или недопущению) воздействия;
- степень обоснованности выводов, содержащихся в проекте документа по ВООС, соответствующей подтверждающейся документацией в составе документа;
- ясность, формат и подача материала в проекте документа по ВООС.**

9. Неполучение Председателем КООС каких-либо отзывов в течение 15 дней считается согласием Членов Комитета с предложенной кандидатурой координатора группы и общими положениями Технического задания. В случае получения в течение 15 дней отзывов в отношении приведённых выше пунктов i) или ii) Председатель рассылает доработанную редакцию одного или обоих пунктов соответственно конкретному случаю. Для представления отзывов Членам Комитета отводится ещё 15 дней.**

10. Вся переписка должна быть доступной для всех представителей на дискуссионном форуме КООС.*

11. Согласие или несогласие Сторон по вопросам, касающимся создания Межсессионной контактной группы открытого состава, никоим образом не затрагивает из права поднимать вопросы в отношении проектов документов по ВООС на заседаниях КООС или на КСДА.**

12. Итоги работы МКГ с указанием вопросов по которых достигнуто и не достигнуто согласие оформляются в виде Рабочего документа, представляемого координатором группы вниманию очередного заседания КООС.*

* Выписка или изменённая редакция положения Руководства КООС по рассмотрению проектов ВООС (Приложение 4 к Отчёту КООС II, 1999 г.).

** Выписка или изменённая редакция положения Порядка формирования межсессионных контактных групп для рассмотрения проектов ВООС (Приложение 3 к Отчёту КООС, 2000 г.).

Приложение 4

Рекомендации: Порядок проведения предварительной оценки для определения ООРА и ОУРА

КООС отметил преимущества порядка проведения предварительной оценки потенциальных новых ООРА и ОУРА, в том числе: (i) вовлечение всех Сторон в процесс предложения новых районов; (ii) признание того, что в определении ООРА и ОУРА принимают участие все страны; (iii) помощь Членам в подготовке планов управления посредством предоставления отзывов и комментариев от других Членов на раннем этапе процесса; (iv) способствование рассмотрению дальнейшего систематического развития системы охраняемых районов, в соответствии со Статьёй 3 Приложения V к Протоколу и с учётом последствий изменения климата. Инициаторам потенциальных новых ООРА и ОУРА предлагается привлечь Комитет к обсуждению предварительной оценки.

В связи с этим в рамках Приложения 3 к Отчёту XVIII заседания КООС было принято представленное ниже соответствующее Руководство.

1. Инициатор представляет вниманию КООС информацию о своём намерении выйти с предложением об определении ООРА или ОУРА на ближайшем заседании КООС после определения участка, которому по его мнению следует предоставить статус ООРА или ОУРА, вне зависимости от наличия или отсутствия решения о начале работы по подготовке соответствующего Плана управления. Инициатору рекомендуется предоставлять данную информацию не менее чем за один год до планируемого представления вниманию КООС Плана управления.

2. Информация, предоставляемая КООС, должна содержать следующие сведения:

- местонахождение предлагаемого ОУРА или ООРА;
- первоначальное обоснование целесообразности определения предлагаемого участка с указанием правовых оснований для определения согласно положениям Приложении V; обоснование улучшения таким образом представленности участков в имеющейся сети охраняемых районов и данные о его классификации на основе ЗБРА.
- другая существенная информация, касающаяся подготовки Плана управления и имеющаяся у страны-инициатора на момент информирования заседания КООС.

3. Стране-инициатору рекомендуется обеспечить возможность последующего обсуждения и представления вопросов, замечаний и предложений по проекту Плана управления, например, посредством неформального обсуждения и обмена

мнениями на форуме КООС или прямого общения с представителями стран-членов Комитета.

Шаблон для предоставления информации, касающейся предварительной оценки необходимости определения ООРА

Для помощи инициаторам в предоставлении информации о потенциальных ООРА, подробно описанной в Руководстве (выше), был разработан необязательный шаблон для добровольного использования, который содержится в Приложении А *Шаблон предварительной оценки Особо охраняемого района Антарктики.*

Приложение А

Шаблон предварительной оценки Особо охраняемого района Антарктики*

Инициаторам следует заполнять только те разделы шаблона, которые они считают уместными в отношении проведённой ими оценки.

1	Название предлагаемого Особо охраняемого района Антарктики (ООРА):
2	Инициатор(-ы) предложения по определению ООРА:
3	Местонахождение и округлённые координаты предлагаемого ООРА:
4	Находится ли предлагаемый ООРА на территории существующего Особо управляемого района Антарктики (ОУРА)?
5	Приблизительные размеры предлагаемого ООРА:
6	Основные физические особенности предлагаемого ООРА (например, свободная ото льда суша, озёра, океан, шельфовый ледник, многолетний ледяной покров):
7	Первоначальное обоснование целесообразности определения участка в качестве ООРА:
8	Описание ценностей, нуждающихся в охране на территории предлагаемого ООРА, согласно Статье 3(1) Приложения V:

Ценности	*Ценности первостепенного значения*	*Ценности второстепенного значения*	*Не применимо*
Экологические ценности			
Научные ценности			
Исторические ценности			
Эстетические ценности			
Ценности первозданной природы			
Сочетание ценностей			
Текущие или планируемые научные исследования			

* В данном случае следует сослаться на *Руководство по осуществлению системы формирования охраняемых районов, описанных в Статье 3 Приложения V к Протоколу по охране окружающей среды* (принятое в рамках Резолюции 1 [2000 г.]), в котором содержатся рекомендации по проведению такой оценки.

Примечание. В отношении ООРА, включающих в себя значительную морскую территорию, необходимо получение предварительного одобрения АНТКОМ (Приложение V, Статья 6[2]).

9	1 Более подробное описание ценностей, нуждающихся в охране	
10	Наличие указанных ниже отличительных особенностей предлагаемого ООРА:	(Да/Нет)
(a)	нетронутые участки, которые могут использоваться для контрольного сравнения с нарушенными человеком участками	
(b)	типичные примеры основных наземных (в том числе ледниковых и водных) экосистем и морских экосистем	
(c)	участки с важными по значению или необычными сообществами, включая крупные колонии гнездящихся местных птиц или размножающихся млекопитающих	
(d)	типовая местность или нигде больше не встречающаяся среда обитания каких-либо видов	
(e)	участки особого интереса для осуществляемых или планируемых научных исследований	
(f)	исключительные геологические, гляциологические или геоморфологические особенности	
(g)	участки исключительной эстетической или первозданной природной ценности	
(h)	места или памятники признанной исторической ценности	
(i)	другие участки, нуждающиеся в охране для сохранения экологических, научных, исторических, эстетических или первозданных природных ценностей, любого сочетания этих ценностей или же для проведения текущих или планируемых научных исследований	
11	Основные цели определения предлагаемого ООРА: охрана ценностей или проведение научных исследований:	
12	Описание достоинств, нуждающихся в предоставлении участку статуса ООРА (например, представленность, биологическое разнообразие, выраженная индивидуальность, экологическая значимость, степень воздействия на окружающую среду, важность для научных целей и мониторинга):	
13	Оценка антропогенного риска и воздействия на окружающую среду участка, природных процессов, естественной изменчивости и жизнеспособности, неантарктических угроз, настоятельной необходимости и научной неопределённости:	
Определение охраняемого района в системе экогеографических рамочных основ:		
14	Классификация участка на основе Анализа экологических доменов (Резолюция 3 [2008 г.]):	
15	Классификация участка на основе Заповедных биогеографических регионов Антарктики (Резолюция 6 [2012 г.]):	
16	Наличие Ключевых орнитологические территории Антарктики (Резолюция 5 [2015 г.]):	
17	Краткое обоснование улучшения представленности участков в имеющейся сети охраняемых районов в результате предоставления статуса ООРА:	
18	Другая важная информация по результатам проведения оценки:	
19	Подтверждающая документация по вопросу	

Приложение 5

Предварительная повестка дня XXI заседания КООС (2018 г.)

1. Открытие заседания
2. Принятие Повестки дня
3. Стратегическое обсуждение дальнейшей работы КООС
4. Работа КООС
5. Сотрудничество с другими организациями
6. Восстановительные мероприятия и ликвидация экологического ущерба
7. Последствия изменения климата для окружающей среды
    a. Стратегический подход
    b. Реализация и пересмотр Рабочей программы ответных мер в отношении изменения климата
8. Оценка воздействия на окружающую среду (ОВОС)
    a. Проекты Всесторонней оценки окружающей среды
    b. Прочие вопросы ОВОС
9. Охрана районов и планы управления
    a. Планы управления
    b. Исторические места и памятники
    c. Правила поведения для посетителей участков
    d. Пространственная охрана морской среды и меры пространственного управления
    e. Прочие вопросы, связанные с Приложением V
10. Сохранение антарктической флоры и фауны
    a. Карантин и неместные виды
    b. Особо охраняемые виды
    c. Прочие вопросы, связанные с Приложением II
11. Экологический мониторинг и представление данных об окружающей среде
12. Отчёты об инспекциях
13. Общие вопросы
14. Выборы должностных лиц
15. Подготовка следующего заседания
16. Принятие Отчёта
17. Закрытие заседания

3. Приложения

Приложение 1

Предварительная Повестка дня XLI КСДА, Рабочие группы и распределение пунктов Повестки дня

Пленарное заседание

1. Открытие заседания.

2. Выборы должностных лиц и формирование Рабочих групп.

3. Принятие Повестки дня, распределение пунктов Повестки дня по Рабочим группам и рассмотрение Многолетнего стратегического плана работы.

4. Работа Системы Договора об Антарктике: отчёты и доклады Сторон, Наблюдателей и Экспертов.

5. Отчёт Комитета по охране окружающей среды.

Рабочая группа 1 ***(стратегические, правовые и институциональные вопросы)***

6. Работа Системы Договора об Антарктике: общие вопросы.

7. Работа Системы Договора об Антарктике: вопросы, касающиеся Секретариата.

8. Материальная ответственность.

9. Биопроспектинг в Антарктике.

10. Обмен информацией.

11. Вопросы просвещения.

12. Многолетний стратегический план работы.

Рабочая группа 2 ***(научные, операционные и туристические вопросы)***

13. Безопасность и деятельность в Антарктике.

14. Инспекции в рамках Договора об Антарктике и Протокола по охране окружающей среды.

15. Вопросы науки, будущих проблемных аспектов научной деятельности, научного сотрудничества и содействия.

16. Последствия изменения климата для режима управления в районе действия Договора об Антарктике.

17. Туризм и неправительственная деятельность в районе действия Договора об Антарктике, включая рассмотрение вопросов компетентных органов.

Пленарное заседание

18. Подготовка XLII Совещания.

19. Прочие вопросы.

20. Принятие Заключительного отчёта.

21. Закрытие Совещания.

Приложение 2

Коммюнике принимающей страны

40-е Консультативное совещание по Договору об Антарктике (XL КСДА) было проведено в г. Пекин, Китай, в период с 23 мая по 1 июня 2017 года. Совещание прошло под председательством Его Превосходительства г-на Лю Чжэньминя (Liu Zhenmin), заместителя министра иностранных дел Китайской Народной Республики. 20-е заседание Комитета по охране окружающей среды (КООС) было проведено в период 22–26 мая 2017 года под председательством г-на Юэна Мак-Айвора (Ewan McIvor) из Австралии. Совещание и заседание были организованы совместно Министерством иностранных дел Китая и Государственной океанической администрацией Китая.

На ежегодном Совещании присутствовали более 400 участников от Сторон Договора об Антарктике, наблюдателей и приглашённых экспертов от международных организаций. Его Превосходительство г-н Чжан Гаоли (Zhang Gaoli), вице-премьер Государственного совета Китайской Народной Республики, официально открыл XL КСДА. Его Превосходительство г-н Ян Цзечи (Yang Jiechi), член Государственного Совета Китайской Народной Республики, встретился со всеми делегатами.

В ходе обсуждений, проведённых на КСДА, основное внимание было сосредоточено на следующих вопросах: работа Системы Договора об Антарктике, материальная ответственность, биопроспектинг в Антарктике, обмен информацией, вопросы просвещения, многолетний стратегический план работы, безопасность и деятельность в Антарктике, инспекции в рамках Договора об Антарктике и Протокола по охране окружающей среды, вопросы науки, научное сотрудничество и содействие, будущие проблемные аспекты научной деятельности в Антарктике, последствия изменения климата для режима управления в районе действия Договора об Антарктике, туризм и неправительственная деятельность в районе действия Договора об Антарктике.

В ходе заседания КООС были рассмотрены следующие темы: деятельность и дальнейшая работа КООС, сотрудничество с другими организациями, восстановительные мероприятия и ликвидация экологического ущерба, последствия изменения климата для окружающей среды, оценка воздействия на окружающую среду, охрана районов и планы управления, сохранение антарктической флоры и фауны, мониторинг состояния окружающей среды и представления отчётов и отчёты об инспекциях.

Г-н Альберт Льюберас Бонаба (Albert Lluberas Bonaba) из Уругвая был избран Исполнительным секретарём Секретариата Договора об Антарктике на период 2017-2021 гг. Стороны передали свои поздравления г-ну Альберту Льюберасу Бонабе и высоко оценили отличную работу нынешнего Исполнительного секретаря д-ра Манфреда Райнке (Manfred Reinke) за последние восемь лет.

23 мая 2017 г. после открытия XL КСДА было проведено специальное заседание под названием «Our Antarctica: Protection and Utilization» [Наша Антарктика: охрана и использование], инициатором которого выступил Китай как страна-организатор. Хотя заседание не было частью официальной повестки дня КСДА, для участия в нём были приглашены все делегаты КСДА и КООС. Совещание было проведено под председательством Его Превосходительства г-на Лю Чжэньминя. После вступительного слова Его Превосходительства г-на Чжана Есуй (Zhang Yesui), первого заместителя министра иностранных дел Китая, своими соображениями по вопросам, относящимся к охране и использованию Антарктики, поделились ещё восемь докладчиков, включая государственных представителей и учёных из Австралии, Аргентины, Великобритании, Китая, Польши, России, США и Чили. Для отражения выступлений докладчиков Китай представил краткий обзор Председателя в форме Информационного документа в рамках Пункта 6 Повестки дня КСДА.

Стороны выразили признательность Правительству Китая за организацию и приём XL КСДА, а также за превосходные условия и обеспечение работы Совещания.

Следующее КСДА будет проводиться в Эквадоре в 2018 году.

ЧАСТЬ II

МЕРЫ, РЕШЕНИЯ И РЕЗОЛЮЦИИ

1. Меры

Мера 1 (2017 г.)

Особо охраняемый район Антарктики № 109
«Остров Муэ» (Южные Оркнейские острова): пересмотренный План управления

Представители,

на основании Статей 3, 5 и 6 Приложения V к Протоколу по охране окружающей среды к Договору об Антарктике (далее – Протокол), регламентирующих вопросы определения Особо охраняемых районов Антарктики (ООРА) и утверждения Планов управления этими Районами;

напоминая о

- Рекомендации IV-13 (1966 г.), в рамках которой остров Муэ (Южные Оркнейские острова) был определен в качестве Особо охраняемого района (ООР) № 13 с приложением к ней карты этого Района;
- Рекомендации XVI-6 (1991 г.), содержащей в качестве приложения пересмотренное описание ООР № 13 и План управления этим Районом;
- Мере 1 (1995 г.), содержащей в качестве приложения пересмотренные описание и План управления ООР № 13;
- Решении 1 (2002 г.), в соответствии с которым ООР № 13 был переименован и перенумерован в ООРА № 109;
- Мере 1 (2007 г.) и Мере 1 (2012 г.), в соответствии с которыми были приняты пересмотренные Планы управления ООРА № 109;

напоминая о том, что Рекомендация IV-13 (1966 г.) была признана утратившей силу Решением 1 (2011 г.), Резолюция 9 (1995 г.) была признана утратившей силу Резолюцией 1 (2008 г.), Рекомендация XVI-6 (1991 г.) не вступила в силу и была отменена Решением (D) (2017 г.) и Мера 1 (1995 г.) не вступила в силу и была отменена Мерой 3 (2012 г.);

отмечая одобрение пересмотренного Плана управления ООРА № 109 Комитетом по охране окружающей среды;

желая заменить действующий План управления ООРА № 109 пересмотренным Планом управления;

Рекомендуют своим Правительствам на утверждение следующую Меру в соответствии с пунктом 1 Статьи 6 Приложения V к Протоколу:

а именно:

1. Утвердить пересмотренный План управления Особо охраняемым районом Антарктики № 109 «Остров Муэ» (Южные Оркнейские острова), прилагаемый к настоящей Мере.

2. Признать План управления Особо охраняемым районом Антарктики № 109, приложенный к Мере 1 (2012 г.), утратившим силу.

Мера 2 (2017 г.)

Особо охраняемый район Антарктики № 110 «Остров Линч» (Южные Оркнейские острова): пересмотренный План управления

Представители,

напоминая о Статьях 3, 5 и 6 Приложения V к Протоколу по охране окружающей среды к Договору об Антарктике (далее – Протокол), регламентирующих вопросы определения Особо охраняемых районов Антарктики (ООРА) и утверждения Планов управления этими Районами;

на основании

- Рекомендации IV-14 (1966 г.), в рамках которой остров Линч (Южные Оркнейские острова) был определён в качестве Особо охраняемого района (ООР) № 14 с приложением к ней карты этого Района;
- Рекомендации XVI-6 (1991 г.), содержащей в качестве приложения План управления данным Районом;
- Мере 1 (2000 г.), содержащей в качестве приложения пересмотренный План управления ООР № 14;
- Решении 1 (2002 г.), в соответствии с которым ООР № 14 был переименован и перенумерован в ООРА № 110;
- Мере 2 (2012 г.), в соответствии с которой был принят пересмотренный План управления ООРА № 110;

напоминая о том, что Рекомендация XVI-6 (1991 г.) и Мера 1 (2000 г.) не вступили в силу и были отменены Решением (D) (2017 г.);

отмечая одобрение пересмотренного Плана управления ООРА № 110 Комитетом по охране окружающей среды;

желая заменить действующий План управления ООРА № 110 пересмотренным Планом управления;

Рекомендуют своим Правительствам на утверждение следующую Меру в соответствии с пунктом 1 Статьи 6 Приложения V к Протоколу:

а именно:

1. Утвердить пересмотренный План управления Особо охраняемым районом Антарктики № 110 «Остров Линч» (Южные Оркнейские острова), прилагаемый к настоящей Мере.
2. Признать План управления Особо охраняемым районом Антарктики № 110, приложенный к Мере 2 (2012 г.), утратившим силу.

Мера 3 (2017 г.)

Особо охраняемый район Антарктики № 111

«Южная часть острова Поуэлл и соседние острова» (Южные Оркнейские острова): пересмотренный План управления

Представители,

напоминая о Статьях 3, 5 и 6 Приложения V к Протоколу по охране окружающей среды к Договору об Антарктике (далее – Протокол), регламентирующих вопросы определения Особо охраняемых районов Антарктики (ООРА) и утверждения Планов управления этими Районами;

напоминая о

- Рекомендации IV-15 (1966 г.), в рамках которой южная часть острова Поуэлл и соседние острова (Южные Оркнейские острова) были определены в качестве Особо охраняемого района (ООР) № 15 с приложением к ней карты этого Района;
- Рекомендации XVI-6 (1991 г.), содержащей в качестве приложения План управления ООР № 15;
- Мере 1 (1995 г.), содержащей в качестве приложения уточнённое описание и пересмотренный План управления ООР № 15;
- Решении 1 (2002 г.), в соответствии с которым ООР № 15 был переименован и перенумерован в ООРА № 111;
- Мере 3 (2012 г.), в соответствии с которой был принят пересмотренный План управления ООРА № 111;

напоминая о том, что Рекомендация XVI-6 (1991 г.) не вступила в силу и была отменена Решением (D) (2017 г.) и Мера 1 (1995 г.) не вступила в силу и была отменена Мерой 3 (2012 г.);

отмечая одобрение пересмотренного Плана управления ООРА № 111 Комитетом по охране окружающей среды;

желая заменить действующий План управления ООРА № 111 пересмотренным Планом управления;

Рекомендуют своим Правительствам на утверждение следующую Меру в соответствии с пунктом 1 Статьи 6 Приложения V к Протоколу:

а именно:

1. Утвердить пересмотренный План управления Особо охраняемым районом Антарктики № 111 «Южная часть острова Поуэлл и соседние острова» (Южные Оркнейские острова), прилагаемый к настоящей Мере.
2. Признать План управления Особо охраняемым районом Антарктики № 111, приложенный к Мере 3 (2012 г.), утратившим силу.

Мера 4 (2017 г.)

Особо охраняемый район Антарктики № 115
«Остров Лаготельри» (залив Маргерит, Земля Грейама): пересмотренный План управления

Представители,

напоминая о Статьях 3, 5 и 6 Приложения V к Протоколу по охране окружающей среды к Договору об Антарктике (далее – Протокол), регламентирующих вопросы определения Особо охраняемых районов Антарктики (ООРА) и утверждения Планов управления этими Районами;

напоминая о

- Рекомендации XIII-11 (1985 г.), в рамках которой остров Лаготельри (залив Маргерит, Земля Грейама) был определен в качестве Особо охраняемого района (ООР) № 19 с приложением к ней карты этого Района;
- Рекомендации XVI-6 (1991 г.), содержащей в качестве приложения План управления данным Районом;
- Мере 1 (2000 г.), содержащей в качестве приложения пересмотренный План управления ООР № 19;
- Решении 1 (2002 г.), в соответствии с которым ООР № 19 был переименован и перенумерован в ООРА № 115;
- Мере 5 (2012 г.), в соответствии с которой был принят пересмотренный План управления ООРА № 115;

напоминая о том, что Рекомендация XVI-6 (1991 г.) и Мера 1 (2000 г.) не вступили в силу и были отменены Решением (D) (2017 г.);

отмечая одобрение пересмотренного Плана управления ООРА № 115 Комитетом по охране окружающей среды;

желая заменить действующий План управления ООРА № 115 пересмотренным Планом управления;

рекомендуют своим Правительствам на утверждение следующую Меру в соответствии с пунктом 1 Статьи 6 Приложения V к Протоколу:

а именно:

1. Утвердить пересмотренный План управления Особо охраняемым районом Антарктики № 115 «Остров Лаготельри» (залив Маргерит, Земля Грейама), прилагаемый к настоящей Мере.
2. Признать План управления Особо охраняемым районом Антарктики № 115, приложенный к Мере 5 (2012 г.), утратившим силу.

Мера 5 (2017 г.)

Особо охраняемый район Антарктики № 129 «Мыс Ротера» (остров Аделейд): пересмотренный План управления

Представители,

напоминая о Статьях 3, 5 и 6 Приложения V к Протоколу по охране окружающей среды к Договору об Антарктике (далее – Протокол), регламентирующих вопросы определения Особо охраняемых районов Антарктики (ООРА) и утверждения Планов управления этими Районами;

напоминая о

- Рекомендации XIII-8 (1985 г.), в рамках которой мыс Ротера (остров Аделейд) был определен в качестве Участка особого научного интереса (УОНИ) № 9 с приложением к ней Плана управления этим Участком;
- Резолюции 7 (1995 г.), в рамках которой был продлен срок действия статуса района в качестве УОНИ № 9;
- Мере 1 (1996 г.), содержащей в качестве приложения пересмотренные описание и План управления УОНИ № 9;
- Решении 1 (2002 г.), в соответствии с которым УОНИ № 9 был переименован и перенумерован в ООРА № 129;
- Мере 1 (2007 г.), в соответствии с которой был принят пересмотренный План управления ООРА № 129 и пересмотрены границы Района;
- Мере 6 (2012 г.), в соответствии с которой был принят пересмотренный План управления ООРА № 129;

напоминая о том, что Резолюция 7 (1995 г.) была признана утратившей силу Решением 1 (2011 г.) и Мера 1 (1996 г.) не вступила в силу и была отменена Мерой 10 (2008 г.);

отмечая одобрение пересмотренного Плана управления ООРА № 129 Комитетом по охране окружающей среды;

желая заменить действующий План управления ООРА № 129 пересмотренным Планом управления;

рекомендуют своим Правительствам на утверждение следующую Меру в соответствии с пунктом 1 Статьи 6 Приложения V к Протоколу:

а именно:

1. Утвердить пересмотренный План управления Особо охраняемым районом Антарктики № 129 «Мыс Ротера» (остров Аделейд), прилагаемый к настоящей Мере.

2. Признать План управления Особо охраняемым районом Антарктики № 129, приложенный к Мере 6 (2012 г.), утратившим силу.

Мера 6 (2017 г.)

Особо охраняемый район Антарктики № 140

«Части острова Десепшен (Тейля)» (Южные Шетландские острова): пересмотренный План управления

Представители,

напоминая о Статьях 3, 5 и 6 Приложения V к Протоколу по охране окружающей среды к Договору об Антарктике (далее – Протокол), регламентирующих вопросы определения Особо охраняемых районов Антарктики (ООРА) и утверждения Планов управления этими Районами;

напоминая о

- Рекомендации XIII-8 (1985 г.), в соответствии с которой побережье Порт-Фостер (остров Десепшен (Тейля), Южные Шетландские острова) было определено в качестве Участка особого научного интереса (УОНИ) № 21 с приложением к ней Плана управления этим Участком;
- Резолюции 7 (1995 г.) и Мере 2 (2000 г.), в рамках которых был продлен срок действия статуса района в качестве УОНИ № 21;
- Решении 1 (2002 г.), в соответствии с которым УОНИ № 21 был переименован и перенумерован в ООРА № 140;
- Мере 3 (2005 г.) и Мере 8 (2012 г.), в соответствии с которыми были приняты пересмотренные Планы управления ООРА № 140;

напоминая о том, что Резолюция 7 (1995 г.) была признана утратившей силу Решением 1 (2011 г.) и Мера 2 (2000 г.) не вступила в силу и была отменена Мерой 5 (2009 г.);

отмечая одобрение пересмотренного Плана управления ООРА № 140 Комитетом по охране окружающей среды;

желая заменить действующий План управления ООРА № 140 пересмотренным Планом управления;

рекомендуют своим Правительствам на утверждение следующую Меру в соответствии с пунктом 1 Статьи 6 Приложения V к Протоколу:

а именно:

1. Утвердить пересмотренный План управления Особо охраняемым районом Антарктики № 140 «Части острова Десепшен (Тейля)» (Южные Шетландские острова), прилагаемый к настоящей Мере.
2. Признать План управления Особо охраняемым районом Антарктики № 140, приложенный к Мере 8 (2012 г.), утратившим силу.

Мера 7 (2017 г.)

Особо охраняемый район Антарктики № 165 «Мыс Эдмонсон» (бухта Вуд, море Росса): пересмотренный План управления

Представители,

напоминая о Статьях 3, 5 и 6 Приложения V к Протоколу по охране окружающей среды к Договору об Антарктике, регламентирующих вопросы определения Особо охраняемых районов Антарктики (ООРА) и утверждения Планов управления этими Районами;

напоминая о Мере 1 (2006 г.), в рамках которой мыс Эдмонсон (бухта Вуд, море Росса) был определен в качестве ООРА № 165 с приложением к ней Плана управления Районом;

напоминая о Мере 8 (2011 г.), в соответствии с которой был принят пересмотренный План управления ООРА № 165;

отмечая одобрение пересмотренного Плана управления ООРА № 165 Комитетом по охране окружающей среды;

желая заменить действующий План управления ООРА № 165 пересмотренным Планом управления;

рекомендуют своим Правительствам на утверждение следующую Меру в соответствии с пунктом 1 Статьи 6 Приложения V к Протоколу по охране окружающей среды к Договору об Антарктике:

а именно:

1. Утвердить пересмотренный План управления Особо охраняемым районом Антарктики № 165 «Мыс Эдмонсон» (бухта Вуд, море Росса), прилагаемый к настоящей Мере.

2. Признать План управления Особо охраняемым районом Антарктики № 165, приложенный к Мере 8 (2011 г.), утратившим силу.

Мера 8 (2017 г.)

Особо охраняемый район Антарктики № 5 «Южнополярная станция Амундсен-Скотт» (Южный полюс): пересмотренный План управления

Представители,

напоминая о Статьях 4, 5 и 6 Приложения V к Протоколу по охране окружающей среды к Договору об Антарктике (далее – Протокол), регламентирующих вопросы определения Особо управляемых районов Антарктики (ОУРА) и утверждения Планов управления этими Районами;

напоминая о Мере 2 (2007 г.), в рамках которой Южнополярная станция Амундсен-Скотт (Южный полюс) была определена в качестве Особо управляемого района Антарктики № 5;

отмечая одобрение пересмотренного Плана управления ОУРА № 5 Комитетом по охране окружающей среды;

желая заменить действующий План управления ОУРА № 5 пересмотренным Планом управления;

рекомендуют своим Правительствам на утверждение следующую Меру в соответствии с пунктом 1 Статьи 6 Приложения V к Протоколу:

а именно:

1. Утвердить пересмотренный План управления Особо управляемым районом Антарктики № 5 «Южнополярная станция Амундсен-Скотт» (Южный полюс), прилагаемый к настоящей Мере.
2. Признать План управления Особо управляемым районом Антарктики № 5, приложенный к Мере 2 (2007 г.), утратившим силу.

2. Решения

Решение 1 (2017 г.)

Вспомогательной группы по ответным мерам в отношении изменения климата (SGCCR) Комитета по охране окружающей среды

Представители,

ссылаясь на Правило 10 Пересмотренных Правил процедуры Комитета по охране окружающей среды, приложенных к Решению 2 (2011 г.), в которых предусмотрено, что Комитет по охране окружающей среды (далее – КООС) «при необходимости [...] может создавать вспомогательные органы по согласованию с Консультативным совещанием по Договору об Антарктике» и что такие вспомогательные органы должны работать в установленном порядке согласно Правилам процедуры КООС;

напоминая о Резолюции 4 (2015 г.), в которой содержится призыв к КООС в первоочерёдном порядке приступить к реализации Рабочей программы ответных мер в отношении изменения климата (далее – CCRWP);

отмечая, что КООС на своём двадцатом заседании обратился к Консультативному совещанию по Договору об Антарктике с просьбой создать Вспомогательную группу по ответным мерам в отношении изменения климата (SGCCR) (см. пункт 79 Отчёта Двадцатого заседания Комитета по охране окружающей среды [КООС XX] [далее – Отчёт XX заседания КООС]);

отмечая, что общие принципы работы SGCCR, включая техническое задание, описаны в Приложении 2 к Отчёту XX заседания КООС;

принимают следующее решение: утвердить создание Комитетом по охране окружающей среды (далее – КООС) Вспомогательной группы по ответным мерам в отношении изменения климата в качестве вспомогательного органа КООС в соответствии с Правилом 10 Пересмотренных Правил процедуры Комитета по охране окружающей среды, приложенных к Решению 2 (2011 г.).

Решение 2 (2017 г.)

Руководство по предоставлению статуса Консультативной Стороны

Представители,

признавая необходимость внесения изменений в порядок консультаций и оценки, проводимых в случае, если другое Государство, присоединившись к Договору об Антарктике, должно уведомить Правительство-депозитарий о том, что, по его мнению, оно имеет право назначать представителей для участия в Консультативных совещаниях по Договору об Антарктике (далее – КСДА);

напоминая о своём обязательстве, предусмотренном Статьёй X Договора об Антарктике, «прилагать соответствующие усилия совместимые с Уставом Организации Объединённых Наций, с тем, чтобы в Антарктике не проводилось какой-либо деятельности, противоречащей принципам или целям» Договора об Антарктике;

признавая, что Договаривающаяся Сторона, ставшая Стороной Договора об Антарктике путём присоединения, имеет право назначать представителей для участия в Консультативных совещаниях по Договору об Антарктике (КСДА) в соответствии с пунктом 2 Статьи IX Договора об Антарктике «в течение того времени пока эта Договаривающаяся Сторона проявляет свою заинтересованность в Антарктике проведением там существенной научно-исследовательской деятельности, такой как создание научной станции или посылка научной экспедиции»;

напоминая о своём обязательстве, предусмотренном в пункте 4 Статьи 22 Протокола по охране окружающей среды к Договору об Антарктике (далее – Протокол), не принимать меры в отношении уведомления о предоставлении права Договаривающейся Стороне Договора об Антарктике назначать представителей для участия в КСДА за исключением случаев, когда Договаривающаяся Сторона вначале ратифицировала, приняла или одобрила Протокол или присоединилась к нему;

подчёркивая важность Договаривающихся Сторон Договора об Антарктике, которые стремятся получить статус Консультативной Стороны, одобряя все вступившие в силу Приложения к Протоколу;

принимая во внимание то, что Решение 4 (2005 г.), принятое на XXVIII КСДА, и Руководство об уведомлении, касающемся Консультативного статуса, принятое на XIV КСДА, нуждаются в обновлении;

принимают следующее решение:

1. Договаривающаяся Сторона, которая считает себя вправе назначать Представителей в соответствии с пунктом 2 Статьи IX Договора об Антарктике, должна уведомить об этом Правительство-депозитарий Договора об Антарктике и должна предоставить информацию, касающуюся её деятельности в Антарктике, не позднее чем за 210 дней до проведения Консультативного совещания по Договору об Антарктике (далее – КСДА), на котором должен рассматриваться запрос о признании статуса Консультативной Стороны, в частности, согласно рекомендациям КСДА, содержащимся в настоящем Решении и Приложении к нему. Правительство-депозитарий должно незамедлительно обратиться ко всем остальным Консультативным Сторонам за оценкой вышеупомянутого уведомления и информации.

2. Консультативные Стороны, выполняя обязательство, возложенное на них Статьёй X Договора об Антарктике, должны изучить информацию, предоставленную такой Договаривающейся Стороной, могут провести любые соответствующие проверки (в том числе воспользоваться своим правом проводить инспекции в соответствии со Статьёй VII Договора об Антарктике) и могут через Правительство-депозитарий настоять на том, чтобы такая Договаривающаяся Сторона сделала заявление о намерениях одобрить Рекомендации и Меры, одобренные на КСДА и затем утверждённые всеми Договаривающимися Сторонами, представители которых получили право участвовать в данных совещаниях. Консультативные Стороны могут через Правительство-депозитарий предложить Договаривающейся Стороне рассмотреть вопрос утверждения других Рекомендаций и Мер.

3. Правительство, которое должно принимать следующее КСДА, в контексте подготовки предварительной повестки дня КСДА в соответствии с Правилами процедуры КСДА должно включить

в предварительную повестку дня соответствующий пункт для рассмотрения уведомления.

4. КСДА должно решить на основании всей предоставленной ему информации, можно ли предоставить рассматриваемой Договаривающейся Стороне статус Консультативной Стороны в соответствии с требованиями пункта 2 Статьи IX Договора об Антарктике и пункта 4 Статьи 22 Протокола по охране окружающей среды к Договору об Антарктике. Правительство принимающей Стороны должно уведомить Договаривающуюся Сторону о Решении КСДА предоставить ей статус Консультативной Стороны.

5. Руководство по предоставлению статуса Консультативной Стороны приложено к настоящему Решению.

6. Руководство об уведомлении, касающемся консультативного статуса, принятое на XIV КСДА, и Решение 4 (2005 г.) заменяются настоящим Решением и Приложением к нему.

Руководство по предоставлению статуса Консультативной Стороны

Настоящее Руководство по предоставлению статуса Консультативной Стороны подлежит выполнению Договаривающейся Стороной Договора об Антарктике, которая считает, что она имеет право назначать представителей для участия в Консультативных совещаниях по Договору об Антарктике (далее – КСДА), а также Консультативными Сторонами в отношении процедуры и оценки запроса на КСДА.

a) Договаривающаяся Сторона, подающая запрос о получении статуса Консультативной Стороны (далее – ДСКС), должна проинформировать Консультативные стороны о своём намерении подать запрос на предоставление статуса Консультативной Стороны как можно более заблаговременно, до начала КСДА, на котором должен рассматриваться этот запрос.

b) ДСКС должна формально уведомить Правительство-депозитария и предоставить необходимый пакет документов не позднее, чем за 210 дней до КСДА, на котором должен рассматриваться её запрос.

c) ДСКС должна предоставить пакет документов через Правительство-депозитария как минимум на одном из четырёх официальных языков КСДА, при этом краткое резюме должно быть переведено на четыре языка Договора службой перевода Секретариата Договора об Антарктике, как только оно будет получено.

d) ДСКС должна помнить, что Договаривающаяся Сторона, ставшая Стороной Договора об Антарктике путём присоединения, имеет право назначать представителей для участия в Консультативных совещаниях по Договору об Антарктике (КСДА) в соответствии с пунктом 2 Статьи IX Договора об Антарктике «в течение того времени, пока эта Договаривающаяся Сторона проявляет свою заинтересованность в Антарктике проведением там существенной научно-исследовательской деятельности, такой как создание научной станции или посылка научной экспедиции», и что эти примеры не являются исчерпывающими;

e) Пакет документов ДСКС должен включать в себя описание всех программ научных исследований и деятельности, осуществляемой в Антарктике на протяжении последних десяти лет. В него могут быть включены:

   - список публикаций, относящихся к Антарктике, в том числе как статьи в рецензируемых научных журналах, так и документы, поданные в международные органы;
   - список публикаций, подготовленных в соавторстве с представителями других стран;

- подробная информация об упоминаниях соответствующих документов, имевших высокий рейтинг в указателе ссылок в научной литературе;
- подробная информация о данных, внесённых ДСКС, с акцентом на данные, упомянутые в публикациях, которые имеют высокий рейтинг в указателях ссылок в научной литературе, и данные, которые были внесены в антарктические научные программы и базы данных по Антарктике;
- создание наборов данных, доступных для научного сообщества; а также (или)
- примеры наград за достижения в науке или формального признания достижений.

f) ДСКС должна также предоставить полную информацию, которая указывает на непрерывный вклад в научные исследования. Сюда могут быть включены:

- текущие и планируемые программы научных исследований в Антарктике, в том числе участие в международных антарктических научно-исследовательских группах, программах и организациях;
- сведения и статус необходимой оценки воздействия предполагаемой деятельности на окружающую среду в Антарктике;
- сведения о научно-исследовательской базе и логистических ресурсах, существующих или планируемых, для обеспечения научно-исследовательской деятельности в Антарктике;
- соотношение научного и логистического персонала в летнее и зимнее время;
- долговременные научные цели и планы научно-исследовательских работ; а также (или)
- назначение компетентного национального органа в соответствии со Статьёй 1 Приложения II к Протоколу по охране окружающей среды к Договору об Антарктике (далее – Протокол).

g) ДСКС должна предоставить описание всей деятельности по планированию, управлению и выполнению своих научных программ и логистической поддержки в Антарктике в соответствии с Договором об Антарктике и Протоколом: Сюда могут быть включены:

- методы управления делами в Антарктике правительственными структурами;
- законодательство, необходимое для обеспечения выполнения требований обязывающих соглашений КСДА соответствующими национальными учреждениями;
- указание всех остальных привлечённых правительственных и неправительственных учреждений; а также (или)

- инвестиции, выделяемые как для программ научных исследований в Антарктике, так и для логистической поддержки.

h) ДСКС должна предоставлять подробную информацию о своей способности и готовности содействовать международному сотрудничеству в соответствии со Статьёй III Договора об Антарктике. Эта информация может включать в себя:

- схемы сотрудничества или соглашения, которые Сторона может заключать на месте с другими государствами, ведущими деятельность в Антарктике, для продвижения своих программ научных исследований в Антарктике;
- количество учёных из других стран, привлечённых к работе в антарктических проектах (полевых или лабораторных);
- количество учёных ДСКС, принимающих участие в полевых экспедициях, организованных другой Стороной;
- перечень совместных международных проектов, в которых ДСКС является партнёром; а также (или)
- меры, принятые для облегчения инспекций собственных объектов или судов либо логистической поддержки, проводимых наблюдателями в соответствии со Статьёй VII Договора об Антарктике и Статьёй 14 Протокола.

i) ДСКС должна учитывать обязательство Консультативных Сторон в соответствии со Статьёй 22(4) Протокола не принимать меры в отношении уведомления о признании статуса Консультативной Стороны за исключением случаев, когда Договаривающаяся Сторона вначале ратифицировала, приняла или одобрила Протокол или присоединилась к нему, а также одобрила все вступившие в силу Приложения к Протоколу.

j) ДСКС должна сделать заявление о намерениях одобрить Рекомендации и Меры, утверждённые на КСДА и затем одобренные всеми Консультативными Сторонами.

k) Если научная экспедиция является единственным или основным обоснованием для запроса о получении статуса Консультативной Стороны, ДСКС должна предоставить информацию о том, до какой степени и под чью ответственность в экспедиции обеспечено самоуправление, сведения об использовании собственного имущества, имущества поставщика услуг или имущества существующей Консультативной Стороны, при этом экспедиция должна быть организованной, профинансированной и возглавляемой ДСКС.

l) ДСКС должна учитывать, что получение соответствующим её органом статуса полного члена Совета управляющих национальных антарктических программ (далее – КОМНАП) рассматривается как положительный индикатор участия в решении операционных вопросов поддержки научной деятельности в Антарктике, в то время как получение соответствующим её органом статуса полного члена Научного комитета по антарктическим исследованиям (далее – СКАР) и участие в научной деятельности СКАР будут рассматриваться как важный индикатор участия в научной деятельности в Антарктике.

m) ДСКС должна загрузить все соответствующие данные в Систему электронного обмена информацией (СЭОИ) Секретариата Договора об Антарктике, в том числе в раздел «Научная информация».

n) Настоятельно рекомендуется, чтобы в процессе получения статуса Консультативной Стороны ДСКС в соответствующих случаях обращалась за помощью к другим Консультативным сторонам.

Решение 3 (2017 г.)

Отменённые меры

Представители,

напоминая о Решении 3 (2002 г.), Решении 1 (2007 г.), Решении 1 (2011 г.), Решении 1 (2012 г.), Решении 1 (2014 г.) и Решении 2 (2015 г.), которыми установлен перечень мер*, признанных выполненными или утратившими актуальность;

пересмотрев ряд мер, которым Секретариат Договора об Антарктике присвоил статус «ещё не вступивших в силу»;

признавая, что меры, перечисленные в Приложении к настоящему Решению, выполнены или охвачены последующими мерами по той же самой теме, одобренными Сторонами;

принимают следующее решение:

1. Отменить меры, перечисленные в Приложении к настоящему Решению.
2. Направить в Секретариат Договора об Антарктике запрос на размещение текста мер, перечисленных в Приложении к настоящему Решению, на веб-сайте Секретариата таким образом, чтобы было чётко понятно, что эти меры не вступили в силу и были отменены.

* Примечание. Меры, принятые ранее согласно Статье IX Договора об Антарктике, до XIX КСДА (1995 г.) назывались Рекомендациями и начали разделяться на Меры, Решения и Резолюции согласно Решению 1 (1995 г.).

Отменённые меры

Рекомендация XV-2 (1989 г.)

Рекомендация XV-16 (1989 г.)

Рекомендация XVI-6 (1991 г.)

Рекомендация XVII-1 (1992 г.)

Рекомендация XVII-4 (1992 г.)

Мера 1 (2000 г.)

Решение 4 (2017 г.)

Порядок назначения Председателей Рабочих групп Консультативного совещания по Договору об Антарктике

Представители,

напоминая о том, что Правило 11 пересмотренных Правил процедуры Консультативного совещания по Договору об Антарктике, приложенных к Решению 2 (2015 г.) (далее – Правила процедуры), наделяет Консультативное совещание по Договору об Антарктике (далее – КСДА) правом учреждения Рабочих групп и назначения Председателей Рабочих групп;

отмечая, что в Правиле 11 Правил процедуры ничего не говорится об организационных вопросах назначения Председателей Рабочих групп;

напоминая о том, что на XXXIX КСДА (2016 г.) было принято решение разработать Порядок назначения Председателей Рабочих групп;

принимают следующее решение: отбор соискателей и назначение Председателей Рабочих групп осуществляются в соответствии с представленным ниже порядком:

1. Не менее чем за 180 дней до проведения каждого Консультативного совещания по Договору об Антарктике (далее – КСДА) Секретариат Договора об Антарктике (далее – Секретариат) проводит консультации со всеми Председателями Рабочих групп, назначенными на предыдущем Совещании, на предмет их готовности возглавлять Рабочую группу, если они соответствуют критериям Правила 11 пересмотренных Правил процедуры Консультативного совещания по Договору об Антарктике, приложенных к Решению 2 (2015 г.) (далее – Правила процедуры).

2. Не менее чем за 120 дней до проведения каждого КСДА Секретариат выпустит циркуляр, чтобы:

a) напомнить Консультативным Сторонам о предварительных договорённостях в отношении Рабочих групп, определённых на предыдущем Совещании в соответствии с Правилом 11 Правил процедуры, в том числе о:

i. созданных Рабочих группах;

ii. назначенных председателях Рабочих групп; а также

iii. распределении пунктов повестки дня для каждой Рабочей группы;

а также

b) уведомить Консультативные Стороны:

i. о тех предварительно назначенных Председателях Рабочих групп, которые сообщили, что на предстоящем Совещании или после него не смогут занимать должность председателя Рабочей группы, или которые не соответствуют критериям для продолжения работы в качестве Председателя конкретной Рабочей группы после предстоящего Совещания в соответствии с Правилом 11 Правил процедуры;

а также

ii. о том, в течение скольких последовательно проведённых Совещаний другие ныне действующие Председатели Рабочих групп выполняли функции Председателя в одной и той же Рабочей группе и на сколько лет они были назначены;

а также

c) в случаях предположительного возникновения вакансий обратиться к Консультативным сторонам с просьбой представить кандидатуры на должности Председателей Рабочих групп не позднее чем за 60 дней до начала КСДА, указав, что в каждом представлении:

i. должна содержаться кандидатура лица, обладающего хорошими практическими знаниями Системы Договора об Антарктике, практических сторон работы КСДА и рассматриваемых вопросов;

ii. должно быть указано, что соответствующая Сторона выразила поддержку своему кандидату на эту должность, по крайней мере на следующем Совещании и, возможно, на срок до 4 лет, отмечая требование к Председателям Рабочих групп участвовать в ежегодных Совещаниях и надлежащим образом готовиться к ним, а также быть готовыми взять на себя руководство или координацию деятельности в межсессионный период; а также

iii. должна быть указана предметная область (области), на которую выдвигается кандидат, с учётом того, что на предстоящем Совещании может быть принято решение о создании новых или иных Рабочих групп.

3. До начала КСДА Секретариат выпускает дополнительный Циркуляр, в котором подводятся итоги представления кандидатур.

4. На КСДА в рамках пункта повестки дня, касающегося выборов должностных лиц и создания Рабочих групп, Председатель КСДА:

   a) напоминает Консультативным Сторонам о необходимости создания Рабочих групп и назначения Председателей Рабочих групп в соответствии с Правилом 11 Правил процедуры КСДА;

   b) сообщает о Председателях Рабочих групп, предварительно назначенных в конце предыдущего Совещания, и об их готовности занимать эту должность на текущем Совещании;

   c) если какой-либо Председатель Рабочей группы, предварительно назначенный в конце предыдущего Совещания, более не может занимать эту должность, сообщает о том, были ли получены представления каких-либо кандидатур до проведения Совещания; а также

   d) предлагает представить кандидатуры, а если на какую-либо вакантную должность представлены две кандидатуры или больше, применяется процедура, описанная в пунктах 5(c)–(f) ниже.

5. На КСДА в рамках пункта повестки дня, касающегося организации следующего Совещания, Консультативные Стороны, насколько это практически возможно, используют следующую процедуру для назначения председателя (а также при необходимости сопредседателя или сопредседателей) какой-либо Рабочей группы, предварительно создаваемой для последующего Совещания:

   a) Председатель кратко излагает текущую ситуацию в отношении готовности и соответствия критериям нынешних председателей Рабочих групп для работы на следующем КСДА и сообщает о поступивших в Секретариат других кандидатурах и выражениях заинтересованности;

b) Председатель предлагает сообщить о наличии заинтересованности или представить кандидатуры во время проведения Совещания;

c) для признания выборов состоявшимися необходим кворум;

d) каждая Консультативная сторона имеет право на один голос (в каждом туре голосования, если требуется несколько туров);

e) решение о результате выборов принимается простым большинством голосов присутствующих и участвующих в голосовании Консультативных сторон; а также

f) при наличии более двух кандидатов на должность Председателя Рабочей группы проводится несколько туров голосования с выбыванием кандидата, набравшего наименьшее количество голосов, в каждом туре.

6. При назначении Председателей Рабочих групп по возможности:

a) устанавливается постепенная сменяемость с разными сроками пребывания на посту Председателей различных Рабочих групп для обеспечения преемственности опыта Председателей Рабочих групп на всех КСДА; а также

b) несколько Председателей Рабочих групп не могут быть представителями от одной и той же Стороны, и при назначении обеспечивается гендерное и географическое разнообразие.

Решение 5 (2017 г.)

Отчет, Программа и Бюджет Секретариата

Представители,

напоминая о Мере 1 (2003 г.) по вопросу создания Секретариата Договора об Антарктике;

напоминая о Решении 2 (2012 г.) по вопросу создания Межсессионной контактной группы открытого состава по финансовым вопросам, созываемой страной, принимающей очередное Консультативное совещание по Договору об Антарктике;

принимая во внимание Финансовые положения Секретариата Договора об Антарктике, приложенные к Решению 4 (2003 г.);

принимают следующее решение:

1. Утвердить проверенный финансовый отчёт за 2015/16 финансовый год, прилагаемый к настоящему Решению (Дополнение 1).

2. Принять к сведению Отчёт Секретариата за 2016/17 финансовый год, включающий в себя Предварительный финансовый отчёт за 2016/17 финансовый год, прилагаемый к настоящему Решению (Дополнение 2).

3. Принять к сведению Прогнозный пятилетний финансовый план на 2017/18–2021/22 финансовые годы и утвердить Программу работы Секретариата на 2017/18 финансовый год, включая Бюджет на 2017/18 финансовый год, прилагаемые к настоящему Решению (Дополнение 3).

4. Рекомендовать стране, принимающей следующее Консультативное совещание по Договору об Антарктике, обратиться с просьбой к Исполнительному секретарю об открытии форума КСДА для открытой Межсессионной контактной группы по финансовым вопросам и оказании содействия в её работе.

Аудиторское заключение

Главе Секретариата
Договора об Антарктике Maipu 757, 4°piso
ИНН (CUIT) 30-70892567-1
Консультативное совещание по Договору об Антарктике (XL КСДА – XX заседание КООС), 2017 г., Пекин, Китай

1. Отчет о результатах аудиторской проверки финансовой отчётности

Мы провели аудит прилагаемой финансовой отчётности Секретариата Договора об Антарктике, состоящей из Отчёта о поступлениях и расходах, Отчёта о финансовом состоянии, Отчёта об изменениях в составе собственных средств, Отчёта о движении денежных средств с пояснительными Примечаниями к финансовой отчётности за период с 1 апреля 2015 года по 31 марта 2016 года.

2. Ответственность руководства аудируемого лица за финансовую отчётность

Секретариат Договора об Антарктике, созданный в соответствии с Законом Аргентины № 25.888 от 14 мая 2004 года, несёт ответственность за составление и достоверность указанной финансовой отчётности согласно принципам бухгалтерского учёта кассовых операций в соответствии с Международными стандартами финансовой отчётности и соответствующими внутренними стандартами Консультативных совещаний по Договору об Антарктике. Эта ответственность распространяется на организацию, применение и обеспечение функционирования системы внутреннего контроля, необходимой для составления и представления финансовой отчётности, не содержащей искажений вследствие ошибок или недобросовестных действий, выбор и реализацию отвечающей требованиям учётной политики и подготовку обоснованных учётных оценок.

3. Ответственность аудиторской организации

Мы несём ответственность за выраженное нами аудиторское мнение о финансовой отчётности, основанное на результатах проведенного аудита.

Мы провели аудит в соответствии с Международными стандартами аудита и Приложением к Решению 3 (2008 г.) XXXI Консультативного совещания по Договору об Антарктике, содержащем характеристику задач внешнего аудита.
Данные стандарты обязывают нас соблюдать нормы профессиональной этики, планировать и проводить аудит таким образом, чтобы обеспечить достаточную уверенность относительно отсутствия существенных искажений в представленной финансовой отчётности.

В ходе аудита нами были выполнены аудиторские процедуры, направленные на получение доказательств, подтверждающих значения показателей финансовой отчётности, а также другую раскрытую в ней информацию. Выбор аудиторских процедур осуществлялся на основании профессионального суждения с учётом оценки риска существенного искажения финансовой отчётности.

При оценке данного риска нами рассматривалась система внутреннего контроля, необходимая для составления организацией финансовой отчётности, не содержащей существенных искажений, с целью планирования аудиторских процедур, соответствующих обстоятельствам аудита.

Аудит также включал оценку уместности применяемой учётной политики, обоснованности учётных оценок и общего содержания финансовой отчётности, представленной руководством.

Мы полагаем, что в ходе аудита нами были получены достаточные и надлежащие аудиторские доказательства, которые могут являться основанием для выражения аудиторского мнения.

4. Аудиторское мнение

По нашему мнению прилагаемая и прошедшая аудиторскую проверку финансовая отчётность Секретариата Договора об Антарктике за финансовый год, закончившийся 31 марта 2016 года, подготовлена во всех существенных отношениях в соответствии с требованиями Международных стандартов финансовой отчётности и соответствующих внутренних стандартов Консультативных совещаний по Договору об Антарктике

5. Прочие сведения

Согласно Примечанию 1 к финансовой отчётности, подготовленной Секретариатом Договора об Антарктике, все операции отражены в соответствии с требованиями Финансовых Положений, приложенных к Решению 4 (2003 г.), которые в части используемых критериев оценки показателей и представления отчётности отличаются от стандартов ведения бухгалтерского учёта, принятых в г. Буэнос-Айресе, Республика Аргентина.

6. Дополнительная информация, включаемая в соответствии с требованием законодательства

На основании аудиторских процедур, упомянутых в пункте 3, доводим до сведения, что упомянутая выше отчётность основывается на данных бухгалтерского учёта, для ведения которого используются бухгалтерские книги, не отвечающие требованиям действующих аргентинских стандартов.

Также сообщаем, что согласно данным бухгалтерского учёта по состоянию на 31 марта 2016 года начисленные Секретариатом обязательства перед Единой системой социального обеспечения Аргентины составляют 124 004,85 аргентинских песо (14 059,51 долларов США), при этом обязательств с наступившим сроком платежа в аргентинских песо на указанную выше дату не имеется.

Следует отметить, что все трудовые правоотношения регулируются Положениями о персонале Секретариата Договора об Антарктике

Буэнос-Айрес, 27 апреля 2017 года

Национальное контрольно-ревизионное

управление Аргентинской Республики
(Sindicatura General de la Nación, SIGEN).

[подпись]
Орасио Канавери (Horacio Canaveri)
Дипломированный бухгалтер (U.M.)

1. **Отчёт о поступлениях и расходах по всем статьям за период с 1 апреля 2015 г. по 31 марта 2016 г. в сравнении с предшествующим финансовым годом**

		Бюджет	
ПОСТУПЛЕНИЯ	**31/03/2015**	**31/03/2015**	**31/03/2016**
Взносы (Примечание 10)	1.379.710	1.378.097	1.378.099
Прочие поступления (Примечание 2)	6.162	1.000	13.956
Итого поступлений	1.385.872	1.379.097	1.392.055
РАСХОДЫ			
Заработная плата	677.760	706.570	692.454
Услуги письменного и устного перевода	294.318	340.000	304.821
Командировочные расходы	104.207	99.000	92.238
Информационные технологии	33.224	47.815	39.259
Типографские, редакторские и копировальн	18.910	24.850	23.963
Общие услуги	73.382	49.447	53.818
Услуги связи	15.254	20.685	20.827
Расходы на содержание офиса	12.471	26.110	25.772
Административные расходы	8.582	16.315	7.101
Представительские расходы	4.267	4.000	4.154
Прочие расходы	0	0	0
Финансовые операции	7.986	11.393	2.251
Итого расходов	1.250.361	1.346.185	1.266.656
АССИГНОВАНИЯ В ФОНДЫ			
Фонд выходных пособий и компенсаций	30.314	32.912	32.988
Фонд возмещения расходов, связанных с г	0	0	0
Фонд оборотных средств	6.685	0	0
Фонд резерва для покрытия непредвиденні	0	0	0
Итого ассигнований в фонды	36.999	32.912	32.988
Итого расходов и ассигнований в фонды	1.287.360	1.379.097	1.299.644
(Дефицит) / Профицит за отчётный период	98.512	0	92.412

Данный отчёт должен рассматриваться совместно с прилагаемыми Примечаниями 1–10.

Приложение I – Окончательный финансовый отчёт за 2015/16 финансовый год

2. **Отчёт о финансовом положении по состоянию на 31 марта 2016 г. в сравнении с предшествующим финансовым годом**

	31/03/2015	31/03/2016
АКТИВЫ		
Текущие активы		
Денежные средства и их эквиваленты (Примечание 3)	1.057.170	1.227.598
Задолженность по взносам (Примечания 9 и 10)	196.163	136.317
Прочая дебиторская задолженность (Примечание 4)	39.306	44.805
Прочие текущие активы (Примечание 5)	146.017	65.550
Итого текущих активов	1.438.656	1.474.271
Внеоборотные активы		
Основные средства (Примечания 1.3 и 6)	109.434	100.459
Итого внеоборотных активов	109.434	100.459
Итого активов	1.548.090	1.574.730
ПАССИВЫ		
Краткосрочные обязательства		
Кредиторская задолженность по счетам (Примечание 7)	30.461	17.163
Взносы, поступившие авансом (Примечание 10)	467.986	347.173
Специальный фонд добровольных взносов (Примечание 1.9)	13.372	14.516
Вознаграждение и причитающиеся взносы (Примечание 8)	30.163	73.345
Итого по краткосрочным обязательствам	541.983	452.197
Долгосрочные обязательства		
Фонд выходных пособий и компенсаций (Примечание 1.4)	207.194	240.181
Фонд компенсации расходов, связанных с переездом сотруд	50.000	50.000
Фонд резерва для покрытия непредвиденных расходов (Прим	30.000	30.000
Фонд замещения основных средств (Примечание 1.8)	43.137	34.163
Итого по долгосрочным обязательствам	330.332	354.344
Итого обязательств/пассивов	872.314	806.541
ЧИСТЫЕ АКТИВЫ	675.776	768.189

Данный отчёт должен рассматриваться совместно с прилагаемыми Примечаниями 1–10.

3. Отчёт об изменениях чистых активов по состоянию на 31 марта 2015 и 2016 гг.

Состав	Чистые активы 31/03/2015	оступлени	Расходы и ассигнования	Прочие юступлени	Чистые активы 31/03/2016
Общий фонд	445.824	1.378.099	(1.299.644)	13.956	538.237
Задолженность по взносам (Пр	0	0			0
Фонд оборотных средств (Прим	229.952		0		229.952
Чистые активы	675.776				768.189

Данный отчёт должен рассматриваться совместно с прилагаемыми Примечаниями 1–10.

4 Отчёт о движении денежных средств за период с 1 апреля 2015 года по 31 марта 2016 года в сравнении с предшествующим годом

Изменения в денежных средствах и их эквивалентах			31/03/2016	31/03/2015
Денежные средства и их эквиваленты на начало года		1.057.170		
Денежные средства и их эквиваленты на конец года		1.227.598		
Чистое увеличение денежных средств и их эквивалентов			170.428	(174.633)
Причины изменений в денежных средствах их эквивалентах				
Текущая деятельность				
Поступление взносов	969.959			
Выплата заработной платы	(681.184)			
Оплата переводческих услуг	(243.109)			
Выплата командировочных расходов	(69.052)			
Оплата типографских, редакторских и копировально-множи	(23.963)			
Оплата общих услуг	(55.625)			
Прочие платежи поставщикам услуг	(54.523)			
Чистые денежные средства и их эквиваленты от текущей деятельности		(157.497)		(585.302)
Инвестиционная деятельность				
Приобретение основных средств	(38.362)			
Специальный фонд добровольных взносов	0			
Чистые денежные средства и эквиваленты денежных средств от инвестиционной деятельности		(38.362)		(35.719)
Финансовая деятельность				
Взносы, поступившие авансом	347.173			
Взимание подоходного налога, Положение 5.6 Положения	159.060			
Возмещение подоходного налога, Положение 5.6 Положен	(162.397)			
Предоплата за аренду, нетто	34.050			
Чистый возврат налога Федеральной Администрацией Гос	(24.132)			
Различные прочие поступления	13.793			
Чистые денежные средства и их эквиваленты от финансовой деятельности		367.546		454.379
Операции с иностранной валютой				
Чистый убыток	(1.260)			
Чистые денежные средства и их эквиваленты от операций с иностранной валютой		(1.260)		(7.991)
Чистое увеличение денежных средств и их эквивалентов			170.428	(174.633)

Данный отчёт должен рассматриваться совместно с прилагаемыми Примечаниями 1–10.

ПРИМЕЧАНИЯ К ФИНАНСОВЫМ ОТЧЁТАМ ПО СОСТОЯНИЮ НА 31 МАРТА 2015 и 2016 гг.

1 МЕТОДИКА ПОДГОТОВКИ ФИНАНСОВЫХ ОТЧЁТОВ

В данных финансовых отчётах все операции отражены в долларах США в соответствии с требованиями Финансовых положений, Приложение к Решению 4 (2003 г.). Данные финансовые отчёты подготовлены в соответствии с требованиями Международных стандартов финансовой отчётности (МСФО), изданных Советом по Международным стандартам финансовой отчётности (СМСФО).

1,1 Первоначальная стоимость

Финансовая отчётность подготовлена на основе фактической стоимости приобретения, за исключением тех случаев, где конкретно указано иное.

1,2 Офисные помещения

Офисные помещения для Секретариата предоставлены Министерством иностранных дел, международной торговли и культа Аргентинской Республики. Помещения предоставлены с освобождением от арендной платы и расходов по обслуживанию общих территорий.

1,3 Основные средства

Все основные средства оценены по первоначальной стоимости минус начисленная амортизация. Для расчёта амортизации используется линейный метод начисления амортизации равными долями за каждый год в течение соответствующего расчётного срока эксплуатации. Общая остаточная стоимость основных средств не превышает ценности их использования.

1,4 Фонд выходных пособий и компенсаций

В соответствии с Положением 10.4 Положений о персонале ассигнования в данный фонд должны быть достаточными для осуществления компенсационных выплат сотрудникам руководящей категории в размере одного базового оклада за один месяц за каждый год работы.

1,5 Фонд возмещения расходов, связанных с переездом сотрудников

Данный фонд предназначен для возмещения сотрудникам руководящей категории расходов, связанных с переездом к месту нахождения штаб-квартиры Секретариата и обратно.

1,6 Фонд оборотных средств

Согласно Положению 6.2 (а) Финансовых положений СДА Фонд должен составлять не более одной шестой (1/6) бюджета соответствующего финансового года.

1,7 Фонд резерва для покрытия непредвиденных расходов

Согласно Решению 4 (2009 г.) данный Фонд был создан с целью оплаты расходов на письменный перевод, связанных с связанных с непредвиденным увеличением объема документов, представленных для перевода на данном КСДА.

1,8 Фонд замещения основных средств

Согласно требованиям МСФО активы, срок полезного использования которых превышает период текущего финансового года, должны отражаться в строке активов в Отчёте о финансовом положении. До марта 2010 г. сальдирующая статья отражалась как поправка к Общему фонду. С апреля 2010 г. сальдирующая статья должна заноситься в пассив с этим заголовком.

1,9 Специальный фонд добровольных взносов

Пункт (82) Заключительного отчёта XXXV КСДА о получении Сторонами добровольных взносов. Фонд добровольных взносов предназначен для оплаты аренды и расходов по обслуживанию общих территорий в финансовом году.

		31/03/2015	31/03/2016
2 Прочие поступления			
	Полученные проценты	6.162	13.810
	Полученные скидки	0	146
	Итого	6.162	13.956
3 Денежные средства и их эквиваленты			
	Денежные средства в долларах С	61	965
	Денежные средства в аргентинскı	480	63
	Специальный счет в долларах СЦ	539.324	611.910
	Счет в аргентинских песо в Банке	17.077	34.327
	Инвестиции	500.170	580.334
	Итого	1.057.112	1.227.598
4 Прочая задолженность			
	Положение 5.6 Положений о перс	39.306	44.805
5 Прочие текущие активы			
	Авансовые платежи	86.992	8.848
	НДС к возврату	54.250	51.995
	Прочие возмещаемые расходы	4.776	4.706
	Итого	146.017	65.550
6 Основные средства			
	Книги и подписки	8.667	10.406
	Офисное оборудование	37.234	37.234
	Мебель	45.466	49.818
	Вычислительная техника и програ	120.262	135.452
	Итого первоначальная стоимость	211.629	232.910
	Начисленная амортизация	(102.195)	(132.451)
	Итого	109.434	100.459
7 Кредиторская задолженность по счетам			
	Счёт расчётов с поставщиками	8.670	5.022
	Начисленные расходы	18.287	11.991
	Прочие	3.504	150
	Итого	30.461	17.163
8 Вознаграждение и причитающиеся взносы			
	Вознаграждение	9.274	38.774
	Взносы	20.889	34.579
	Итого	30.163	73.353

9 Задолженность по взносам

На конец каждого финансового года имеет место задолженность по взносам. Это приводит к к вынужденному пополнению Общего фонда на сумму в размере задолженности по взносам. В соответствии с Положением 6.(3) Финансовых положений «Секретариат информирует Консультативные стороны о наличии в Общем фонде любого денежного профицита»; по состоянию на 31 марта 2016 г. размер денежного профицита составляет 136 317 долл. США, В предшествующем финансовом году такой профицит составил 196 613 долл. США.

10 Задолженные, начисленные, уплаченные и авансированные взносы

Взносы Сторона-плательщи	Задолженные 31/03/2015	Начисленны	Уплаченные Долл. США	Задолженные 31/03/2016	Авансированные 31/03/2016
Аргентина		60.347	60.347	0	0
Австралия	25	60.347	60.347	25	60.347
Бельгия	50	40.021	40.021	50	0
Бразилия	40.268	40.021	40.053	40.236	0
Болгария		33.923	33.923	0	33.923
Чешская Республика		40.021	40.021	0	0
Чили		46.119	46.119	0	0
Китай	25	46.119	46.119	25	0
Эквадор	34.039	33.923	67.962	0	0
Финляндия		40.021	40.021	0	40.001
Франция		60.347	60.347	0	0
Германия	11	52.217	52.217	11	0
Индия	112	46.119	46.156	75	0
Италия		52.217	52.192	25	0
Япония		60.347	60.347	0	0
Корея		40.021	40.021	0	0
Нидерланды		46.119	46.119	0	46.119
Новая Зеландия	25	60.347	60.392	-20	60.342
Норвегия	60	60.347	60.347	60	0
Перу	1.087	33.923	33.848	1.162	0
Польша		40.021	40.021	0	0
Россия		46.119	46.119	0	46.119
ЮАР		46.119	46.119	0	0
Испания	25	46.119	46.144	0	0
Швеция	30	46.119	46.149	0	0
Украина	80.220	40.021	25.635	94.606	0
Великобритания		60.347	60.347	0	60.322
США	25	60.347	60.347	25	0
Уругвай	40.160	40.021	80.115	66	0
Итого	196.162	1.378.099	1.437.915	136.346	347.173

Д-р Манфред Райнке (Manfred Re — Исполнительный секретарь

Роберто А. Феннелл (Roberto A. Fennell) — Сотрудник по финансовым вопросам

Предварительный Финансовый отчёт за 2016/17 финансовый год
Смета поступлений и расходов по всем средствам за период с 1 апреля 2016 г. по 31 марта 2017 г.

ПОСТУПЛЕНИЯ И АССИГНОВАНИЯ	Проверенный отчёт за 2015/16 г.	Бюджет на 2016/17 г.	Предварит. отчёт за 2016/17 г.
ПОСТУПЛЕНИЯ			
Объявленные ВЗНОСЫ	**$ -1.378.099**	**$ -1.378.097**	**$ -1.378.097**
*) Прочие поступления	$ -12.466	$ -55.207	$ -58.827
Итого поступлений	**$ -1.390.565**	**$ -1.433.304**	**$ -1.436.924**
РАСХОДЫ			
ЗАРАБОТНАЯ ПЛАТА			
Сотрудники руководящей категории	$ 331.679	$ 336.376	$ 336.376
Сотрудники общей категории	$ 329.957	$ 336.801	$ 329.047
Вспомогательный персонал КСДА	$ 16.398	$ 18.092	$ 18.810
Стажёры	$ 1.867	$ 9.600	$ 2.313
Сверхурочные	$ 12.552	$ 16.000	$ 13.615
	$ 692.454	**$ 716.869**	**$ 700.162**
ПИСЬМЕННЫЙ И УСТНЫЙ ПЕРЕВОД			
Письменный и устный перевод	**$ 304.821**	**$ 326.326**	**$ 302.260**
КОМАНДИРОВОЧНЫЕ РАСХОДЫ			
Командировочные расходы	**$ 92.238**	**$ 99.000**	**$ 73.701**
ИНФОРМАЦИОННЫЕ ТЕХНОЛОГИИ			
Аппаратное обеспечение ЭВМ	$ 13.019	$ 11.000	$ 8.140
Программное обеспечение	$ 2.287	$ 9.000	$ 2.193
Разработка	$ 14.123	$ 21.500	$ 21.136
Поддержка	$ 7.242	$ 9.500	$ 8.067
	$ 39.259	**$ 53.000**	**$ 39.536**
ТИПОГРАФСКИЕ, РЕДАКТОРСКИЕ И КОПИРОВАЛЬНО-МНОЖИТЕЛЬНЫЕ УСЛУГИ			
Заключительный отчёт	$ 18.273	$ 18.386	$ 14.435
Сборник документов	$ 0	$ 3.412	$ 2.373
Правила поведения для посетителей у	$ 5.689	$ 3.396	$ 0
	$ 23.963	**$ 25.194**	**$ 16.809**
ОБЩИЕ УСЛУГИ			
Юридическая помощь	$ 2.008	$ 3.500	$ 1.126
Внешний аудит	$ 9.294	$ 10.815	$ 9.163
*) Услуги специальных докладчиков		$ 53.207	$ 53.207
Уборка, техобслуживание и охрана	$ 8.713	$ 15.000	$ 9.091
Обучение	$ 4.357	$ 6.500	$ 2.774
Банковские услуги	$ 5.254	$ 6.489	$ 6.342
Аренда оборудования	$ 2.543	$ 3.245	$ 2.503
	$ 32.169	**$ 98.756**	**$ 84.205**
УСЛУГИ СВЯЗИ			
Телефонная связь	$ 7.251	$ 7.000	$ 5.046
Интернет	$ 2.956	$ 3.000	$ 2.533
Услуги по организации и размещению с	$ 7.975	$ 8.500	$ 7.288
Почтовые расходы	$ 2.645	$ 2.704	$ 1.180
	$ 20.827	**$ 21.204**	**$ 16.047**

	Проверенный отчёт за 2015/16 г.	Бюджет на 2016/17 г.	Предварит. отчёт за 2016/17 г.
РАСХОДЫ НА СОДЕРЖАНИЕ ОФИСА			
Канцелярские принадлежности и расхо	$ 4.273	$ 4.650	$ 5.689
Книги и подписки	$ 3.079	$ 3.245	$ 984
Страхование	$ 3.216	$ 4.200	$ 3.388
Мебель	$ 4.535	$ 4.565	$ 97
Офисное оборудование	$ 21.650	$ 4.326	$ 1.321
Улучшение условий труда	$ 10.669	$ 2.704	$ 5.503
	$ 47.422	**$ 23.690**	**$ 16.982**
АДМИНИСТРАТИВНЫЕ РАСХОДЫ			
Материально-техническое обеспечени	$ 2.582	$ 4.867	$ 2.648
Местный транспорт	$ 351	$ 865	$ 377
Разное	$ 3.036	$ 4.326	$ 2.567
Коммунальные услуги (энергоносители	$ 1.132	$ 11.897	$ 2.994
	$ 7.101	**$ 21.955**	**$ 8.585**
ПРЕДСТАВИТЕЛЬСКИЕ РАСХОДЫ			
Представительские расходы	**$ 4.154**	**$ 4.000**	**$ 3.646**
ФИНАНСОВЫЕ ОПЕРАЦИИ			
Потери на разнице валютных курсов	**$ -536**	**$ 11.893**	**$ 10.691**
ИТОГО РАСХОДОВ	**$ 1.263.870**	**$ 1.401.887**	**$ 1.272.625**
АССИГНОВАНИЕ В ФОНДЫ			
Резервный фонд для оплаты переводч	$ 0	$ 0	$ 0
Фонд возмещения расходов, связанны	$ 0	$ 0	$ 0
Фонд выходных пособий и компенсаци	$ 32.988	$ 31.417	$ 31.417
Фонд оборотных средств	$ 0	$ 0	$ 0
	$ 32.988	**$ 31.417**	**$ 31.417**
ВСЕГО РАСХОДОВ	**$ 1.296.858**	**$ 1.433.304**	**$ 1.304.041**
) **Задолженность по взносам	**$ 0**	**$ 0**	**$ 49.165**
САЛЬДО	**$ 93.707**	**$ 0**	**$ 83.717**

Сводные данные по каждому фонду

Резервный фонд для оплаты переводч	$ 30.000	$ 30.000	$ 30.000
Фонд возмещения расходов, связанны	$ 50.000	$ 50.000	$ 50.000
Фонд выходных пособий и компенсаци	$ 240.182	$ 271.518	$ 271.599
***) Фонд оборотных средств	$ 229.952	$ 229.952	$ 229.952

* Чили возместила затраты, связанные с приглашёнными докладчиками, в виде целевого взноса

** Задолженность по взносам по состоянию на 31 марта 2016 г.

Максимальная необходимая сумма			
*** Фонд оборотных средств (Положение 6.2 Фи	$ 229.683	$ 229.683	$ 229.683

Программа работы Секретариата на 2017/18 финансовый год

Введение

В данной Программе работы представлен краткий обзор планируемой деятельности Секретариата в 2017/18 финансовом году (в период с 1 апреля 2017 года по 31 марта 2018 года.). Первые четыре раздела посвящены основным направлениям деятельности Секретариата, а затем рассматриваются вопросы административно-финансовой деятельности и краткое изложение перспективного видения деятельности Секретариата на 2018/19 финансовый год.

Бюджет на 2017/18 финансовый год, сметные предложения на 2018/19 финансовый год, а также прилагаемые к ним шкала взносов и шкала заработной платы представлены в дополнениях.

Программа работы и соответствующее предложение по бюджету на 2017/18 финансовый год подготовлены на основе сметного предложения на 2017/18 финансовый год (Решение 3 (2016 г.), Приложение 3, Дополнение 1).

В Программе работы основное внимание уделено штатной деятельности, связанной с подготовкой XL КСДА и XLI КСДА, публикацией Заключительных отчётов и решением ряда конкретных задач в соответствии с положениями Меры 1 (2003 г.), регламентирующей деятельность Секретариата.

Содержание

1. Поддержка КСДА/КООС

XL КСДА

Секретариат предусматривает оказание поддержки XL КСДА в отношении приема и систематизации документов для Совещания и их размещения в разделе с ограниченным доступом на веб-сайте Секретариата. Секретариат также предусматривает обеспечение всех делегатов флэш-накопителями USB с установленным приложением, позволяющим выполнять просмотр всех документов Совещания в автономном режиме, а также обеспечивающим автоматическую синхронизацию с диалоговой базой данных документов Совещания для возможности ознакомления с последней редакцией документов. В разделе веб-сайта для делегатов предусматривается обеспечение возможности онлайн-регистрации делегатов совещания и размещение скачиваемого уточнённого списка делегатов.

Секретариат предусматривает оказание поддержки КСДА путем подготовки документов Секретариата, Руководства для делегатов, а также аннотированных перечней документов для КСДА, КООС и Рабочих групп КСДА.

Секретариат предусматривает обеспечение предоставления услуг по письменному и устному переводу. В обязанности Секретариата входит обеспечение письменного перевода материалов до начала, во время проведения и после завершения работы КСДА. Секретариат работает в тесном контакте с компанией ONCALL, предоставляющей услуги по устному переводу.

Совместно с секретариатом страны-организатора Совещания Секретариат предусматривает оказание услуг по учёту замечаний и предложений, высказанных в ходе обсуждения, а также выполнение работ по сведению воедино и редактированию материалов отчётов КООС и КСДА для их принятия на заключительных пленарных заседаниях.

XLI КСДА

Секретариат страны-организатора (Эквадор) и Секретариат Договора об Антарктике предусматривают совместными усилиями обеспечить подготовку XLI КСДА, которое состоится в Эквадоре предположительно в мае/июне 2018 г.

Взаимодействие и контакты

Помимо поддержания постоянного контакта по электронной почте, телефону и с помощью других средств связи со Сторонами и международными организациями Системы Договора об Антарктике участие в совещаниях является важным механизмом поддержания тесного взаимодействия и обмена мнениями.

Планируемое участие в мероприятиях

- XXIX Ежегодное общее совещание (ЕОС) КОМНАП, Брно, Чешская Республика, 31 июля–2 августа 2017 года. Участие в совещании будет способствовать дальнейшему укреплению связей и сотрудничества с КОМНАП.
- Совещание АНТКОМ, г. Хобарт, Австралия, 16–27 октября 2017 г. Совещания АНТКОМ, а они по времени, как правило, проводятся посередине между предшествующим и последующим КСДА, обеспечивают Секретариату возможность информирования представителей КСДА, многие из которых принимают участие в совещаниях АНТКОМ, по вопросам деятельности Секретариата. Поддержание взаимодействия с Секретариатом АНТКОМ также является важным аспектом в работе Секретариата Договора об Антарктике, поскольку целый ряд его нормативных положений разрабатываются по образцу положений, регламентирующих деятельность Секретариата АНТКОМ.
- Координационные совещания с эквадорской Стороной, принимающей XLI КСДА, предварительно намеченные на август 2017 г. и март 2018 г.

Поддержка межсессионной деятельности

За последние годы и КООС, и КСДА выполнили значительный объем межсессионной работы, в основном путем организации деятельности Межсессионных контактных групп (МКГ).

Секретариат предусматривает обеспечение технической поддержки в вопросе создания в режиме онлайн МКГ, по которым будет принято решение на XL КСДА и XX заседании КООС, и в случае необходимости подготовит соответствующие документы для КСДА и КООС.

Секретариат предусматривает обновление веб-сайта в отношении мер, принятых на КСДА, и информации по итогам заседания КООС и КСДА.

Подготовка печатных материалов

Секретариат предусматривает обеспечение перевода, публикации и распространения Заключительного отчёта XL КСДА и приложений и дополнений к нему на четырех официальных языках Договора об Антарктике в соответствии с положениями Руководства по представлению, переводу и распространению документов КСДА и КООС. Текст Заключительного отчёта будет размещен на веб-сайте Секретариата, а также выпущен в печатном виде. Полный текст Заключительного отчёта будет доступен в виде печатной книги в двух томах через интернет-магазины, а также в виде электронной книги.

2. Информационные технологии

Обмен информацией и Система электронного обмена информацией

Секретариат продолжит свою деятельность по оказанию помощи Сторонам в размещении их материалов по обмену информацией, а также в обработке информации, загруженной с использованием функциональных средств загрузки файлов.

Секретариат продолжит предоставлять консультации и рекомендации в ходе ведущегося в соответствии с Многолетним стратегическим планом работы КСДА обсуждения вопроса по пересмотру требований к обмену информацией и всегда готов к разработке и внедрению изменений, доработок и дополнений по результатам обсуждения данного вопроса.

База данных контактной информации

Секретариат планирует выпустить новую версию данной базы данных с полностью изменённым проектным решением, более надёжной защитой от несанкционированного доступа и использованием новых технологий, позволяющих обеспечить более простой и удобный для пользователя интерфейс и возможность работы с базой данных при использовании различных устройств.

Кроме того, в ней реализованы усовершенствованные внутренние процедуры управления контактами и административного управления коммуникацией, включая разработку необходимого программного обеспечения.

Доработка веб-сайта Секретариата

Будут продолжены работы по усовершенствованию веб-сайта с тем, чтобы сделать его более компактным и удобным в пользовании, а также обеспечить улучшенный режим видимости наиболее близких по тематике разделов и информации.

3. Документация

Документы КСДА

Секретариат продолжит работу по завершению архивирования Заключительных отчётов и документов КСДА и других совещаний Системы Договора об Антарктике на четырех официальных языках Договора. Для завершения создания полного архива в Секретариате большое значение имеет помощь Сторон в предоставлении своих файлов. Работы по данному проекту будут продолжены в 2017/18 финансовом году. Для всех делегаций, заинтересованных в оказании помощи, составлен полный и подробный перечень документов, недостающих в базе данных Секретариата.

Глоссарий

Секретариат продолжит работу по дальнейшему составлению глоссария терминов и выражений КСДА на четырех языках Договора. Будут также продолжены работы по доработке сервера электронного словаря с обеспечением возможности управления, распечатки и совместного использования онтологий, тезаурусов и перечней КСДА.

База данных Договора об Антарктике

К настоящему времени создана полная база данных по Рекомендациям, Мерам, Решениям и Резолюциям КСДА на английском языке и почти завершено создание такой базы данных на французском и испанском языках; при этом следует отметить нехватку ряда Заключительных отчётов на этих языках. На русском языке отсутствует существенно большее количество Заключительных отчётов.

4. Общедоступная информация

Секретариат и веб-сайт Секретариата и в дальнейшем будут выполнять роль информационного центра о деятельности Сторон и соответствующем развитии событий в Антарктике.

5. Административно-финансовые аспекты

Штат сотрудников

Ниже представлен штат Секретариата по состоянию на 1 апреля 2017.

Сотрудники руководящей категории

Ф.И.О.	**Должность**	**Дата вступления в должность**	**Уровень**	**Ступень**	**Истечение срока полномочий**
Манфред Райнке (Manfred Reinke)	Исполнительный секретарь	1.09.2009	E1	8	31.08.2017
Хосе Мария Асеро (José María Acero)	Заместитель Исполнительного секретаря	1.01.2005	E3	13	31.12.2018

Сотрудники общей категории

Хосе Луис Аграс (José Luis Agraz)	Сотрудник информационной службы	1.11.2004	G1	6	
Диего Уайдлер (Diego Wydler)	Специалист по ИТ	1.02.2006	G1	6	
Роберто Алан Феннелл (Roberto Alan Fennell)	Сотрудник по финансовым вопросам (неполный рабочий день)	1.12.2008	G2	6	
Пабло Вайншенкер (Pablo Wainschenker)	Редактор	1.02.2006	G2	3	
Виолета Антинарелли (Violeta Antinarelli)	Библиотекарь (неполный рабочий день)	1.04.2007	G3	6	
Анна Балок	Специалист в области	1.10.2010	G4	2	

(Anna Balok)	коммуникаций (неполный рабочий день)			
Вивиана Колладо (Viviana Collado)	Офис-менеджер	15.11.2012	G4	2
Маргарита Толаба (Margarita Tolaba)	Уборщица (неполный рабочий день)	01.07.2015	G7	2

XXXIX КСДА постановило о проведении отбора соискателей и назначении нового Исполнительного секретаря в соответствии с положениями Решения 4 (2016 г.). Секретариат получил шесть заявлений от соискателей, которые были незамедлительно разосланы Сторонам. Одно заявление было отозвано одной из Сторон 12 декабря 2016 Года. Ещё одно заявление было отозвано в апреле 2017 года. Секретариат предусматривает оказание помощи КСДА в проведении отбора соискателей в установленном порядке.

Секретариат планирует пригласить стажёров из стран-Сторон Договора, для прохождения практики в Секретариате. Секретариат направил приглашение в Эквадор, страну-организатор XLI КСДА, на стажировку в Буэнос-Айресе одного представителя группы, занимающейся вопросами подготовки совещания.

Финансовые вопросы

Бюджет на 2017/18 финансовый год и сметные предложения на 2018/19 финансовый год представлены в Дополнении 1.

Заработная плата

В 2016 г. в Аргентине наблюдался дальнейший существенный рост стоимости жизни. В связи с изменением методики расчета повышения стоимости жизни (индекса потребительских цен (ИПЦ)) Национальным институтом статистики и переписи населения Аргентины (INDEC) окончательных статистических данных за 2016 г. ещё нет. По данным других источников (публикации частных компаний, данные по ИПЦ, опубликованные Национальным конгрессом Аргентины) темпы инфляции оцениваются на уровне 40%. Принимая во внимание 18,2 % девальвацию аргентинского песо по отношению к доллару США, повышение заработных плат в государственном секторе на 32,6 % и некоторый положительный эффект в результате девальвации аргентинского песо в 2015 г., Исполнительный секретарь выходит с предложением предусмотреть компенсацию стоимости роста жизни для сотрудников общей категории в размере 6 % (шести процентов). Никакой компенсации для сотрудников руководящей категории не предусматривается.

В Положении 5.10 Положений о персонале предусматривается компенсация для сотрудников общей категории в случае, если они вынуждены работать более 40 часов в неделю. Сверхурочная работа необходима в период проведения КСДА.

В связи с окончанием срока действия контракта д-р Манфред Райнке, покидающий свой пост Исполнительного секретаря, имеет право на получение выходного пособия в соответствии с Положением 10.4 Положений о персонале СДА, принятых КСДА. На XXXIII КСДА (Пунта-дель-Эсте, 2010 г) *«КСДА согласилось с тем, что Положение 10.4 распространяется на все случаи ухода с работы сотрудников руководящей категории с учетом особых условий, сформулированных в Положении 10»* (Заключительный отчёт КСДА, стр. 39, п. 100).

Фонды

Фонд оборотных средств

В соответствии с Положением 6.2 (а) Финансовых положений размер Фонда оборотных средств должен поддерживаться на уровне 1/6 бюджета, т.е. 229 952 доллара США. Основой для расчета Фонда оборотных средств являются взносы Сторон.

Фонд выходных пособий и компенсаций

В соответствии с Положением 10.4 Положений о персонале СДА прекращающему исполнение своих полномочий Исполнительному секретарю будет выплачена сумма в размере 127 438 долл. США из Фонда выходных пособий и компенсаций в соответствии с Положением 10.4 Положений о персонале СДА, принятых КСДА. В соответствии с Положением 10.4 для Фонда выходных пособий и компенсаций предусмотрены ассигнования в размере 29 986 долл. США (Документ Секретариата SP 5, Дополнение 1: Предварительный финансовый отчёт за 2016/17 финансовый год, сметные предложения на 2017/18 финансовый год, бюджет на 2017/18 финансовый год, сметные предложения на 2018/19 финансовый год

Фонд возмещения расходов, связанных с переездом сотрудников

За счёт положительного сальдо из средств Общего фонда на статью «Поступления» была выделена сумма в размере 50 000 долл. США для покрытия расходов, связанных с переездами покидающего свой пост Исполнительного секретаря и нового Исполнительного секретаря (Документ Секретариата SP 5. Дополнение 1: Предварительный финансовый отчёт за 2016/17 финансовый год, сметные предложения на 2017/18 финансовый год, бюджет на 2017/18 финансовый год, сметные предложения на 2018/19 финансовый год Размер Фонда возмещения расходов, связанных с переездом сотрудников, поддерживается на уровне 50 000 долл. США (Решение 1 (2006 г.), Приложение 3, Дополнение 1): Бюджет на 2006/07 г., ориентировочный бюджет на 2007/08 г. и распределение ресурсов).

Общий фонд

По состоянию на 31 марта 2017 года избыток денежных средств в Общем фонде составил 621 954 долл. США. Сумма задолженности по взносам составила 49 125 долл. США. В 2017 г. из средств Общего фонда на статью «Поступления» будет выделена сумма в размере 50 000 долл. США для покрытия расходов, связанных с переездами покидающего свой пост Исполнительного секретаря и нового Исполнительного секретаря, а в 2018 г. ⍰ сумма в размере 25 000 долл.США для покрытия расходов, связанных с переездом нового Заместителя Исполнительного секретаря. Предполагаемый размер Общего фонда на 31 марта 2018 года составит 621 119 долл. США.

Дополнительные пояснения к проекту бюджета на 2017/18 финансовый год

Правительство Китая и Секретариат достигли договоренности о приглашении Секретариатом на договорной основе сторонних докладчиков на XL КСДА и о возмещении понесенных в связи с этим затрат китайским правительством в виде добровольного взноса.

Распределение бюджетных ассигнований по статьям расходов аналогично прошлогоднему предложению. Были внесены незначительные корректировки по причине соответствующих ожидаемых расходов в 2017/2018 финансовом году.

Бюджет на 2017/18 финансовый год представлен в Дополнении 1. Шкала заработной платы представлена в Дополнении 3.

Взносы на 2018/19 финансовый год

Увеличение взносов в 2018/19 финансовом году не предусматривается.

Размеры взносов Сторон на 2018/19 финансовый год представлены в Дополнении 2.

6. Прогнозная Программа работы на 2018/19 и 2019/20 финансовые годы

Предполагается, что в 2018/19 и 2019/20 финансовых годах основные направления текущей деятельности Секретариата не претерпят изменений, вследствие чего и при условии отсутствия существенных изменений в Программе работы никаких изменений в штатном расписании на эти годы не предусматривается.

Добавление 1

Предварительный финансовый отчёт за 2016/17 финансовый год, сметные предложения на 2017/18 финансовый год финансовый год, бюджет на 2017/18 финансовый год, сметные предложения на 2018/19

Предварительный финансовый отчёт за 2016/17 финансовый год, сметные предложения на 2017/18 финансовый год,
бюджет на 2017/18 финансовый год, сметные предложения на 2018/19 финансовый год

	ПОСТУПЛЕНИЯ И АССИГНОВАНИЯ	Предварит. отчёт за 2016/17 г. *)	Сметные предложения на 2017/18 г.	Бюджет на 2017/18 г.	Сметные предложения на 2018/19 г.
	ПОСТУПЛЕНИЯ				
	Объявленные ВЗНОСЫ	**$ -1.378.097**	**$ -1.378.097**	**$ -1.378.097**	**$ -1.378.097**
**)	Добровольные взносы	$ -53.207			
***)	из Общего фонда			$ -50.000	$ -25.000
****)	из Фонда выходных пособий и компенсаций			$ -127.438	$ -175.281
	Поступления от инвестиций	$ -5.620	$ -2.000	$ -3.000	$ -3.000
	Итого поступлений	**$ -1.436.924**	**$ -1.380.097**	**$ -1.558.535**	**$ -1.581.378**
	РАСХОДЫ				
	ЗАРАБОТНАЯ ПЛАТА				
	Сотрудники руководящей категории	$ 336.376	$ 326.636	$ 326.636	$ 313.333
	Выходные пособия и компенсации			$ 127.438	$ 175.281
	Возмещение расходов, связанных с переездом сотрудников			$ 50.000	$ 25.000
	Сотрудники общей категории	$ 329.047	$ 345.666	$ 362.892	$ 372.992
	Вспомогательный персонал КСДА	$ 18.810	$ 18.092	$ 21.160	$ 21.160
	Стажёры	$ 2.313	$ 9.600	$ 9.600	$ 9.600
	Сверхурочные	$ 13.615	$ 16.000	$ 16.000	$ 16.000
		$ 700.162	**$ 715.994**	**$ 913.726**	**$ 933.366**
	ПИСЬМЕННЫЙ И УСТНЫЙ ПЕРЕВОД				
	Письменный и устный перевод	**$ 302.260**	**$ 331.518**	**$ 316.388**	**$ 334.967**
	КОМАНДИРОВОЧНЫЕ РАСХОДЫ				
	Командировочные расходы	**$ 73.701**	**$ 99.000**	**$ 103.000**	**$ 91.000**
	ИНФОРМАЦИОННЫЕ ТЕХНОЛОГИИ				
	Аппаратное обеспечение ЭВМ	$ 8.140	$ 11.000	$ 10.000	$ 10.000
	Программное обеспечение	$ 2.193	$ 3.500	$ 6.000	$ 3.000
	Разработка	$ 21.136	$ 21.500	$ 22.000	$ 22.500
	Техобслуживание аппаратного обеспечен	$ 1.620	$ 2.040	$ 2.250	$ 2.250
	Поддержка	$ 6.447	$ 10.000	$ 7.500	$ 7.750
		$ 39.536	**$ 48.040**	**$ 47.750**	**$ 45.500**
	ТИПОГРАФСКИЕ, РЕДАКТОРСКИЕ И КОПИРОВАЛЬНО-МНОЖИТЕЛЬНЫЕ УСЛУГИ				
	Заключительный отчёт	$ 14.435	$ 18.937	$ 20.000	$ 20.100
	Сборник документов	$ 2.373	$ 3.271	$ 2.500	$ 2.512
	Правила поведения для посетителей уча	$ 0	$ 3.497	$ 3.205	$ 3.221
		$ 16.809	**$ 25.705**	**$ 25.705**	**$ 25.833**
	ОБЩИЕ УСЛУГИ				
	Юридическая помощь	$ 1.126	$ 3.605	$ 3.000	$ 3.060
**)	Услуги специальных докладчиков	$ 53.207			
	Внешний аудит	$ 9.163	$ 11.139	$ 11.139	$ 11.362
	Уборка, техобслуживание и охрана	$ 9.091	$ 16.480	$ 11.000	$ 11.220
	Обучение	$ 2.774	$ 7.298	$ 8.000	$ 8.160
	Банковские услуги	$ 6.342	$ 6.683	$ 9.983	$ 10.183
	Аренда оборудования	$ 2.503	$ 3.342	$ 3.042	$ 3.103
		$ 84.205	**$ 48.547**	**$ 46.164**	**$ 47.087**
	УСЛУГИ СВЯЗИ				
	Телефонная связь	$ 5.046	$ 7.210	$ 7.210	$ 7.354
	Интернет	$ 2.533	$ 3.000	$ 2.500	$ 2.550
	Услуги по организации и размещению сай	$ 7.288	$ 8.500	$ 8.500	$ 8.670
	Почтовые расходы	$ 1.180	$ 2.785	$ 2.785	$ 2.841
		$ 16.047	**$ 21.495**	**$ 20.995**	**$ 21.415**

	Предварит. отчёт за 2016/17 г.	Сметные предложения на 2017/18 г.	Бюджет на 2017/18 г.	Сметные предложения на 2018/19 г.
РАСХОДЫ НА СОДЕРЖАНИЕ ОФИСА				
Канцелярские принадлежности и расходн	$ 5.689	$ 4.789	$ 4.789	$ 4.885
Книги и подписки	$ 984	$ 3.342	$ 3.342	$ 3.409
Страхование	$ 3.388	$ 4.326	$ 4.326	$ 4.413
Мебель	$ 97	$ 1.255	$ 1.255	$ 1.280
Офисное оборудование	$ 1.321	$ 4.455	$ 4.455	$ 4.544
Улучшение условий труда	$ 5.503	$ 2.785	$ 2.785	$ 2.841
	$ 11.479	**$ 20.952**	**$ 20.952**	**$ 21.371**
АДМИНИСТРАТИВНЫЕ РАСХОДЫ				
Материально-техническое обеспечения с	$ 2.648	$ 5.013	$ 5.013	$ 5.113
Местный транспорт	$ 377	$ 890	$ 890	$ 908
Прочие расходы	$ 2.567	$ 4.455	$ 4.455	$ 4.544
Коммунальные услуги (энергоносители)	$ 2.994	$ 12.253	$ 7.262	$ 7.407
	$ 8.585	**$ 22.611**	**$ 17.620**	**$ 17.972**
ПРЕДСТАВИТЕЛЬСКИЕ РАСХОДЫ				
Представительские расходы	**$ 3.646**	**$ 4.000**	**$ 4.000**	**$ 4.000**
ФИНАНСОВЫЕ ОПЕРАЦИИ				
Потери на разнице валютных курсов	**$ 10.691**	**$ 12.249**	**$ 12.249**	**$ 12.494**
ИТОГО РАСХОДОВ	**$ 1.272.625**	**$ 1.350.111**	**$ 1.528.549**	**$ 1.555.006**
АССИГНОВАНИЯ В ФОНДЫ				
Резервный фонд для оплаты переводчес	$ 0	$ 0	$ 0	$ 0
Фонд возмещения расходов, связанных с	$ 0	$ 0	$ 0	$ 0
Фонд выходных пособий и компенсаций	$ 31.417	$ 29.986	$ 29.986	$ 26.372
Фонд оборотных средств	$ 0	$ 0	$ 0	$ 0
	$ 31.417	**$ 29.986**	**$ 29.986**	**$ 26.372**
ВСЕГО РАСХОДОВ	**$ 1.304.041**	**$ 1.380.097**	**$ 1.558.535**	**$ 1.581.379**
*****) **Задолженность по взносам**	**$ 49.165**	**$ 0**	**$ 0**	**$ 0**
САЛЬДО	**$ 83.717**	**$ 0**	**$ 0**	**$ 0**
Сводные данные по каждому фонду				
Резервный фонд для оплаты переводчес	$ 30.000	$ 30.000	$ 30.000	$ 30.000
Фонд возмещения расходов, связанных с	$ 50.000	$ 50.000	$ 50.000	$ 50.000
Фонд выходных пособий и компенсаций	$ 271.599	$ 174.065	$ 174.065	$ 25.156
******) Фонд оборотных средств	$ 229.952	$ 229.952	$ 229.952	$ 229.952
Общий фонд (Положение 6.3 Финансовых	$ 621.954	$ 671.119	$ 621.119	$ 596.120

* Предварительный отчёт по состоянию на 31 марта 2016 г.

** Расходы по докладчикам, привлечённым Секретариатом на договорной основе, возмещённые страной-организатором XXXIX КСДА

*** Выделение средств на покрытие расходов по полному переезду нового и покинувшего свой пост Исполнительных секретарей (Положения 9.6 (b) и 10.6 (b) Положений о персонале) в 2017 г. и заместителя Исполнительного секретаря в 2018 г. из Общего фонда

**** Выходное пособие и компенсации (Положение 10.4 Положений о персонале и Заключительный отчёт XXXIII КСДА, п. 100) Исполнительному секретарю в 2017 г. и заместителю Исполнительного секретаря в 2018 г.

***** Задолженность по взносам по состоянию на 31 марта 2017 г.

****** Максимальная необходимая сумма Фонд оборотных средств (Положение 6.2 Финансовых положений)	$ 229.683	$ 229.683	$ 229.683	$ 229.683

Добавление 2

Шкала взносов на 2018/19 финансовый год

2018/19 г.	Кат.	Коэф.	Переменная часть	Постоянная часть	Итого
Аргентина	A	3,6	$ 36.587	$ 23.760	$ 60.347
Австралия	A	3,6	$ 36.587	$ 23.760	$ 60.347
Бельгия	D	1,6	$ 16.261	$ 23.760	$ 40.021
Бразилия	D	1,6	$ 16.261	$ 23.760	$ 40.021
Болгария	E	1	$ 10.163	$ 23.760	$ 33.923
Чили	C	2,2	$ 22.359	$ 23.760	$ 46.119
Китай	C	2,2	$ 22.359	$ 23.760	$ 46.119
Чешская Республика	D	1,6	$ 16.261	$ 23.760	$ 40.021
Эквадор	E	1	$ 10.163	$ 23.760	$ 33.923
Финляндия	D	1,6	$ 16.261	$ 23.760	$ 40.021
Франция	A	3,6	$ 36.587	$ 23.760	$ 60.347
Германия	B	2,8	$ 28.456	$ 23.760	$ 52.216
Индия	C	2,2	$ 22.359	$ 23.760	$ 46.119
Италия	B	2,8	$ 28.456	$ 23.760	$ 52.216
Япония	A	3,6	$ 36.587	$ 23.760	$ 60.347
Республика Корея	D	1,6	$ 16.261	$ 23.760	$ 40.021
Нидерландами	C	2,2	$ 22.359	$ 23.760	$ 46.119
Новая Зеландия	A	3,6	$ 36.587	$ 23.760	$ 60.347
Норвегия	A	3,6	$ 36.587	$ 23.760	$ 60.347
Перу	E	1	$ 10.163	$ 23.760	$ 33.923
Польша	D	1,6	$ 16.261	$ 23.760	$ 40.021
Российская Федерация	C	2,2	$ 22.359	$ 23.760	$ 46.119
ЮАР	C	2,2	$ 22.359	$ 23.760	$ 46.119
Испания	C	2,2	$ 22.359	$ 23.760	$ 46.119
Швеция	C	2,2	$ 22.359	$ 23.760	$ 46.119
Украина	D	1,6	$ 16.261	$ 23.760	$ 40.021
Великобритания	A	3,6	$ 36.587	$ 23.760	$ 60.347
Соединенные Штаты Америки	A	3,6	$ 36.587	$ 23.760	$ 60.347
Уругвай	D	1,6	$ 16.261	$ 23.760	$ 40.021
Бюджет					**$1.378.097**

Добавление 3

Шкала заработной платы на 2017/18 финансовый год

Шкала заработной платы на 2017/18 финансовый год

Дополнение A

ШКАЛА ОКЛАДОВ СОТРУДНИКОВ РУКОВОДЯЩЕЙ КАТЕГОРИИ

(в долларах США)

2017/18 г.		СТУПЕНИ														
Уровень		I	II	III	IV	V	VI	VII	VIII	IX	X	XI	XII	XIII	XIV	XV
E1	A	$135.302	$137.819	$140.337	$142.855	$145.373	$147.890	$150.407	$152.926							
E1	B	$169.127	$172.274	$175.421	$178.569	$181.716	$184.863	$188.009	$191.158							
E2	A	$113.932	$116.075	$118.218	$120.359	$122.501	$124.642	$126.783	$128.926	$131.069	$133.211	$135.352	$135.595	$137.709		
E2	B	$142.415	$145.093	$147.772	$150.449	$153.126	$155.802	$158.479	$161.158	$163.837	$166.513	$169.190	$169.494	$172.136		
E3	A	$95.007	$97.073	$99.140	$101.207	$103.275	$105.341	$107.408	$109.476	$111.542	$113.608	$115.675	$116.915	$118.154	$120.193	$122.231
E3	B	$118.758	$121.341	$123.925	$126.509	$129.094	$131.676	$134.260	$136.845	$139.427	$142.010	$144.594	$146.143	$147.693	$150.242	$152.788
E4	A	$78.779	$80.693	$82.609	$84.518	$86.435	$88.347	$90.257	$92.174	$94.089	$96.000	$97.915	$98.448	$100.336	$102.223	$104.110
E4	B	$98.474	$100.866	$103.262	$105.648	$108.044	$110.434	$112.822	$115.217	$117.611	$119.999	$122.393	$123.060	$125.419	$127.778	$130.137
E5	A	$65.315	$67.029	$68.739	$70.452	$72.162	$73.873	$75.586	$77.293	$79.007	$80.719	$82.427	$82.981			
E5	B	$81.644	$83.786	$85.924	$88.065	$90.203	$92.342	$94.482	$96.617	$98.759	$100.899	$103.034	$103.726			
E6	A	$51.706	$53.351	$54.994	$56.641	$58.284	$59.928	$61.575	$63.219	$64.862	$65.862	$66.508				
E6	B	$64.632	$66.689	$68.742	$70.801	$72.855	$74.910	$76.969	$79.024	$81.078	$82.328	$83.135				

Примечание. Строка B – это базовый оклад (указан в строке A) плюс 25 % надбавка, покрывающая накладные расходы (отчисления в пенсионный фонд, страховые взносы, пособия на обустройство, репатриацию, образование и т. д.), которые составляют общую сумму оклада сотрудников руководящей категории в соответствии с Положением 5.

Дополнение B

ШКАЛА ОКЛАДОВ СОТРУДНИКОВ ОБЩЕЙ КАТЕГОРИИ

(в долларах США)

		СТУПЕНИ														
Уровень		I	II	III	IV	V	VI	VII	VIII	IX	X	XI	XII	XIII	XIV	XV
G1		$64.788	$67.810	$70.834	$73.856	$77.006	$80.291									
G2		$53.990	$56.508	$59.028	$61.546	$64.172	$66.909									
G3		$44.990	$47.089	$49.189	$51.288	$53.477	$55.760									
G4		$37.493	$39.242	$40.991	$42.741	$44.564	$46.466									
G5		$30.972	$32.419	$33.863	$35.310	$36.818	$38.391									
G6		$25.388	$26.571	$27.756	$28.941	$30.177	$31.465									
G7		$12.724	$13.317	$13.911	$14.505	$15.124	$15.770									

Решение 6 (2017 г.)

Назначение Исполнительного секретаря

Представители,

напоминая о Статье 3 Меры 1 (2003 г.) в отношении назначения Исполнительного секретаря, возглавляющего Секретариат Договора об Антарктике;

напоминая о Решении 2 (2013 г.) о повторном назначении Исполнительным секретарём Секретариата Договора об Антарктике д-ра Манфреда Райнке (Manfred Reinke) на четырёхлетний срок, начиная с 1 сентября 2013 года;

напоминая о Решении 4 (2016 г.) о Порядке отбора кандидатур и назначения Исполнительного секретаря Секретариата Договора об Антарктике;

напоминая о Положении 6.1 Положений о персонале Секретариата Договора об Антарктике, приложенных к Решению 3 (2003 г.);

принимают следующее решение:

1. Назначить г-на Альберта Льюбераса Бонабу (Albert Lluberas Bonaba) Исполнительным секретарём Секретариата Договора об Антарктике на четырёхлетний срок согласно условиям, изложенным в письме Председателя XL Консультативного совещания по Договору об Антарктике, прилагаемом к настоящему Решению.
2. Данное назначение должно вступить в силу с 1 сентября 2017 года.

Письма

Г-ну Альберту Льюберасу Бонабе

Генеральному секретарю Уругвайского антарктического института

МОНТЕВИДЕО

Уругвай

Уважаемый господин Льюберас Бонаба!

Назначение на должность Исполнительного секретаря

Как председатель XL Консультативного совещания по Договору об Антарктике (КСДА) и в соответствии с Решением X (2017 г.) XL КСДА я рад предложить Вам назначение на должность Исполнительного секретаря Секретариата договора об Антарктике (далее – Секретариат).

Условия Вашего назначения изложены ниже. В случае Вашего согласия прошу Вас подписать прилагаемую копию настоящего письма и вернуть эту копию мне.

Условия назначения

1. Принимая это назначение, Вы обязуетесь добросовестно выполнять свои обязанности и в своих действиях руководствоваться исключительно интересами КСДА. Ваше согласие с назначением на должность Исполнительного секретаря включает письменное заявление о том, что Вы ознакомились и согласны с условиями, изложенными в прилагаемых Положениях о персонале Секретариата Договора об Антарктике, приложенных к Решению 3 (2003 г.) (далее – Положения о персонале), а также с любыми изменениями, которые могут периодически вноситься в Положения о персонале. В частности, Ваше согласие с назначением на должность включает в себя принятие Вами на себя обязательств:

- добросовестно придерживаться Положений 2.6 и 2.7 Положений о персонале касательно трудоустройства на стороне и коммерческой/финансовой заинтересованности, соответственно;
- выполнять обязанности, связанные с назначением, руководством и контролем персонала, согласно Статье 3 (2) Меры 1 (2003 г.), в соответствии с Положением 6.2 Положений о персонале, а также стандартами эффективности, компетенции и профессиональной этики, изложенными в Положении 2.3 Положений о персонале и, в частности, таким образом, чтобы исключить даже видимость неподобающей деятельности или кумовства;
- проявлять соответствие высочайшим стандартам этического поведения, соблюдая все правила и принципы деятельности организации и обеспечивая,

чтобы все решения и действия Секретариата соответствовали стандартам эффективности, компетенции и профессиональной этики, изложенным в Положении 2.3 Положений о персонале;

- исключить даже видимость злоупотребления служебным положением; а также
- ответственно контролировать ресурсы, доверенные Секретариату, в том числе путём эффективного, прозрачного и результативного использования финансовых ресурсов в соответствии с Финансовыми положениями Секретариата Договора об Антарктике, приложенными к Решению 4 (2003 г.) (далее – Финансовые положения).

2. Обязанности Исполнительного секретаря заключаются в назначении других сотрудников, руководстве ими и контроле за их работой в целях обеспечения того, чтобы Секретариат выполнял свои функции, изложенные в Статье 2 Меры 1 (2003 г.).

3. В соответствии с Решением X (2017 г.) Ваше назначение должно вступить в силу с 1 сентября 2017 года.

4. Срок Вашего пребывания в этой должности составляет четыре года, и согласно решению КСДА Вы можете быть повторно назначены на эту должность не более чем на один дополнительный четырёхлетний срок.

5. Это назначение относится к назначению на должность в категории руководящих сотрудников. Ваша зарплата будет установлена на Уровне E1B, Ступень I, как описано в Дополнении A к Положению о персонале с изменениями.

6. Вышеуказанная зарплата включает в себя базовую зарплату (Уровень E1A, Ступень I, Дополнение A) с дополнительной надбавкой к зарплате в размере 25 % на накладные расходы (отчисления в пенсионный фонд, страховые взносы, пособия на обустройство, репатриацию, образование и т.д.) и является общей суммой оклада в соответствии с Положением 5.1 Положений о персонале. Кроме того, Вы имеете право на командировочные расходы и оплату расходов в связи с переездом в соответствии с Положением 9 Положений о персонале.

7. КСДА может снять Вас с должности, на которую Вы назначены, заблаговременно направив Вам письменное уведомление не менее чем за три месяца в соответствии с Положением 10.3 Положений о персонале. Вы можете подать в отставку в любое время, направив письменное уведомление за три месяца или меньший период времени, который может быть утверждён КСДА.

Желаю Вам успехов в работе на этой должности.

С уважением,

{подпись}

ИМЯ И ДОЛЖНОСТЬ

Председатель XL Консультативного совещания по Договору об Антарктике

Настоящим я принимаю назначение, описанное в данном письме, на указанных в нём условиях и заявляю, что я знаком с условиями, изложенными в Положениях о персонале и принимаю их, а также изменения, которые могут периодически вноситься в Положения о персонале.

Г-н Альберт Льюберас Бонаба

Подпись:

Дата:

Г-же Сусане Малькорра

Министру иностранных дел и культа

Аргентинская Республика

Буэнос-Айрес

Уважаемая г-жа Министр Малькорра!

Я обращаюсь к Вам в качестве Председателя XL Консультативного совещания по Договору об Антарктике (КСДА), ссылаясь на Статью 21 Соглашения о штаб-квартире Секретариата Договора об Антарктике, приложенного к Мере 1 (2003 г.), письмо Аргентинской Республики Председателю XXVI КСДА от 16 июня 2003 года и уведомление Аргентинской Республики Правительству-депозитарию от 19 мая 2004 г.

В соответствии с требованиями Статьи 21 настоящим я уведомляю Правительство Аргентинской Республики о назначении на XL КСДА г-на Альберта Льюбераса Бонабы на должность Исполнительного секретаря на четырёхлетний срок, начиная с 1 сентября 2017 года.

Пользуясь случаем, я выражаю уверения в своём самом высоком уважении к Вам.

С уважением,

{подпись}

ИМЯ И ДОЛЖНОСТЬ

Председатель XL Консультативного совещания по Договору об Антарктике

Решение 7 (2017 г.)

Многолетний стратегический план работы Консультативного совещания по Договору об Антарктике

Представители,

вновь подтверждая ценности, цели и принципы, заявленные в Договоре об Антарктике и Протоколе по охране окружающей среды к нему;

напоминая о Решении 3 (2012 г.) по вопросу Многолетнего стратегического плана работы (далее – План) и его принципов;

принимая во внимание, что План является дополнением повестки дня Консультативного совещания по Договору об Антарктике (КСДА) и что Стороны Договора об Антарктике и другие участникам КСДА по обыкновению приглашаются к активному участию в подготовке других вопросов, стоящих на повестке дня КСДА;

принимают следующее решение:

1. Утвердить План, прилагаемый к настоящему Решению; а также
2. Признать План, приложенный к Решению 6 (2016 г.), утратившим актуальность

Многолетний стратегический план работы КСДА

	Первоочередные задачи	XL КСДА (2017 г.)	Межсессионная работа	XLI КСДА (2018 г.)	Межсессионная работа	XLII КСДА (2019 г.)	XLIII КСДА (2020 г.)
1.	Проведение всестороннего рассмотрения существующих требований к обмену информацией и функционированию Системы электронного обмена информацией, а также определение других дополнительных требований	• РГ № 1 следует провести анализ функционирования СЭОИ	• СДА следует сотрудничать с КОМНАП с целью поиска способов сокращения дублирования и повышения совместимости между их базами данных • СДА следует продолжать улучшать СЭОИ, в том числе обеспечить интерфейс для веб-сайта на четырёх официальных языках КСДА	РГ № 1 следует провести анализ функционирования СЭОИ			
2.	Рассмотрение согласованной разъяснительной работы со странами, не являющимися Сторонами, граждане которых осуществляют деятельность или имущество которых задействовано в Антарктике, и со странами, которые являются Сторонами Договора об Антарктике, но еще не присоединились к Протоколу	• КСДА следует определить страны, не являющиеся Сторонами, чьи граждане осуществляют деятельность в Антарктике, и привлечь их внимание		КСДА следует определить страны, не являющиеся Сторонами, чьи граждане осуществляют деятельность в Антарктике, и привлечь их внимание			
3.	Способствование развитию согласованной на национальных и международном уровнях образовательной и информационно-просветительской деятельности с позиций Договора об Антарктике	• РГ № 1 следует рассмотреть отчёт МКГ по вопросам образовательной и информационно-просветительской деятельности	МКГ по вопросам образовательной и информационно-просветительской деятельности	РГ № 1 следует рассмотреть отчёт МКГ по вопросам образовательной и информационно-просветительской деятельности			
4.	Обсуждение стратегических научных приоритетов и обмен информацией по данному вопросу с целью определения и использования возможностей для сотрудничества и наращивания научного потенциала, в особенности в отношении вопросов изменения климатаа	• РГ № 2 следует обобщить и сравнить стратегические научные приоритеты с целью определения возможностей сотрудничества	• Продолжение неформальных межсессионных обсуждений стратегических научных приоритетов	• Рассмотрение результатов межсессионных обсуждений стратегических научных приоритетов			

	Первоочередные задачи	XL КСДА (2017 г.)	Межсессионная работа	XLI КСДА (2018 г.)	Межсессионная работа	XLII КСДА (2019 г.)	XLIII КСДА (2020 г.)
5.	Повышение эффективности сотрудничества между Сторонами (например, совместные инспекции, совместные научные проекты и мероприятия по материально-техническому обеспечению) и эффективности участия в совещаниях (например, рассмотрение эффективных методов работы на совещаниях)	• РГ № 2 следует рассмотреть отчёт МКГ по вопросам совместных инспекций	• **Продолжение неофициальных консультаций по вопросу совместных инспекций**	• **Рассмотрение результатов неофициальных консультаций по вопросу совместных инспекций**			
6.	Укрепление сотрудничества между КООС и КСДА	• КСДА следует рассмотреть вопросы, затронутые в отчёте КООС, на XXXIX и XL КСДА • КСДА следует получить рекомендации КООС, требующие последующих действий и контроля последовательностей на следующих заседаниях КООС и КСДА					
7.	Введение в действие Приложения VI и продолжение сбора информации по устранению и ликвидации последствий экологического ущерба и другим вопросам, относящимся к данной области, для информационного наполнения будущих переговоров по материальной ответственности	• КСДА следует провести оценку положения дел с введением в действие Приложения VI в соответствии с положениями Статьи IX Договора об Антарктике, а также рассмотреть необходимость принятия каких-либо надлежащих мер, способствующих одобрению Сторонами Приложения VI на своевременной основе	[СДА создаст веб-страницу на веб-сайте СДА, на которой будет представлена информация о национальном законодательстве по реализации Приложения VI, добровольно предоставляемая Сторонами и доступная Сторонам]	КСДА следует произвести оценку положения дел с введением в действие Приложения VI в соответствии с положениями Статьи IX Договора об Антарктике, а также рассмотреть необходимость принятия каких-либо надлежащих мер, способствующих одобрению Сторонами Приложения VI на своевременной основе			[КСДА следует принять решение об установлении временных рамок для возобновления переговоров о материальной ответственности в соответствии со Статьёй 16 Протокола по охране окружающей среды в 2020 г. или ранее, если Стороны посчитают это необходимым в свете достигнутого прогресса в одобрении Меры 1 (2005 г.) – см. Решение 5 (2015 г.)]
8.	Проведение анализа осуществляемой КООС работы по вопросу обзора передовых методов работы и совершенствования существующих методов и средств, а также разработки дополнительных методов охраны окружающей среды, включая процедуры оценки воздействия на окружающую среду	• РГ № 1 следует рассмотреть рекомендации КООС и обсудить концептуальные вопросы по проведённому пересмотру Руководства по Оценке воздействия на окружающую среду (ОВОС)		РГ № 1 следует дополнительно обсудить вопросы, поднятые в части 8b Отчёта XX заседания КООС		РГ № 1 следует рассмотреть рекомендации КООС и обсудить концептуальные вопросы по проведённому пересмотру Оценки воздействия на окружающую среду	

	Первоочередные задачи	XL КСДА (2017 г.)	Межсессионная работа	XLI КСДА (2018 г.)	Межсессионная работа	XLII КСДА (2019 г.)	XLIII КСДА (2020 г.)
8 bis	Сбор и использование биологического материала в Антарктике			РГ № 1 следует обсудить сбор и использование биологического материала в Антарктике			
9.	Рассмотрение и анализ рекомендаций Совещания экспертов Договора об Антарктике, посвящённого возможным последствиям изменения климата для решения вопросов управления и руководства антарктическим регионом (КООС-МКГ)	• РГ № 2 следует рассмотреть рекомендации 4-6 • РГ № 2 следует рассмотреть результаты семинара НК-АНТКОМ и КООС	Заинтересованным Сторонам следует подготовиться к обсуждениям невыполненных рекомендаций СЭДА касательно последствий изменения климата (2010 г.)	• Согласование способов работы с невыполненными рекомендациями СЭДА касательно последствий изменения климата (2010 г.)		Действия и контроль, следующие после принятия любых решений в отношении работы с любыми невыполненными рекомендациями СЭДА касательно последствий изменения климата (2010 г.)	
10.	Обсуждение реализации Рабочей программы ответных мер в отношении изменения климата (CCRWP	• РГ № 2 следует рассмотреть ежегодные обновления информации от КООС по реализации CCRWP		• РГ № 2 следует рассмотреть ежегодные обновления информации от КООС по реализации CCRWP		• РГ № 2 следует рассмотреть ежегодные обновления информации от КООС по реализации CCRWP	
11.	Модернизация антарктических станций в условиях изменения климата	• РГ № 2 следует обсудить обмен информацией и рекомендации КОМНАП		• РГ № 2 следует обсудить обмен информацией и рекомендации КОМНАП			
12.	Рассмотрение и обсуждение вопросов, относящихся к росту количества авиационных перевозок в Антарктике, а также оценка необходимости принятия дополнительных мер		• Секретариату следует запросить у ИКАО любую информацию, имеющую отношение к авиации в Антарктике, и пригласить представителей ИКАО посетить XLI КСДА • Попросить у КОМНАП и МААТО предоставить обзорную информацию об авиационной деятельности и представить её на следующем XLI КСДА для информирования участников дискуссии	• РГ № 2 XLI КСДА следует провести специальное обсуждение авиационной деятельности, в том числе полётов негосударственных воздушных судов, а также БПЛА (ДПАС) в Антарктике • РГ № 2 XLI КСДА следует рассмотреть все мнения ИКАО касательно вопросов безопасности воздушного движения	• Участникам совещания следует проводить консультации для решения проблемы рисков и других вопросов, выявленных во время дискуссий на XLI КСДА		
12 bis	Принятие к сведению Международного кодекса для судов, эксплуатирующихся в полярных водах; продолжение укрепления сотрудничества между морскими операторами в Антарктике, а также учёт разработок и улучшений в ИМО		• Секретариату следует изложить ИМО приоритетный интерес КСДА в сфере безопасности морских операций и пригласить ИМО представить обновлённые данные и участвовать в XLI КСДА	• РГ 2 следует рассмотреть разработки и улучшения, имеющиеся в ИМО, а также обсудить дополнительные вопросы безопасности морских операций		• Обмен мнениями касательно национального опыта в области разрешения деятельности судов в Антарктике	

	Первоочередные задачи	XL КСДА (2017 г.)	Межсессионная работа	XLI КСДА (2018 г.)	Межсессионная работа	XLII КСДА (2019 г.)	XLIII КСДА (2020 г.)
13.	Гидрографические исследования в Антарктике		• МГО, при взаимодействии с СДА и принимающей стороной, подготавливается к проведению семинара, посвящённого состоянию и воздействию гидрографической деятельности в водах Антарктики на XLI КСДА	• КСДА следует провести специализированный семинар, посвящённый гидрографической деятельности в Антарктике, с презентацией МГО			
14.	Пересмотр и оценка необходимости дальнейших действий в отношении управления районом и постоянной инфраструктуры, связанной с туризмом, а также относящейся к наземному и экстремальному туризму. Принятие мер в отношении рекомендаций КООС по вопросам изучения туристической деятельности	• Рассмотреть отчёт Секретариата о процессе исполнения положений рекомендации 1 по результатам изучения туристической деятельности, проведённого КООС в 2012 г.		• СКАР и МААТО следует предоставить предварительный отчёт о ходе реализации комплексного плана сохранения окружающей среды Антарктического полуострова • Обсудить варианты разработки стандартизированной методологии мониторинга для управления участками • Обсудить предложения, касающиеся необходимости принятия дополнительных мер в отношении управления районом • Рассмотреть ход выполнения рекомендаций, изложенных в Исследовании КООС в области туристической деятельности	• Действия и контроль, следующие после принятия выводов и заключений, касающихся Исследования КООС в области туристической деятельности		
15.	Разработка стратегии обеспечения экологически безопасной туристической и неправительственной деятельности в Антарктике	• РГ № 2 следует рассмотреть обновлённые данные Секретариата • Разработать стратегическое видение туристической и неправительственной деятельности в Антарктике	• Продолжать обсуждения с целью подготовки XLI КСДА	• Обсудить специальные меры для улучшения реализации Общих принципов антарктического туризма (2009 г.)			
16.	Контроль посещения участков			• Проанализировать ход работы КООС в отношении рекомендаций 3 и 7 Исследования КООС в области туристической деятельности			

ПРИМЕЧАНИЕ. Упомянутые выше Рабочие группы КСДА не являются постоянными органами и формируются на основе общего согласия в конце каждого Консультативного совещания по Договору об Антарктике.

3. Резолюции

Резолюция 1 (2017 г.)

Методические материалы по вопросам определения Особо управляемых районов Антарктики (ОУРА)

Представители,

отмечая, что Статья 4 Приложения V к Протоколу по охране окружающей среды к Договору об Антарктике (далее – Протокол) предусматривает возможность определения Особо управляемых районов Антарктики (ОУРА) в целях «содействия планированию и координации деятельности, предотвращения возможных конфликтов, совершенствования сотрудничества между Сторонами и сведения к минимуму воздействия на окружающую среду»;

напоминая о требованиях Статей 5 и 6 Приложения V к Протоколу в отношении необходимости подготовки и пересмотра Планов управления Особо охраняемыми районами Антарктики и ОУРА;

отмечая факт наличия Руководства по подготовке Планов управления Особо охраняемыми районами Антарктики (Резолюция 2, 2011 г.) и Руководства по осуществлению системы формирования охраняемых районов, описанных в Статье 3 Приложения V к Протоколу (Резолюция 1, 2000 г.), в помощь Сторонам в работе по выполнению положений Приложения V;

признавая важность и целесообразность наличия и методических материалов в помощь Сторонам в вопросах рассмотрения необходимости предоставления районам статуса ОУРА и подготовки Планов управления этими районами;

отмечая вклад Комитета по охране окружающей среды в разработку этих методических материалов;

признавая рекомендательный характер методических материалов;

рекомендуют своим Правительствам:

1. Лицам, участвующим в проведении оценки какого-либо района в контексте необходимости определения его в качестве Особо управляемого района Антарктики (ОУРА), следовать Руководству по оценке района в контексте необходимости определения его в качестве Особо управляемого района Антарктики, прилагаемому к настоящей Резолюции (Приложение А).

2. Лицам, участвующим в подготовке и пересмотре Планов управления ОУРА, следовать Руководству по подготовке Планов управления Особо управляемыми районами Антарктики, прилагаемому к настоящей Резолюции (Приложение В).

Руководство по оценке района в контексте необходимости определения его в качестве Особо управляемого района Антарктики

Введение

Целью настоящего документа является предоставление рекомендаций и оказание помощи всем возможным инициаторам предложения в их работе по оценке и определению необходимости предоставления какому-либо району статуса Особо управляемого района Антарктики (ОУРА), причин наличия такой необходимости и преимуществ предоставления району данного статуса. Настоящее Руководство не является обязательным для исполнения, но вместе с тем в нём поднимаются вопросы, которые подлежат рассмотрению Сторонами-инициаторами при изучении необходимости предоставления району статуса ОУРА.

Статья 4 Приложение V предусматривает возможность определения любого района на территории, подпадающей под действие Договора об Антарктике, в том числе любого морского района, в котором осуществляется или может в дальнейшем осуществляться какая-либо деятельность, в качестве Особо управляемого района Антарктики (ОУРА) в целях регулирования вопросов планирования и координации деятельности, предупреждения возможных конфликтов, укрепления сотрудничества между Сторонами или сведения к минимуму воздействия на окружающую среду. В состав ОУРА могут входить районы, в которых деятельность сопряжена с риском взаимных помех или кумулятивного воздействия на окружающую среду, а также места или памятники, представляющие общепризнанную историческую ценность. В состав ОУРА могут входить Особо охраняемые районы Антарктики (ООРА) и Исторические места и памятники (ИМП). В Статье 5 Приложения V предусматривается, что с предложениями об определении какого-либо района в качестве ОУРА могут выходить: любая Сторона, КООС, Научный комитет по антарктическим исследованиям (СКАР) или Комиссия по сохранению морских живых ресурсов Антарктики (АНТКОМ), представив при этом предлагаемый План управления соответствующим районом на рассмотрение Консультативного совещания по Договору об Антарктике (КСДА). Статья 6 Приложения V, регламентирующая порядок определения районов, указывает на необходимость предварительного одобрения АНТКОМ поступившего предложения, если район включает в себя какую-либо морскую территорию.

В Статьях 5 и 6 Приложения V к Протоколу по охране окружающей среды чётко указано, что процесс определения района в качестве ОУРА формально инициируется представлением предлагаемого Плана управления в Комитет по охране окружающей среды (КООС). В данном документе инициаторам предоставляются рекомендации и помощь в отношении предлагаемой практической процедуры, ведущей к этапу, на котором выдвигается официальное предложение путём представления предлагаемого Плана управления.

Опыт подготовки ныне действующих Планов управления ОУРА свидетельствует о длительности и сложности данного процесса. В частности, сложность процесса определения ОУРА может возрастать с увеличением территории района, количества видов деятельности и (или) участвующих Сторон или других заинтересованных лиц.

В данном документе внимание сосредоточено на оценке района в контексте необходимости определения его в качестве ОУРА. В зависимости от специфики рассматриваемого района, существуют другие меры, которые могут способствовать достижению целей по пространственному управлению районом (например, определение ООРА, двусторонние соглашения между Сторонами, национальные законодательства или кодексы поведения).

Все предложения по определению ОУРА подлежат рассмотрению в КООС и окончательному одобрению Консультативными Сторонами Договора об Антарктике на КСДА. План управления ОУРА — это согласованный на международном уровне документ, применимый ко всем посетителям Района, и он должен приводиться в действие каждой Стороной в соответствии с положениями Договора об Антарктике и Протокола к нему, а также национальными органами власти посредством национальных законодательных актов. Следовательно, каждое предложение относительно ОУРА имеет значение не только для тех Сторон и других операторов, которые осуществляют деятельность в рассматриваемом районе, но и для всех Сторон.

Данный документ носит исключительно рекомендательный характер и призван содействовать инициаторам в рассмотрении надлежащим образом и в достаточном объёме всех необходимых аспектов в процессе принятия решения о целесообразности выхода с предложением об определении района в качестве ОУРА. Все районы, рассматриваемые в контексте необходимости предоставления им статуса ОУРА, имеют разные характеристики и особенности, характеризуются разными нагрузками на окружающую среду в прошлом, настоящем и будущем и, соответственно, разными связанными с этим проблемами по управлению, и все эти особые условия необходимо учитывать, когда дело касается процесса определения.

Помимо предоставления рекомендаций потенциальным инициаторам предложений, долгосрочной целью настоящего Руководства является повышение степени выдержанности и сопоставимости процессов оценки (признавая при этом различия в потребностях и динамике экосистем каждого потенциального ОУРА) и обеспечение надлежащего оформления документации для дальнейшего использования в качестве вспомогательного материала.

По мере целесообразности пользоваться настоящим документом следует в увязке с указанными ниже материалами.

- Приложение V к Протоколу по охране окружающей среды (в частности, Статьи 4, 5 и 6).
- *Рекомендации: Порядок проведения предварительной оценки для определения ООРА и ОУРА* (Приложение 3 к Отчёту XVIII заседания КООС, 2015 г.).
- *Руководство по осуществлению системы формирования охраняемых районов* (Резолюция 1 [2000 г.]).*
- *Report of the CEP Workshop on Marine and Terrestrial Antarctic Specially Managed AreasMontevideo Uruguay, 16–17 June 2011[Отчёт об итогах работы Семинара КООС по вопросу морских и наземных Особо охраняемых районов Антарктики, г. Монтевидео, Уругвай, 16–17 июня 2011 г.]* (Информационный документ IP 136, XXXIV КСДА / XIV заседание КООС, 2011 г.).

Определение необходимости предоставления району статуса ОУРА

Если Стороны, осуществляющие деятельность в каком-либо районе, установят, что осуществляемая или обоснованно прогнозируемая деятельность создает риск взаимного влияния или кумулятивного воздействия на окружающую среду или что существует необходимость оказания помощи в планировании и координации деятельности или укрепления сотрудничества между Сторонами, они могут рассмотреть вопрос о выдвижении предложения об определении ОУРА.

Документальное оформление процесса

Документальное оформление процесса подготовки и представления проекта Плана управления ОУРА является настоятельной необходимостью. Документы могут представлять собой отчёты о результатах программ научных исследований или мониторинга, отчёты о результатах семинаров, материалы обсуждений различных вопросов, перечни наиболее значимых совещаний и их основные итоги, список заинтересованных сторон, с которыми проведены консультации, список справочно-информационных материалов и т. п.

Выводы по результатам оценки должны быть надлежащим образом документально оформлены и доведены до сведения заинтересованных сторон вне зависимости от конечного итога проведения оценки.

Определение и привлечение заинтересованных лиц

Как отмечалось выше, решение об определении района в качестве ОУРА в конечном итоге будет приниматься на КСДА и будет отражать согласованное мнение Консультативных Сторон Договора об Антарктике.

* Следует иметь в виду, что несмотря на то, что данный документ касается Особо охраняемых районов Антарктики, в нём изложены общие принципы, вполне применимые и к вопросам определения потенциальных ОУРА.

Поскольку любое решение об определении ОУРА с большой вероятностью будет опираться на широкий диапазон мнений, Сторона или Стороны, инициирующие проведение оценки, могут посчитать целесообразным привлечение других заинтересованных сторон к данному процессу, чтобы получить всестороннее представление обо всех вопросах, которые в будущем могут повлиять на управление районом. Сторона или Стороны, инициирующие проведение оценки, могут, например, стремиться найти и вовлечь другие Стороны и, если целесообразно, соответствующие организации (например, СКАР, КОМНАП, МААТО), которые могут проявлять интерес к данному району в результате своей прошлой, настоящей или планируемой деятельности. Где это уместно, такое вовлечение может варьироваться от обмена информацией до активного участия в проведении оценки.

Следует также отметить, что в случае, если предлагаемый ОУРА затрагивает районы, в которых осуществляется промысел морских живых ресурсов или имеется потенциал для его осуществления, или если в проекте Плана управления предусматриваются положения, препятствующие или ограничивающие деятельность со стороны АНТКОМ, в соответствии с положениями Решения 9 (2005 г.) в качестве заинтересованной стороны необходимо привлечение АНТКОМ.

Методы работы

В случае если потенциальные инициаторы рассматривают целесообразность предложения о проведении оценки необходимости предоставления статуса ОУРА для достижения целей пространственного управления районом, следует среди прочего рассмотреть указанные ниже методы организации работы для обеспечения привлечения заинтересованных сторон и всестороннего досконального изучения вопросов и проведения тщательной оценки.

- Исходная документация: одна или несколько Сторон должны инициировать процесс путём разработки дискуссионного документа (на основе первоначального определения масштабов, теоретического исследования или общих обсуждений с другими лицами, имеющими заинтересованность в данном районе), предоставляя справочные материалы в поддержку необходимости оценки и рассмотрения вариантов управления.
- Рабочие совещания: организация совещания или ряда совещаний по рассмотрению важнейших составляющих, подлежащих оценке, с приглашением экспертов и заинтересованных сторон.
- Рабочие группы: создание групп по вопросам оценки конкретных составляющих, подлежащих оценке в отношении рассматриваемого района, с целью обеспечения всесторонней и предметной оценки различных аспектов.
- Деятельность в полевых условиях: организовать семинар или посещение участка с участием основных заинтересованных лиц, если это уместно и возможно.

- Интерактивные дискуссионные форумы и другие средства телекоммуникационной связи: использование данных средств для размещения материалов для обсуждения и других соответствующих документов с целью привлечения к проведению оценки более широкого круга заинтересованных сторон.

Определение ценностей, видов деятельности и целей управления

Цели и задачи управления обусловливаются имеющимися ценностями, видами осуществляемой деятельности и имеющими место нагрузками на окружающую среду. На момент инициирования проведения оценки у инициаторов, конечно же, уже сложится своё видение целей управления, однако это видение, скорее всего, претерпит изменения в процессе проведения консультаций с другими сторонами, заинтересованными в осуществлении деятельности в районе или имеющими там другие интересы. Самым главным при этом является выработка чёткого согласованного представления о целях управления для обеспечения возможности инициаторам, заинтересованным сторонам и КООС двигаться дальше.

Целью учреждения какого-либо ОУРА может являться укрепление сотрудничества между Сторонами, имеющими интересы в районе, сведение к минимуму негативного воздействия осуществляемой деятельности на конкретные ценности района или сведение к минимуму конфликта между различными видами осуществляемой деятельности. При рассмотрении вопроса о целях, задачах и альтернативных методах управления совершенно необходимо установить ценности района и определить виды осуществлявшейся, осуществляющейся и планируемой деятельности. Для этого можно воспользоваться приведёнными ниже рекомендациями, при этом местонахождение и участки ценностей и границы осуществляемой деятельности должны быть нанесены на карту с максимально возможной степенью точности.

Необходимо отметить, что данный этап оценки имеет много общего с проведением оценки районов в контексте необходимости их определения в качестве ОУРА, и поэтому изложенный ниже материал тесно перекликается с рекомендациями, изложенными в *Руководстве по осуществлению системы формирования охраняемых районов, описанных в Статье 3 Приложения V к Протоколу по охране окружающей среды.*

Определение ценностей

Определите наличие в районе каких-либо из указанных ниже ценностей.

- ***Экологические ценности.*** Следует определить наличие на территории района физических, химических или биологических особенностей (таких как ледники, пресноводные озёра, снежницы, выходы коренных пород, флора и фауна, которые являются крайне редкими или репрезентативными компонентами для окружающей среды Антарктики (например, Ключевая орнитологическая территория).*

* Более подробная информация по Ключевым орнитологическим территориям в Антарктике представлена в Резолюции 5 (2015 г.).

- ***Научные ценности.*** Следует определить наличие на территории района физических, химических или биологических особенностей, представляющих особый научный интерес, к изучению которых применимы научные принципы и методы. Обратите внимание, что в этом контексте важна перспективная оценка, а также оценка текущих научных интересов. Также определите, находится ли несколько научных ценностей в одном и том же районе, так как это может быть важно для учёта потенциальных конкурирующих научных интересов и совокупного воздействия в результате научной деятельности в полевых условиях.
- ***Историко-культурные ценности.*** Следует определить наличие на территории района Исторических мест или памятников, признанных таковыми в соответствии с положениями Приложения V, или другие особенности или объекты, отражающие, имеющие отношение или напоминающие о событиях, случаях, достижениях, местах или фактах, которые имеют большое значение или являются значимыми или особенными в истории деятельности человека в Антарктике.
- ***Эстетические ценности.*** Следует определить наличие на территории района особенностей или характерных черт (например, красота, привлекательность, вдохновляющие свойства, живописность и притягательность), повышающих его ценность в глазах людей и усиливающих их чувственное восприятие района.
- ***Ценности первозданной природы.*** Следует определить наличие на территории района особенностей, которые являются крайне редкими или характерными для окружающей среды Антарктики (например, удалённость территории, малочисленность или отсутствие людей, отсутствие антропогенных объектов, следов, звуков и запахов, напоминающих о присутствии человека, неизведанность или редкая посещаемость территории).
- ***Образовательные ценности.*** Следует определить, предоставляет ли район возможности для проведения образовательной и информационно-просветительской деятельности в целях привлечения большего внимания к необходимости охраны установленных Протоколом вышеуказанных ценностей и содействия более глубокому пониманию важности Антарктики для всего мирового сообщества.

При рассмотрении ценностей района изучите также вопрос наличия на его территории одного или нескольких ООРА или других районов (участков), управляемых в целях обеспечения охраны любых природных или иных установленных ценностей.

Определение видов деятельности

Следует изучить вопрос наличия, планирования или вероятности осуществления указанных ниже видов деятельности, периодичности деятельности (регулярная, постоянная, редко осуществляемая, сезонная) и изменения масштабов деятельности за последние годы. Необходимо рассмотреть вопрос о наличии изменений в каждом конкретном виде осуществляемой деятельности с течением времени или предполагаемых изменениях в будущем, так как это в результате может оказывать разное влияние на другие виды деятельности и (или) воздействие на ценности района.

- ***Научная деятельность.*** Следует рассмотреть наличие научно-исследовательской деятельности в районе, включая деятельность по мониторингу. Следует определить виды и участки осуществления деятельности. Следует также установить необходимость разнесения каждого конкретного вида деятельности во времени или пространстве относительно других видов деятельности, которые могут служить помехой для рассматриваемой деятельности (т. е. создание буферной зоны), или же отсутствие такой необходимости ввиду того, что исходной предпосылкой осуществляемых видов деятельности является существующее состояние ценностей окружающей среды на всей территории района или на её части.
- ***Деятельность станций и логистическая поддержка научных исследований.*** Следует определить наличие на территории района каких-либо (научных) станций или иных сооружений или оборудования, их месторасположение. Каково распространение штатной деятельности станций в пространстве и времени?
- ***Транспортные операции.*** Следует определить наличие на территории района мест, коридоров или участков, представляющих особую важность для осуществления транспортных операций и их местонахождение.
- ***Рекреационная деятельность.*** Следует определить наличие на территории района участков, используемых национальными антарктическими программами в рекреационных целях, их местонахождение и виды рекреационной деятельности.
- ***Туризм.*** Следует определить наличие в районе участков, используемых для посещения организованными группами туристов или частными экспедициями, виды осуществляемой деятельности и местонахождение участков.
- ***Добыча морских живых ресурсов / промысел рыбы.*** Если в состав района входит морская территория, следует определить наличие осуществляемой или потенциально возможной деятельности по добыче морских живых ресурсов и места добычи, если это так.
- ***Деятельность по управлению мероприятиями по охране окружающей среды.*** Следует определить наличие на территории района деятельности по управлению мероприятиями по охране окружающей среды (например, ООРА, Правила поведения для посетителей участков и др.).
- ***Другие виды деятельности.*** Следует определить наличие на территории района другой деятельности, виды этой деятельности и места её осуществления.

- ***Прогнозируемая деятельность.*** Следует определить вероятность расширения осуществляемой деятельности или появления новых видов деятельности в районе в обозримом будущем, виды этой деятельности и места её осуществления. Следует также изучить вероятность других изменений в осуществляемой деятельности (сокращение, завершение, изменение сроков и т. п.).

Взаимодействие между несколькими видами деятельности/операторами, а также между деятельностью и ценностями района

Потенциальные нагрузки / воздействие на окружающую среду

Следует рассмотреть ценности окружающей среды и другие ценности района в свете осуществляемой деятельности на территории района, проанализировав ответы на приведённые ниже вопросы. Следует принять во внимание, что привлечение учёных и менеджеров по операциям, знающих район или имеющих соответствующие знания и опыт, к обсуждению этих вопросов, особенно вопросов определения значимых ценностей окружающей среды, является настоятельной необходимостью.

- Имеются ли на территории района особо важные ценности, которым будет нанесён ущерб в результате осуществляемой или планируемой деятельности, как индивидуальной, так и коллективной? Конкретные виды деятельности? Уровень деятельности? Частота проведения деятельности?
- Существуют ли более эффективные способы осуществления этих видов деятельности при одновременном снижении уровня воздействия на окружающую среду?
- Имеются ли на территории района участки/условия окружающей среды, представляющие опасность для человека?
- Имеются ли на территории района конкретные участки или места, ценности которых более уязвимы к деятельности человека, чем в других местах?

Рассмотрите вопрос о том, существуют ли пробелы в знаниях по указанным выше вопросам, которые требуют дальнейшего изучения, и обдумайте возможность инициировать соответствующие исследования (включая полевую работу по оценке и обоснованию ценностей, видов деятельности, потенциальных конфликтов и т. п.) с целью восполнения этих пробелов.

Следует рассмотреть вопрос о необходимости совместных действий сторон для достижения целей и решения необходимых задач по управлению районом в свете потенциальных нагрузок на окружающую среду в результате текущей и обоснованно прогнозируемой деятельности.

Следует изучить вопрос наличия конкретного практического опыта в координации деятельности, который можно было бы использовать в целях сведения к минимуму воздействия на окружающую среду района, например:

- совместное использование объектов;

- совместное использование средств логистического обеспечения (транспортировка грузов, персонала и т. п.);
- налаживание и укрепление научного сотрудничества в целях максимального повышения эффективности научно-исследовательской деятельности и сведения к минимуму ненужного дублирования этой деятельности;
- организация обмена информацией на совещаниях руководителей и с использованием других средств общения;
- создание зон с особым режимом управления (например, зона ограниченного доступа, зона научных исследований, зона для посетителей района, зона ИМП и т. п.). См. *Руководство по организации зон управления на территории ОУРА и ООРА.*
- Прочие мероприятия.

Потенциал для координации деятельности, сотрудничества или возникновения конфликтов

Для оценки существующего или потенциального конфликта,* а также имеющегося потенциала для планирования, координации работы и сотрудничества в целях предупреждения конфликтов или достижения других целей управления рассмотрите конкретную осуществляемую деятельность в привязке к условиям окружающей среды, в которых она осуществляется, и всех других видов деятельности, осуществляемой в районе, проанализировав ответы на приведённые ниже вопросы применительно к каждому виду осуществляемой деятельности. Имейте в виду, что предоставление Сторонам и другим заинтересованным организациям возможности рассмотрения этих вопросов, особенно в отношении чувствительности осуществляемой ими деятельности к постороннему влиянию, является настоятельной необходимостью.

- Осуществляются ли или планируются ли на территории района несовместимые виды деятельности или имеются ли на территории конкретные участки, на которых в настоящее время осуществляются несовместимые виды деятельности?
- Являются ли осуществляемые или планируемые виды деятельности особо чувствительными к неблагоприятному воздействию других видов деятельности? Определите, носит ли эта чувствительность общий или ограниченный по времени характер. Проанализируйте чувствительность ко всем видам воздействия, а не только к влиянию осуществляемой деятельности в районе.
- Имеет ли какой-либо вид осуществляемой деятельность особенности, сопряжённые с факторами опасности и (или) риска, которые препятствуют и (или) ограничивают осуществление других видов деятельности на одной

* Под конфликтом понимается несовместимость двух или более видов деятельности, осуществляемых на одной и той же территории в одно и то же время.

и той же территории? Определите, носят ли эти факторы общий или ограниченный по времени характер.

- Оказывает ли осуществляемая деятельность особо пагубное воздействие (постоянное или временное) на окружающую среду или на конкретные ценности окружающей среды?
- Возможно ли предвидеть потенциальные конфликты в будущем, например в связи с введением новых научных методов (таких как БПЛА или телеуправляемые необитаемые подводные аппараты [ROV]) или крупномасштабных научных установок, повышении логистических возможностей, которые могут увеличить число работников, осуществляющих деятельность на территории участка?

Рассмотрите вопрос о возможности принятия мер для снижения вероятности возникновения конфликтов, задав указанные ниже вопросы Сторонам и другим заинтересованным организациям.

- Какие меры следует принять для предупреждения и (или) ограничения отрицательного влияния на ваши интересы в районе?
- Какие меры следует принять для предупреждения и (или) ограничения отрицательного влияния на интересы других сторон в районе?

Формулирование выводов

При определении потенциальными инициаторами целесообразности предоставления какому-либо району статуса ОУРА для достижения целей пространственного управления районом следует также рассмотреть вопрос о том, могут ли эти цели быть достигнуты усилиями одной стороны или необходимы усилия целого ряда сторон и (или) групп заинтересованных сторон.

Комплекс мер по управлению, которые могут способствовать достижению целей по пространственному управлению районом, включает в себя в том числе следующие: определение ООРА, двусторонние соглашения между Сторонами, применение национальных законодательств или Кодексов поведения и т. д.

Следует подвести итоги всего предшествующего обсуждения вопроса и проанализировать результаты для получения ответа на вопрос: действительно ли предоставление рассматриваемому району статуса ОУРА с подготовкой Плана управления повысит эффективность мер по управлению. Если это целесообразно и возможно, при взвешивании всех «за»и «против» следует проанализировать необходимость создания Группы управления ОУРА в целях содействия сотрудничеству сторон и координации их деятельности для достижения целей по управлению.

Если результаты оценки, выполненной потенциальными инициаторами, будут свидетельствовать о том, что вопрос об определении ОУРА следует рассмотреть в соответствии с Протоколом, на этом этапе Сторона или Стороны – инициаторы предложения должны поставить в известность КООС о возможном выходе с предложением об определении соответствующего ОУРА и обратиться к Членам Комитета с просьбой представить свои замечания, предложения и позицию по данному вопросу в соответствии с положениями документа КООС *Рекомендации: Порядок проведения предварительной оценки для определения ООРА и ОУРА.*

После выполнения описанной выше процедуры оценки потенциальные инициаторы могут посчитать целесообразным составление плана управления районом. Проект плана управления должен быть разработан в соответствии с Руководством по подготовке Планов управления ОУРА и затем представлен для более широкого рассмотрения в соответствии со Статьями 5 и 6 Приложения V к Протоколу.

Ссылки и справочная информация

Общая информация

- Приложение V к Протоколу по охране окружающей среды (в частности, Статьи 4, 5 и 6).
- *Рекомендации: Порядок проведения предварительной оценки для определения ООРА и ОУРА* (Приложение 3 к Отчёту XVIII заседания КООС, 2015 г.).
- *Руководство по подготовке планов управления ООРА* (Резолюция 2 [2011 г.]) .
- *Руководство по организации зон управления на территории ОУРА и ООРА* (Рабочий документ WP 10, XXXIII КСДА / XIII заседание КООС, 2010 г.).
- *Руководство по осуществлению системы формирования охраняемых районов* (Резолюция 1 [2000 г.]).
- *Report of the CEP Workshop on Marine and Terrestrial Antarctic Specially Managed Areas* Montevideo, *Uruguay, 16-17 June 2011[Отчёт об итогах работы Семинара КООС по вопросу морских и наземных Особо охраняемых районов Антарктики, г. Монтевидео, Уругвай, 16–17 июня 2011 г.]* (Информационный документ IP 136, XXXIV КСДА / XIV заседание КООС, 2011 г.).
- *Руководство по представлению Рабочих документов, содержащих предложения, касающиеся Особо охраняемых районов Антарктики, Особо управляемых районов Антарктики или Исторических мест и памятников* (Резолюция 5 [2011 г.]).
- *Вопросник для проведения инспекций Особо охраняемых районов Антарктики и Особо управляемых районов Антарктики* (Резолюция 4 [2008 г.]).

Документы предыдущих оценок ОУРА*

- Downie, RH. And Smellie, JL. *A management Strategy for Deception Island* (2001)

* Документы предшествующих оценок районов в контексте необходимости их определения в качестве ОУРА помогут получить правильное представление и понимание различных этапов оценки и их документального оформления.

- Valencia J. and Downie, RH. (eds.). *Workshop on a Management Plan for Deception Island* (2002)
- Report from workshop: *Description of the biological research program in the vicinity of Palmer Station, Antarctica and possible impacts on the program from activities in the area to serve as a basis for development of a provisional research/ management plan for the Palmer area* (1988)
- Report from McMurdo Dry Valley workshops: *Environmental Management of a cold desert ecosystem: The McMurdo Dry Valleys* (1995) and *McMurdo Dry Valley Lakes: impacts of research activities* (1998)
- Harris C.M. 1998: Science and environmental management in the McMurdo Dry Valleys Southern Victoria Land, Antarctica
- Report from McMurdo Dry Valley workshop: *Environmental Assessment of the McMurdo Dry Valleys: Witness to the Past and Guide to the Future* (2016)
- Report from workshop: *'Larsemann Hills: an Antarctic Microcosm* (1997)

Руководство по подготовке Планов управления ОУРА

1. История вопроса

1.1 Назначение Руководства

В 1991 году Консультативные Стороны Договора об Антарктике подписали Протокол по охране окружающей среды к Договору об Антарктике (далее по тексту – Протокол) в целях обеспечения всесторонней охраны окружающей среды Антарктики. В Протоколе вся территория Антарктики признана «природным заповедником, предназначенным для мира и науки».

Приложение V к Протоколу, принятое впоследствии на XVI КСДА в рамках Рекомендации XVI-10, заложило нормативно-правовую базу регулирования вопросов определения особо охраняемых и особо управляемых районов на всей территории «природного заповедника». Текст Приложения V имеется на сайте СДА: *http://www.ats.aq/documents/recatt/Att004_r.pdf*.

Приложение V предусматривает возможность определения любого района на территории, подпадающей под действие Договора об Антарктике, в том числе любого морского района, в котором осуществляется или может в дальнейшем осуществляться какая-либо деятельность, в качестве Особо управляемого района Антарктики (ОУРА) в целях регулирования вопросов планирования и координации деятельности, предупреждения возможных конфликтов, укрепления сотрудничества между Сторонами или сведения к минимуму воздействия на окружающую среду (Приложение V, Статья 4.1). В состав Особо управляемых районов Антарктики могут входить районы, в которых деятельность сопряжена с опасностью взаимных помех или кумулятивного воздействия на окружающую среду, а также места или памятники, представляющие общепризнанную историческую ценность (Приложение V, Статья 4.2). В состав Особо управляемых районов Антарктики могут входить один или несколько Особо охраняемых районов Антарктики (Приложение V, Статья 4.4).

Кроме того, в Приложении V предусматривается, что с предложениями об определении какого-либо района в качестве Особо управляемого района Антарктики могут выходить любая Сторона Договора об Антарктике, Комитет по охране окружающей среды (КООС), Научный комитет по антарктическим исследованиям (СКАР) или Комиссия по сохранению морских живых ресурсов Антарктики (АНТКОМ), представив при этом предлагаемый План управления соответствующим районом на рассмотрение Консультативного совещания по Договору об Антарктике (Приложение V, Статья 5.1).

Настоящее Руководство разработано в помощь инициаторам предложений о предоставлении особо управляемого статуса какому-либо району Антарктики и преследует следующие цели:

- оказание помощи Сторонам в работе по подготовке Планов управления предлагаемыми Особо управляемыми районами Антарктики (ОУРА) в соответствии с требованиями Протокола (Приложение V, Статья 5);
- создание концептуальной основы, обеспечивающей соответствие Планов управления требованиям Протокола;
- обеспечение чёткости содержания, ясности изложения материала, единого подхода (к подготовке всех Планов управления) и эффективности Планов управления в целях ускорения процесса их рассмотрения, принятия и осуществления.

Необходимо иметь в виду, что данное Руководство является не более чем кратким справочником по подготовке Планов управления ОУРА. Документ не имеет какого-либо правового статуса. На самой ранней стадии любому инициатору Плана управления следует внимательно изучить положения Приложения V к Протоколу и обратиться за консультацией в соответствующую национальную инстанцию.

1.2 Определение необходимости предоставления району статуса особо управляемого

Предоставление какому-либо району статуса особо управляемого закладывает необходимую основу для регулирования вопросов планирования, координации и управления текущей или последующей деятельностью в целях предупреждения возможных конфликтов, укрепления сотрудничества между Сторонами или сведения к минимуму воздействия на окружающую среду, в том числе и кумулятивного воздействия. При оценке района в контексте фактической необходимости применения к нему особых мер по управлению необходимо провести оценку взаимного влияния ценностей, осуществляемой деятельности и экологической нагрузки в районе. КООС принял отдельное Руководство по оценке района в контексте необходимости определения его в качестве Особо управляемого района Антарктики в помощь инициаторам предложений в вопросе проведения такой оценки.

Только всесторонний и глубокий анализ всех факторов в процессе оценки может дать инициаторам предложений чёткое понимание того, является ли разработка Плана управления ОУРА наилучшим способом обеспечения потребностей района в области управления. В случае же принятия инициаторами положительного решения настоящее Руководство призвано оказать помощь в подготовке Плана управления рассматриваемым районом.

1.3 Инструктивные и рекомендательные материалы по вопросу

- Приложение V к Протоколу по охране окружающей среды (*http://www.ats.aq/documents/recatt/Att004_r.pdf*).
- Руководство по оценке района в контексте необходимости определения его в качестве Особо управляемого района Антарктики.
- Руководство по организации зон управления на территории ОУРАи ООРА.*
- Руководящие документы: Порядок проведения предварительной оценки для определения ООРА и ОУРА.**

2. Формат Планов управления ОУРА

КООС постоянно заостряет внимание на преимуществах обеспечения единого подхода к подготовке Планов управления Особо управляемыми районами Антарктики. При этом, несмотря на возможное наличие совершенно разных обстоятельств, видов деятельности и экологических нагрузок, рассматриваемых при определении ОУРА, обеспечение единого подхода к подготовке Планов управления Особо управляемыми районами Антарктики является всё же желательным. Статья 5.3 Приложения V определяет круг вопросов, подлежащих надлежащему освещению в каждом Плане управления ОУРА. Последующие разделы настоящего Руководства дают рекомендации в отношении соблюдения вышеупомянутых требований (круг освещаемых вопросов представлен в таблице 1).

Таблица 1. Обзорная таблица рекомендуемой структуры Плана управления ОУРА

Раздел Плана управления / раздел Руководства	Ссылка на Статью 5
1. Содержание	
2. Введение	
3. Описание ценностей, нуждающихся в охране	3 a
4. Цели и задачи	3 b
5. Деятельность по управлению	3 c
6. Период определения	3 d
7. Карты	3 g
8. Описание Района	3 e (i - iv)
9. Особо охраняемые районы и особо управляемые зоны на территории Района	3 f
10. Подтверждающая документация	3 h
11. Кодекс поведения и другие инструктивные материалы	3 j (i-viii)
12. Заблаговременный обмен информацией	3 k

* Рабочий документ WP 10, АХХХIII КСДА/XIII заседание КООС (2010 г., включая приложение к нему «Руководство по организации зон управления на территории Особо управляемых районов Антарктики и Особо охраняемых районов Антарктики».

** Приложение 3 к Отчёту XVIII заседания КООС.

3. Рекомендации по содержанию Планов управления

Учитывая постоянное развитие методики подготовки Планов управления ОУРА, инициаторам разработки таких документов рекомендуется ознакомиться с существующей передовой практикой и в качестве полезных примеров обращаться к ныне действующим и пересмотренным за последнее время Планам управления ОУРА. Ныне действующие планы управления по каждому ОУРА размещены в базе данных охраняемых районов на сайте Секретариата Договора об Антарктике: *http://ats.aq/devPH/apa/ep_protected.aspx?lang=r*.

Любой План управления должен содержать достаточно подробную информацию о характерных особенностях Района, деятельности, осуществляемой на его территории, и нагрузках Района, а также о мерах предосторожности, подлежащих соблюдению при осуществлении какой-либо деятельности, с тем чтобы методы осуществления любой планируемой деятельности не противоречили целям и задачам Плана управления Районом. В последующих разделах содержатся рекомендации инициаторам по содержанию каждого обязательного типового раздела Плана управления.

3.1 Содержание

Раздел «Содержание» облегчает поиск каждого конкретного раздела в порой большом по объёму и сложноструктурированном Плане управления ОУРА. В таблице 1 представлен общий план содержания, который можно дополнить включением в него подразделов.

3.2 Введение

Несмотря на то, что наличие вступительной части в Плане управления не является обязательным требованием Статьи 5 Приложения V, её включение в документ является вполне целесообразным для изложения краткой обзорной информации. Вступительная часть может содержать краткие сведения о важных особенностях Района, краткую справку о предшествующих определениях статуса Района и пересмотрах Плана управления, информацию об осуществлявшейся и текущей деятельности на территории Района, а также о наличии экологических нагрузок и (или) опасностей для окружающей среды, обусловливающих необходимость введения особых режимов управления.

Основные причины целесообразности определения Района в качестве особо управляемого следует довести до сведения в самом начале Плана управления. При этом целесообразно представить краткое описание нагрузок, опасностей для окружающей среды и необходимости принятия согласованных мер.

3.3 Описание ценностей, нуждающихся в охране

В данном разделе следует представить обзорную информацию с кратким описанием ценностей, имеющихся в Районе и нуждающихся в особом режиме управления, для предупреждения неблагоприятного воздействия на них или сведения к минимуму конфликтов. Ниже приведены примеры упомянутых выше ценностей.

- Экологические ценности
- Научные ценности
- Историко-культурные ценности
- Эстетические ценности
- Ценности первозданной природы
- Образовательные ценности

Следует иметь в виду, что описание ценностей имеет существенное значение при планировании какой-либо деятельности в Районе. Следовательно, описание ценностей должно носить не общий характер, а содержать их точные и конкретные характеристики.

3.4 Деятельность, нуждающаяся в управлении

В данном разделе следует представить обзорную информацию с кратким описанием текущей, планируемой и обоснованно прогнозируемой деятельности на территории Района, которая может оказать влияние и (или) представлять опасность для установленных ценностей, или требует координации усилий для сведения к минимуму негативного воздействия или конфликтов. Виды возможной деятельности:

- научная деятельность;
- деятельность научно-исследовательских станций и деятельность по материально-техническому обеспечению научных исследований;
- транспортные операции;
- рекреационная деятельность;
- туризм;
- добыча морских живых ресурсов / промысел рыбы;
- деятельность по управлению мероприятиями по охране окружающей среды.

3.5 Цели и задачи

В данном разделе следует изложить цели и задачи, которые должны быть достигнуты и решены в результате реализации Плана управления, а также надлежащие меры по управлению, предусматриваемые Планом в целях сохранения описанных выше ценностей.

Например, первоочередными целями Плана могут быть:

- обеспечение возможности проведения долгосрочной, текущей и последующей научно-исследовательской деятельности;

- осуществление деятельности по управлению в отношении возможных и реальных конфликтов между различными видами деятельности и ценностями Района;
- сведение к минимуму воздействия на окружающую среду, в том числе кумулятивного воздействия;
- оказание содействия в планировании и координации деятельности человека;
- оказание поддержки взаимодействию и сотрудничеству между пользователями Района;
- проведение оценки последствий изменения климата при осуществлении координации и управления деятельностью.

Следует иметь в виду, что описание целей и задач имеет существенное значение как в отношении планирования мер по управлению Районом, так и в отношении планирования деятельности на территории Района. Следовательно, цели и задачи должны быть изложены не в общих чертах, а весьма предметно.

3.6 Деятельность по управлению

Деятельность по управлению, указанная в данном разделе, должна быть взаимосвязана с целями Плана управления и задачами, для решения которых Району предоставляется статус особо управляемого.

Например, в плане может быть представлена следующая основная планируемая деятельность по управлению:

- создание Группы управления ОУРА в целях содействия обеспечению эффективного взаимодействия между сторонами, осуществляющими деятельность в Районе или посещающими его;
- создание дискуссионной площадки для разрешения имеющихся или возможных конфликтов в отношении использования Района и сведения к минимуму дублирования деятельности;
- распространение информации о Районе, в частности об осуществляемой деятельности и мерах по управлению, действующих на его территории;
- ведение учёта деятельности в Районе и по возможности воздействия на его окружающую среду, а также разработка методологии выявления кумулятивного воздействия и принятия соответствующих мер;
- проведение анализа завершённой, текущей и дальнейшей деятельности и оценки эффективности мер по управлению, возможно, в рамках посещения участков Района;
- осуществление сбора данных в целях усиления мер по охране, расширения знаний и выявления имеющих место изменений в охраняемых ценностях Района.

В Плане управления необходимо отметить, что активное управление Районом может потребовать проведения оценки воздействия на окружающую среду в соответствии с требованиями Приложения I к Протоколу.

3.7 Период определения

Если иное не предусматривается Планом управления, определение ООРА устанавливается на неограниченный срок. Согласно положениям Статьи 6.3 Приложения V План управления подлежит пересмотру не реже одного раза в пять лет и уточнению по мере необходимости.

3.8 Карты

Карты являются наиболее важным элементом любого Плана управления и должны быть чёткими, ясными и достаточно подробными. При очень большой площади Района целесообразно предусматривать несколько карт разного масштаба.

Крайне важно, чтобы на картах были чётко и ясно указаны границы управляемого Района согласно рекомендациям, представленным ниже в подразделе 6.1.

Целесообразным является включение в План управления фотографий и (или) фотоизображений, несущих смысловую нагрузку деятельности по управлению или отображающих конкретные особые объекты местности. Включаемые в состав Плана управления фотографии и фотоизображения должны быть чёткими, ясными, с высоким разрешением, ссылкой на источник информации и точным указанием месторасположения изображённого объекта местности.

Руководство по составлению карт и рекомендации в отношении фотоизображений представлены в Приложении 1 вместе с контрольным списком обязательных элементов нагрузки карты.

3.9 Описание Района

Данный раздел должен содержать точное описание Района и, если необходимо, его окрестностей для обеспечения лицам, планирующим осуществление деятельности в Районе, возможности надлежащей оценки характерных особенностей Района.

Совершенно необходимо, чтобы в данном разделе было представлено исчерпывающее описание характерных особенностей, осуществляемой деятельности и потребности в координации деятельности в Районе, требующей особых мер по управлению, для привлечения внимания пользователей Плана управления к особенностям Района, представляющим особый интерес. Желательно, чтобы информация, представленная в разделе, не являлась повторением описания ценностей Района.

При всей важности представления точного и исчерпывающего описания рекомендуется краткое обзорное изложение информации без излишних подробностей и ссылок на научные труды. Это обеспечит концентрацию внимания пользователя на положениях Плана управления, касающихся требований к осуществлению деятельности.

В описание следует включать информацию о флоре и фауне, необходимую для осуществления конкретных мер по управлению. При этом доводить до сведения более подробную информацию со ссылками и (или) перечнями видов флоры и фауны целесообразно другими способами, используя, например, целевой веб-сайт ОУРА, веб-сайт национальной антарктической программы или путём подготовки отдельного приложения к Плану управления.

Раздел может быть разбит на несколько приведённых ниже подразделов.

3.9.1 Географические координаты, специальные знаки и характерные естественные признаки, определяющие границы Района

Границы Района должны быть однозначно определены с чётким описанием важных элементов местности, так как проведение границ служит основой для управления деятельностью. Признаки границы Района должны быть тщательно подобраны и описаны. Желательно, чтобы описание границы обеспечивало возможность её идентификации в любое время года. В качестве признаков границы лучше всего использовать постоянные элементы местности, например открытые скалы или береговые линии. Признаки, местоположение которых может изменяться в течение года или на протяжении пятилетнего срока до пересмотра Плана управления, например границы снежного покрова или колоний животного мира, едва ли подходят для этой цели. В отдельных случаях, при недостаточности естественных признаков, рекомендуется установка знаков обозначения границы.

При определении или пересмотре границ Особо управляемого района следует учитывать возможное будущее воздействие, связанное с изменением климата. В частности, при использовании естественных признаков для определения границ не следует в качестве таковых использовать границы участков суши, свободных ото льда. К примеру, возможное отступление ледников, разрушение шельфовых ледников, изменение уровня воды в озёрах в результате изменения климата отразится на идентификации границ ОУРА при использовании этих естественных признаков для их определения.

Географические координаты, включаемые в описание границ, должны быть определены с максимально возможной точностью. Географические координаты должны состоять из значений широты и долготы в градусах, минутах и секундах. По возможности следует дать ссылку на официальные топографические или морские карты для нанесения границ Района на карту.

Трудно переоценить значение системы GPS в вопросе определения местоположения. Для документирования точного местоположения границ настоятельно рекомендуется использование GPS-местоопределения, а также включение данной информации в материалы Планов управления ОУРА. Для подтверждения этой информации по возможности следует использовать спутниковые изображения или методы дистанционного зондирования.

Описание физико-географических элементов Района должно включать в себя информацию о местных топографических особенностях, таких как многолетние снежные и (или) ледяные поля, водные объекты (озёра, водотоки, водоёмы), острова (для морских районов), а также краткую характеристику геологических и геоморфологических особенностей территории Района. Целесообразно также представить точное и краткое описание биологических особенностей Района, включая краткую характеристику основных растительных сообществ, колоний птиц и тюленей с оценкой численности отдельных особей или гнездящихся пар птиц и размножающихся морских млекопитающих.

Весьма перспективными для получения соответствующей документации для Планов управления ОУРА являются методы дистанционного зондирования. Их можно использовать для картографирования (включая определение границ Района и зон), а также для количественной оценки растительности, вод наземных водоёмов и потенциально нарушенных грунтов. Развитие технологий, включая повышение разрешающей способности и гиперспектральные изображения, существенно повышает возможность получения информации, необходимой для целей управления.

Если район содержит морскую составляющую, возможно, потребуется представление Плана управления на рассмотрение АНТКОМ (см. раздел «Порядок утверждения Планов управления ОУРА» ниже).

3.9.2 Места расположения сооружений в пределах и вблизи Района

Следует привести описание и указать точное расположение всех сооружений на территории Района и вблизи него. К их числу относятся, например, знаки обозначения границы, щиты с указательными надписями, пирамиды из камней, полевые хижины, складские сооружения и научное оборудование. По возможности следует указывать дату постройки сооружений и страну, которая пользуется или пользовалась ими, а также подробную информацию обо всех ИМП на территории Района. В соответствующих случаях следует также указывать сроки планируемого демонтажа и вывоза сооружений (например, временных научных или иных сооружений).

3.9.3 Местонахождение других близлежащих особо охраняемых или особо управляемых районов

Согласно требованиям Статьи 5.3(iv) Приложения V Планы управления ОУРА должны содержать информацию о местонахождении других близлежащих особо охраняемых или особо управляемых районов. Что касается информации о других «близлежащих» охраняемых районах, нет установленных требований относительно радиуса их удаления, однако в целом ряде одобренных на сегодняшний день планов это расстояние составляет около 50 км. Информация по всем близлежащим охраняемым районам (т.е. ООРА, ОУРА, ИМП, заповедники КОАТ, участки Программы АНТКОМ по мониторингу экосистем (СЕМП) и др.) должна включать в себя их названия и, при наличии, номера. Также следует указать их координаты и приблизительное удаление и направление от предлагаемого для определения Района.

3.10 Особо охраняемые районы и особые зоны Района

Статья 4.4 Приложения V предусматривает возможность включения в состав Особо управляемого района Антарктики одного или нескольких Особо охраняемых районов Антарктики (ООРА). В данном разделе следует представить обзорную информацию с кратким описанием всех ООРА, находящихся на территории ОУРА.

Кроме того, необходимо указать и дать краткое описание всех участков, подпадающих под действие конкретных Правил поведения для посетителей участков, принятых КСДА, а также всех ИМП на территории Района, внесённых в Перечень Исторических мест и памятников.

Наряду с этим на территории Района могут располагаться участки Программы АНТКОМ по мониторингу экосистем (СЕМП). В этом случае следует представить обзорную информацию с кратким описанием участка СЕМП. Если по представлению АНТКОМ участок СЕМП имеет статус особо охраняемого, в тексте Плана управления ОУРА необходимо отметить это и дать ссылку на План управления участком СЕМП. Это требование также распространяется на официально определённые Морские охраняемые районы (МОР) в случае их расположения на территории Района.

Статья 5.3(f) Приложения V предусматривает возможность определения на территории ООРА и ОУРА зон, «где деятельность должна быть запрещена, ограничена или подлежать управлению для достижения целей и задач... », указанных в Плане управления.

Однозначное установление границ зон способствует предоставлению посетителям участков чёткой информации о том, где, когда и почему применяется режим особого управления. Определение зон способствует чёткому и простому представлению целей и требований режима управления.

Для обеспечения строго последовательного применения правил зонирования в Антарктике установлен ряд стандартных наиболее широко используемых зон, удовлетворяющих потребностям в области управления в большинстве случаев, и дано определение каждой зоне (см. таблицу 2).

Однако в некоторых случаях желательно и даже необходимо применять исключения из правил (что является характерным для любого руководства), при этом отнесение участка к альтернативной зоне может быть более целесообразным. Важно иметь в виду, что в Планах управления районами Антарктики следует по возможности предусматривать простые и единообразные зоны.

Отсутствие на территории Района особых зон должно быть специально оговорено в Плане управления.

Таблица 2. Обзор возможных зон на территории ОУРА

Зона	Целевая функция зоны
Зона станционной инфраструктуры	Размещение объектов обеспечения научных исследований и управление объектами и связанной с ними деятельностью человека строго в пределах установленной зоны Района.
Зона доступа	Зона захода на посадку и (или) посадки летательных аппаратов, зона подхода и высадки с маломерных судов, зона доступа на наземных транспортных средствах или в пешем порядке для последующего доступа в Район; предупреждение нарушения участков с уязвимыми сообществами, научным оборудованием и др. и (или) обеспечение безопасности доступа в Район.
Зона ИМП	Предупреждение нарушения участков, сооружений и (или) памятников материальной культуры исторического значения посетителями Района и осуществление соответствующих мер по управлению.
Зона научных исследований	Предупреждение нарушения участков текущих или долгосрочных научных исследований или участков с установленным чувствительным научным оборудованием посетителями Района.
Зона ограниченного доступа	Ограничение доступа на конкретный участок Района и (или) осуществления деятельности на этом участке по ряду причин управленческого или научного характера, например ввиду наличия на участке особых научных или природных ценностей, уязвимости окружающей среды, наличия опасных факторов или в целях ограничения выбросов загрязняющих веществ или строительства сооружений на конкретном участке. Доступ в Зону ограниченного доступа, как правило, допускается только при наличии неопровержимых доводов такой необходимости, которая не может быть удовлетворена в любом другом месте Района.
Зона для посетителей	Управление посещением Района организованными группами туристов коммерческих туроператоров, частными экспедициями и сотрудниками национальных антарктических программ на отдыхе в целях сведения к минимуму потенциального воздействия.

3.11 Подтверждающая документация

В данном разделе следует указать ссылки на источники более подробной информации или имеющуюся документацию по Району, например, дать ссылку на веб-сайт ОУРА, главную страницу национальной антарктической программы, базу данных Охраняемых районов Антарктики, приложение и т. д.

3.12 Общие правила Кодекса поведения и другие инструктивные и рекомендательные материалы

В данном разделе следует представить общие правила Кодекса поведения при посещении Района. Общие правила Кодекса поведения содержат краткое изложение принципов управления и определяют основные механизмы управления деятельностью в Районе. В Кодексе поведения должны быть изложены общие принципы управления и деятельности в Районе и освещены, помимо прочего, представленные ниже вопросы.

- *Доступ в Район и передвижение в пределах Района.* Данный подраздел должен содержать информацию о рекомендуемых маршрутах доступа в Район по суше, морю или воздуху. Маршруты должны быть чётко и ясно определены и изложены во избежание путаницы, а также указаны запасные маршруты при невозможности использования рекомендуемого маршрута. Должно быть приведено описание всех маршрутов, мест якорных стоянок и вертолётных посадочных площадок с чётким обозначением их на карте Района в составе Плана управления. В тексте подраздела должны быть изложены ограничения по полётам над Районом (при наличии таковых). Подраздел также должен содержать описание рекомендуемых пешеходных маршрутов и маршрутов для наземных транспортных средств на территории Района.

- *Разрешаемая деятельность в Районе.* В данном подразделе должны быть подробно изложены виды разрешаемой деятельности на территории Района и условия их осуществления.
- *Размещение полевых лагерей.* В подразделе должны быть оговорены условия в отношении размещения полевых лагерей. Не исключается, что размещение полевых лагерей будет доступно только на определенных участках Района. В этом случае необходимо указать места размещения лагерей с обозначением их на картах Плана управления.
- *Ограничения на ввоз в Район материалов и организмов.* В данном подразделе должны быть изложены все запреты и недопущения, а также указания по обращению с любыми материалами, которые планируется использовать или хранить на территории Района.
- *Сбор и вывоз материалов, найденных в Районе.* Допускается вывоз из Района предметов типа прибрежного мусора, остатков или заражённых объектов флоры и фауны или брошенных остатков или предметов предшествующей деятельности человека. Предметы или образцы, разрешаемые к вывозу, должны быть чётко оговорены.
- *Удаление отходов.* В данном подразделе следует изложить требования к утилизации и удалению отходов, образованных на территории Района.
- *Возведение, реконструкция или удаление сооружений.* Если это вообще допускается, следует указать виды и типы сооружений, разрешаемых на территории Района. Например, в пределах района может разрешаться установка определённого научно-исследовательского оборудования, знаков обозначения или других сооружений.

В соответствующих случаях в состав Плана управления следует включить конкретные инструктивные и рекомендательные материалы в отношении осуществления предполагаемой деятельности на территории Района. Данные материалы в составе Плана управления следует оформить в виде приложений к Плану управления для освещения рассмотренных выше вопросов и изложения соответствующих инструкций и рекомендаций, например:

- Руководство по осуществлению научно-исследовательской деятельности.
- Руководство по обслуживанию и эксплуатации инфраструктуры.
- Правила поведения для посетителей участков.
- Руководство по предупреждению опасных ситуаций.
- Руководство по неместным видам.

В случае наличия соответствующих руководств в виде отдельных документов, утверждённых КСДА, достаточно дать ссылку на эти руководства, не включая их в План управления в виде приложений.

3.13 Заблаговременный обмен информацией

Ключевой предпосылкой успешной реализации целей и задач Плана управления является ежегодный заблаговременный обмен информацией о планируемой деятельности на территории ОУРА. В данном разделе Плана управления рекомендуется обратиться к установившейся практике обмена информацией путём предоставления отчётов национальными организациями Консультативным Сторонам Договора об Антарктике, СКАР и КОМНАП. Кроме того, в Плане управления следует предусмотреть отвечающий требованиям порядок доведения до сведения и обмена информацией в отношении деятельности в Районе, в том числе, возможно, путём направления уведомлений национальными антарктическими программами о планируемой научно-исследовательской деятельности в Районе и уведомлений со стороны соответствующих национальных инстанций о санкционированной запланированной деятельности неправительственных организаций в Районе, включая туризм и добычу морских биоресурсов.

3.14 Приложения

В состав Плана управления целесообразно включить в виде приложений материалы, тесно связанные с рассматриваемыми вопросами. Конкретный состав материалов будет зависеть от рассматриваемого Района, однако, к примеру, в их число могут быть включены и указанные ниже материалы:

- Целевое руководство по осуществлению разрешаемых видов деятельности на территории Района (см. подраздел 3.12);
- Руководство по особо управляемым зонам (см. подраздел 3.10);
- Приложение с более подробной информацией о Районе и сведениях об имеющейся документации по Району (см. подраздел 3.9);
- Информация о видах растительности, орнитофауны и млекопитающих, зарегистрированных на территории Района;
- Основополагающие принципы в области сохранения ИМП на территории Района;
- Контактные данные национальных антарктических программ;
- Карты и (или) фотоизображения.

Вместо того, чтобы включать Планы управления ООРА, одобренные КСДА Правила поведения для посетителей участков и Планы управления участками СЕМП, находящимися на территории ОУРА (см. подраздел 3.10) в виде приложений к Планам управления ОУРА, целесообразно просто указать и желательно дать ссылку на эти отдельные документы.

4. Порядок получения обязательных согласований Планов управления ОУРА

Статья 5 Приложения V предусматривает возможность представления проектов Планов управления на рассмотрение КСДА любой Стороной, КООС, СКАР или АНТКОМ. На практике же проекты Планов управления, как правило, представляются одной или несколькими Сторонами на рассмотрение КООС.

Порядок рассмотрения Планов управления от представления проекта до утверждения приведен на схеме на рис 1. Данный порядок принят в соответствии с положениями Статьи 6 Приложения V, *Руководства КООС по рассмотрению проектов новых и пересмотренных Планов управления ООРА и ОУРА (Приложение 1* к Дополнению 3 к Отчёту XI заседания КООС) и других соответствующих руководств.

Порядок получения обязательных согласований Плана управления ОУРА включает в себя целый ряд важных этапов, для завершения которых может потребоваться много времени. Тем не менее эти этапы являются необходимыми, так как План управления ОУРА должен быть одобрен всеми Консультативными Сторонами Договора об Антарктике на КСДА.

4.1 Подготовка проекта Плана управления

На начальных этапах подготовки проекта Плана управления рекомендуется проведение широких консультаций на национальном и международном уровне по научным, природоохранным и операционным аспектам, в зависимости от конкретной ситуации. Это будет способствовать упрощению прохождения Плана через более формальную процедуру обсуждения на КСДА.

Инициаторам предложений по определению новых Районов настоятельно рекомендуется ознакомиться с соответствующими руководствами и справочной литературой в качестве вспомогательного материала при оценке, выборе, определении характеристик и предложении районов, требующих более высокого уровня управления путём их определения в качестве ОУРА, к числу которых относятся:

- *Руководство по оценке района в контексте необходимости определения его в качестве Особо управляемого района Антарктики.*
- *Рекомендации: Порядок проведения предварительной оценки для определения ООРА и ОУРА.*[*]

В процессе проработки вопроса об определении нового ОУРА инициаторам предложений рекомендуется проинформировать об этом КООС на раннем этапе (в идеальном варианте — задолго до детальной проработки Плана управления Районом) для возможности обсуждения предложений в контексте системы охраняемых районов в целом. В этом отношении целесообразно обратиться к документу *«Рекомендации:*

[*] Приложение 3 к Отчёту XVIII заседания КООС *(http://www.ats.aq/documents/cep/cep%20documents/ATCM38_CEPrep_r.pdf).*

Порядок проведения предварительной оценки для определения ООРА и ОУРА», принятому КООС в качестве руководства.*

Рисунок 1. Порядок получения обязательных согласований Планов управления ОУРА

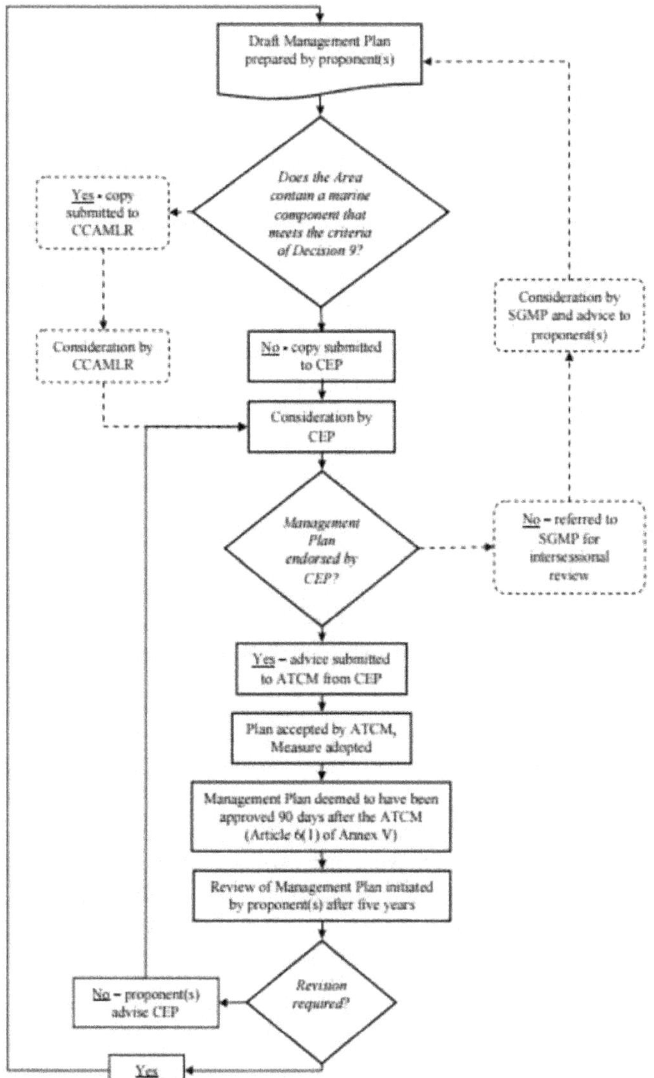

При пересмотре существующего Плана управления в качестве полезного источника информации по вопросам определения необходимых изменений и внесения

* Там же

улучшений рекомендуется использовать *Вопросник для проведения инспекций Особо охраняемых Районов Антарктики и Особо управляемых Районов Антарктики* (Резолюция 4 [2008 г.]).

4.2 Представление проекта Плана управления на рассмотрение

Проект Плана управления представляется в КООС в виде приложения к Рабочему документу, подготовленному в соответствии с требованиями *Руководства по представлению Рабочих документов, содержащих предложения, касающиеся Особо охраняемых районов Антарктики, Особо управляемых районов Антарктики или Исторических мест и памятников* (Резолюция 5 [2016 г.]).

Если в состав Района входит морская территория, отвечающая критериям, изложенным в Решении 9 (2005 г.) *Морские охраняемые районы и другие районы, представляющие интерес для АНТКОМ,* проект Плана управления подлежит также представлению на рассмотрение АНТКОМ. Инициаторы предложения должны обеспечить получение результатов рассмотрения документа от АНТКОМ до рассмотрения предложения в КООС. При этом временные рамки являются очень жёсткими, поскольку проекты Планов управления подлежат первоначальному рассмотрению на заседаниях Рабочей группы по мониторингу и управлению экосистемами АНТКОМ, которые проходят в июне/июле перед ежегодными совещаниями АНТКОМ, которые проводятся в октябре/ноябре.

4.3 Рассмотрение в КООС и на КСДА

КООС рассматривает План управления и в соответствующих случаях учитывает замечания и комментарии АНТКОМ. Затем КООС направляет План управления либо на рассмотрение и утверждение КСДА, либо на межсессионное рассмотрение Плана Вспомогательной группой по Планам управления (ВГПУ).

В соответствии с Техническим заданием (см. Приложение 1 к Отчёту XIII заседания КООС) ВГПУ рассматривает каждый направляемый ей План управления, выдает рекомендации инициаторам предложения по внесению изменений, рассматривает все переработанные в течение межсессионного периода редакции Плана управления и представляет в КООС отчёт о результатах его рассмотрения. Затем доработанный План управления и отчёт ВГПУ, представленные в КООС, рассматриваются на заседании КООС, которое, в случае одобрения документа, направляет План управления на рассмотрение и утверждение КСДА.

В случае одобрения Плана управления КСДА принимается соответствующая Мера в соответствии с положениями Статьи IX.1 Договора об Антарктике. Если Мерой не установлено иное, План управления считается утвержденным по истечении 90 дней после даты закрытия КСДА, на котором он был принят, при условии отсутствия за этот период уведомления от одной или нескольких Консультативных сторон на имя Депозитария о желании продлить этот срок или о невозможности утверждения принятой Меры.

4.4 Пересмотр Планов управления

Согласно положениям Статьи 6.3 Приложения V к Протоколу План управления подлежит пересмотру не реже одного раза в пять лет и уточнению по мере необходимости. Пересмотренные и уточнённые Планы управления также подлежат согласованию и утверждению в изложенном выше порядке.

При выявлении в процессе пересмотра Планов управления изменений в ценностях, подлежащих охране, окружающей среде и (или) деятельности, подлежащей управлению, следует проанализировать необходимость продолжения или усиления деятельности по управлению.

Приложение 1

Руководство по составлению карт, включаемых в состав Планов управления, и контрольный список обязательных элементов нагрузки карты

Планы управления должны включать в себя одну обзорную карту местоположения Района и всех других близлежащих охраняемых районов и как минимум одну подробную карту территории Района с существенными элементами содержания, необходимыми для осуществления целей и задач Плана управления.

1. На каждой карте должны быть указаны географические координаты (широта и долгота) и приведена масштабная шкала. Следует избегать простого указания масштаба (например, 1:50000), так как эта информация является бесполезной при увеличении/уменьшении изображения карты. Должны быть указаны проекция карты, начало отсчёта координат и нуль высот.
2. Следует использовать новейшие данные о береговой линии, включая такие элементы, как шельфовые ледники, ледниковые языки и ледники. Отступление и продвижение ледников продолжает оказывать влияние на целый ряд территорий, что приводит к соответствующим изменениям границ Районов. При использовании ледового образования в качестве признака границы следует указать дату и источник информации (например, топографическая съёмка или спутниковый снимок).
3. На картах должны быть отображены следующие элементы: все установленные маршруты, все зоны ограниченного доступа, места высадки с маломерных судов и (или) вертолётные посадочные площадки, места осуществления доступа, места для размещения лагерей, сооружения и хижины, основные места скопления и размножения животных, все обширные участки с растительным покровом, а также чёткие границы между ледяным и (или) снежным покровом и территорией, свободной ото льда. Во многих случаях целесообразно включать в состав Плана управления геологическую карту Района. В большинстве случаев рекомендуется нанесение на все карты Района горизонталей с соответствующим интервалом. Однако горизонтали не должны располагаться слишком близко друг к другу, чтобы не мешать нанесению на карты других элементов и обозначений.
4. Интервал горизонталей на картах должен быть оптимальным для соответствующего масштаба карты.
5. При составлении карты следует иметь в виду, что она будет уменьшена примерно до размера 150 x 200 мм, чтобы поместиться в формат официального отчёта КСДА. Это имеет значение для подбора размера

условных обозначений, интервалов горизонталей и использования отмывки рельефа. Так как копии карт всегда будут представлять собой одноцветный чёрный оттиск, не следует использовать цветовое решение для оригинала карты с целью выделения различий между нанесёнными элементами. Вполне возможно наличие и других вариантов исполнения карт Района, однако, что касается правового статуса Плана управления, именно одноцветный оттиск карты, опубликованный в Заключительном отчёте Консультативного совещания Договора об Антарктике, является окончательным и именно он включается в национальные законодательные акты.

6. Если требуется оценка Района АНТКОМ, на карте необходимо указать местонахождение близлежащих участков Программы АНТКОМ по мониторингу экосистем (СЕМП). АНТКОМ рекомендует по возможности наносить на карту места расположения колоний птиц и тюленей и пути подхода со стороны моря.

7. Прочий иллюстративный материал может быть весьма полезным при пользовании Планом управления на местности.

    - Следует иметь в виду, что хорошая контрастная печать фотографий имеет большое значение для получения фотокопий надлежащего качества. Отбор хороших фотоснимков или их оцифровка будут способствовать улучшению качества при фотокопировании Плана управления. При включении в карты изображений аэроснимков или спутниковых снимков необходимо указать источник и дату получения снимков.
    - В некоторых Планах управления уже представлялись 3-D модели местности, что опять-таки может быть важным для определения местонахождения при подходе к Району, особенно на вертолёте. Построение трёхмерной модели требует большой тщательности во избежание неясностей и путаницы при её уменьшении.

Контрольный список обязательных элементов описания карты

1. Основные элементы

1.1 Название

1.2 Широта и долгота

1.3 Оцифрованная масштабная шкала

1.4 Исчерпывающая легенда

1.5 Правильные и утвержденные географические названия

1.6 Проекция карты и референц-эллипсоид

1.7 Стрелка, показывающая направление истинного меридиана

1.8 Интервал горизонталей
1.9 Если используются аэроснимки, данные фотосъёмки, дата получения

2. Основные элементы рельефа

2.1 Береговая линия, скалы и льды
2.1 Вершины гор и линии горных хребтов
2.3 Края и другие элементы ледников
2.4 Горизонтали (с соответствующим цифровым обозначением), опорные точки и высотные отметки

3. Физико-географические элементы

3.1 Озера, водоемы, водотоки
3.2 Морены, каменистые осыпи, скалы, отлогие морские берега (пляжи)
3.3 Береговые полосы
3.4 Растительность
3.5 Колонии птиц и тюленей

4. Антропогенные элементы

4.1 Научно-исследовательские станции
4.2 Полевые хижины, убежища
4.3 Площадки для размещения полевых лагерей
4.4 Дороги и колеи транспортных средств, пешеходные тропы, места пересечений
4.5 Посадочные полосы и площадки для самолётов и вертолётов
4.6 Причалы и пристани
4.7 Источники и линии электроснабжения
4.8 Антенны
4.9 Площадки для хранения топлива
4.10 Резервуары воды и трубопроводы
4.11 Склады неприкосновенных запасов
4.12 Знаки и указатели
4.13 Исторические места, памятники материальной культуры, места археологических раскопок
4.14 Научно-исследовательские сооружения или места отбора проб и образцов
4.15 Загрязненные или изменённые участки

5. Границы

5.1 Граница Района

5.2 Границы вспомогательных зон и участков Границы внутренних охраняемых участков

5.3 Знаки обозначения границы и указатели (включая пирамиды из камней)

5.4 Маршруты подхода маломерных судов / захода на посадку летательных аппаратов

5.5 Навигационные знаки или маяки

5.6 Опорные точки и геодезические знаки

Всё изложенное выше в обязательном порядке распространяется и на карты-врезки.

По окончании составления проекта карты следует убедиться в надлежащем картографическом качестве карты в отношении следующего:

- соблюдения баланса элементов;
- соответствующего затенения для выделения элементов, но с учётом требуемой чёткости отображенного элемента при фотокопировании;
- правильности и соответствия текстовой информации, отсутствия взаимного наложения элементов;
- правильности выполнения легенды и использования по возможности условных обозначений, одобренных СКАР;
- надлежащего оттенения напечатанного белым текста на всех изображениях.

Резолюция 2 (2017 г.)

Кодекс поведения при проведении исследований подледниковой водной среды, разработанный СКАР

Представители,

напоминая о требованиях Статьи 3 Протокола по охране окружающей среды к Договору об Антарктике (далее – Протокол) в отношении необходимости сведения к минимуму отрицательного воздействия на окружающую среду Антарктики и зависимые от неё и связанные с ней экосистемы при планировании и осуществлении деятельности в районе действия Договора об Антарктике;

признавая, что подледниковая водная среда Антарктики может являться местом обитания особых и потенциально уникальных микробиологических сообществ и, следовательно, представлять собой большую научную ценность;

признавая также наличие растущего научного интереса к исследованию подледниковой водной среды;

выражая понимание, что данная среда может быть подвергнута риску воздействия, связанного с исследовательской деятельностью, включая опасность интродукции неместных микроорганизмов и загрязнения посторонними веществами;

приветствуя разработку Научным комитетом по антарктическим исследованиям (СКАР) на основе проведения широких консультаций, в том числе с Советом управляющих национальных антарктических программ (КОМНАП), Кодекса поведения при проведении исследований подледниковой водной среды, возможность применения и использования которого Сторонами будет способствовать надлежащему выполнению ими своих обязательств в отношении требований Протокола;

рекомендуют своим Правительствам:

1. Одобрить разработанный СКАР и имеющий рекомендательный характер Кодекс поведения при проведении исследований подледниковой водной среды (Кодекс поведения) в качестве наилучших из существующих методических рекомендаций в отношении планирования и осуществления исследований подледниковой водной среды Антарктики.

2. Способствовать применению Кодекса поведения при проведении оценки воздействия на окружающую среду предлагаемых исследований подледниковой водной среды и настоятельно рекомендовать научным работникам досконально изучить и строго соблюдать положения Кодекса поведения при проведении исследований подледниковой водной среды.

Кодекс поведения при проведении исследований подледниковой водной среды, разработанный СКАР

История вопроса

1. Кодекс поведения, разработанный Научным комитетом по антарктическим исследованиям (СКАР), является руководством для научного сообщества, заинтересованного в исследованиях подледниковой водной среды (SAE).

2. В первоначальной редакции Кодекс поведения был подготовлен Инициативной группой СКАР* на основе проведения консультаций со специалистами в области исследования подледниковой водной среды, специализирующимися в целом ряде научных дисциплин, а также с Советом управляющих национальных антарктических программ (КОМНАП).

3. Кодекс поведения был разработан в связи с признанием высокой ценности подледниковой водной среды, необходимости природоохранного управления и растущего научного интереса к исследованию подледниковой среды.

4. Кодекс поведения основывается на опубликованных материалах, в особенности на материалах научно-исследовательской программы СКАР по изучению подледниковых озёр Антарктики (см. *http://www.sale.scar.org/)* и доклада Национальной академии наук США по вопросу природоохранного управления подледниковой водной средой.**

5. Доклад Национальной академии наук США о природоохранном управлении подледниковой водной средой был представлен США на XXXI КСДА/XI заседании КООС в Информационном документе IP 110.

6. СКАР представил Кодекс поведения на XIV заседании КООС в 2011 году в Информационном документе IP 33. СКАР осуществлял координацию работы по пересмотру Кодекса поведения в 2017 году с привлечением своих экспертов и широкого круга научных работников и представил пересмотренную редакцию Кодекса поведения вниманию XX заседания КООС. СКАР намеревается и впредь осуществлять доработку и уточнение Кодекса поведения по мере появления новых научных данных и информации о воздействии на окружающую среду по результатам планируемых исследований подледниковой водной среды. Научно-исследовательские работы в данной области представлены в двухтомном сборнике научных трудов.***

* Состав Инициативной группы СКАР: Уоруик Винсент (Warwick Vincent) (Председатель, Канада), Ирина Алёхина (Россия), Питер Доран (Peter Doran) (США), Такеси Нагануma (Takeshi Naganuma) (Япония), Гвидо ди Приско (Guido di Prisco) (Италия), Брайан Стори (Bryan Storey) (Новая Зеландия), Джемма Уодхэм (Jemma Wadham) (Великобритания), Дэвид Уолтон (David Walton) (Великобритания).

** National research Council, "Exploration of Antarctic Subglacial Aquatic Environments,; Environmental and Scientific Stewardship", National Academies Press ISBN -13: 978-0-309-10635, 152 pp. (2007).

*** Siegert, M.J., Kennicutt, M, Bindschadler, R. (eds.). Antarctic Subglacial Aquatic Environments. AGU Geophysical Monograph 192, 246 pp. (2011).

Введение

7. Широко известно, что лежащий на коренном ложе антарктический лёд является ключевой составляющей системы Земли, влияющей на морские течения и глобальный климат, а также оказывающей сильное влияние на уровень мирового океана.

8. В старых моделях ледяного потока, движущегося из глубины континента в направлении океана, принимались допущения о наличии значительного трения между донной частью ледяных щитов и подстилающей коренной породой.

9. Открытие подледникового озера Восток и впоследствии более 400 других подледниковых озёроподобных образований изменило наше представление о подледниковой среде.

10. При бурении льда до коренной породы на границе раздела «коренная порода – лёд» часто встречается вода, а изменяющаяся толщина ледового покрова озёр даёт основания предположить о свободном движении подледниковой воды.

11. Эти и другие наблюдения позволили прийти к выводу о том, что в большинстве случаев на поверхности раздела лёд-коренная порода присутствует свободная вода, которая в районах водосбора образует озёра, и загрязнение одного участка при проведении исследований может привести к загрязнению подледниковой среды ниже по потоку.

12. Вероятность наличия в подледниковой водной среде активных экосистем с сообществами микроорганизмов, которые могут выживать и (или) благополучно развиваться в этой среде, стала предметом особого внимания, и исследования подтвердили действительное наличие микроорганизмов вблизи края лежащего на коренном ложе льда и что подледниковые озера могут быть активными микробными экосистемами.*

13. Согласованный на международном уровне Кодекс поведения имеет принципиальное значение для обеспечения защиты этих уникальных озёр и подледниковой водной среды в целом.

14. При разработке и пересмотре данного Кодекса поведения СКАР основывался на материалах международного обсуждения вопросов на совещаниях по научно-исследовательской программе СКАР по изучению подледниковых озёр Антарктики и рекомендациях Национальной академии наук США по вопросу природоохранного управления подледниковой водной средой.

Siegert, M.J., Priscu, J. Alekhina, I., Wadham, J. and Lyons, B. (eds.). Antarctic Subglacial Lake Exploration: first results and future plans. Transactions of the Royal Society of London, A. 374, Issue 2059 (2016).

* Christner, B.C., Priscu, J.C., Achberger, A.M., Barbante, C., Carter, S.P., Christianson, K., Michaud, A.B., Mikucki, J.A., Mitchell, A.C., Skidmore, M.L.,Vick-Majors, T.J.. A microbial ecosystem beneath the West Antarctic ice sheet. Nature, 512 Issue 7514, pp 310-313 (2014).

Основополагающие принципы

15. Ответственное планирование и управление исследованиями подледниковой водной среды должны отвечать требованиям положений Протокола по охране окружающей среды к Договору об Антарктике и обеспечивать сведение к минимуму возможного ущерба и загрязнения этой среды и охрану её ценностей для будущих поколений, причём это касается не только её научной ценности, но и её ценности как девственной среды, нуждающейся в сохранении и защите.

16. В соответствии с требованиями Протокола по охране окружающей среды к Договору об Антарктике любая предлагаемая деятельность подлежит предварительной оценке её воздействия на окружающую среду.

17. Есть все основания полагать, что в отношении проектов по исследованию подледниковой водной среды требуется проведение Первоначальной оценки окружающей среды (ПООС), а последующая Всесторонняя оценка окружающей среды (ВООС) обеспечит оценку потенциального воздействия на окружающую среду конкретной деятельности на надлежащем уровне.

18. Любая ВООС является гарантией доступности всей соответствующей информации в международном масштабе, широкой открытости предлагаемой деятельности для замечаний и предложений экспертов и использования научным сообществом наиболее передовых методов и технологий.

19. В соответствии с принципами международного сотрудничества, закреплёнными в Договоре об Антарктике, международное сотрудничество в исследованиях подледниковой среды всемерно приветствуется.

20. В отношении исследований следует использовать консервативный пошаговый подход, при котором накопленные на каждом этапе данные и опыт архивируются и служат ориентиром для природоохранного управления, научных исследований и развития технологий в дальнейшем. Данная информация должна быть общедоступной, включая доведение её до Комитета по охране окружающей среды национальными ведомствами.

21. Рекомендуется проведение оценки каждого участка, представляющего потенциальный интерес для исследований, в контексте массивов геофизических данных и моделирования движения ледяных потоков, позволяющих определять местонахождение озёр и других районов, в которых имеют место процессы базального таяния. Это будет способствовать определению характерных особенностей каждого участка и правильному выбору мест производства буровых работ. Дополнительными факторами, влияющими на выбор участков для проведения исследований, являются толщина слоя воды, возможности доступа к ней, наличие её сообщаемости с нелокальной подледниковой средой, ограничения, связанные с материально-техническим обеспечением, стоимость и потенциальное воздействие на окружающую среду полевого лагеря.

22. Необходимо обеспечить строгое ведение учётной документации и общедоступность зарегистрированных данных в помощь всем последующим исследованиям подледниковой водной среды.

23. Приложение V к Протоколу предусматривает возможность определения участков в качестве Особо охраняемых районов Антарктики (ООРА) как в целях осуществления мер по управлению в отношении научных исследований, так и с целью сохранения их первозданных ценностей для будущих поколений. После получения достаточной информации в отношении характеристик и особенностей подледниковых озёр следует также уделить должное внимание выбору и определению типичных участков с подледниковой водной средой в целях предоставления им статуса ООРА для долговременной охраны в соответствии с положениями Статьи 3 Приложения V к Протоколу.

Бурение и вход в подледниковую водную среду

24. При отсутствии доказательств противного бурение до основания антарктических ледяных щитов следует осуществлять с учётом предположения о наличии жидкой воды под базальным льдом, являющейся частью подледниковой водной сети, что требует принятия исключительных мер по предотвращению её загрязнения. В целом участки, находящиеся ниже по потоку, в особенности участки в непосредственной близости к морю, можно считать менее подверженными опасности загрязнения по сравнению с участками, находящимися выше по потоку.

25. Регламенты организации и проведения исследований должны учитывать возможное наличие живых организмов в подледниковой водной среде для принятия предупредительных мер по предотвращению любых необратимых изменений биологической среды (включая интродукцию неместных видов) или свойств ареалов этой среды.

26. Промывочные растворы для бурения и буровой инструмент, вступающий в контакт с подледниковой водной средой, подлежат очистке в максимально возможной степени с ведением учёта результатов проверок на стерильность (например, методом люминесцентно-микроскопического учёта численности микроорганизмов непосредственно на площадке бурения). Согласно временной рекомендации в отношении общей степени чистоты вышеуказанных позиций допускается наличие микроорганизмов, не превышающее количество микроорганизмов, содержащееся в эквивалентном объёме пробуриваемого льда для доступа к подледниковой среде. Данная норма подлежит пересмотру при получении новых данных о популяциях микроорганизмов в подледниковой водной среде.

27. Концентрации химических загрязняющих веществ, попадающих с промывочными жидкостями для бурения и пробоотборным оборудованием, подлежит документальному оформлению; при этом следует в максимально возможной степени использовать технологии чистого бурения с применением очищенной промывочной жидкости (например, горячей воды).

28. Общее количество всех загрязняющих веществ, попадающих в водную среду, не должно приводить к изменению её химических свойств, поддающихся оценке.

29. Перед производством буровых работ следует произвести оценку давления воды и парциального давления газов в озёрах для предотвращения, соответственно, загрязнения воды вниз по потоку или дестабилизации гидратов газов. Следует также предусматривать предупредительные противовыбросовые меры.

Отбор проб и порядок использования приборов

30. Планы и регламенты отбора проб подлежат оптимизации для предотвращения непреднамеренного неблагоприятного воздействия одного вида исследования на результаты другого, режимы пробоотбора должны обеспечивать возможность комплексного междисциплинарного использования образцов, а обмен всей информацией должен способствовать углублению понимания исследуемых вопросов.

31. Регламенты исследований должны обеспечивать сведение к минимуму нарушения химических и физических свойств и строения подледниковой водной среды при проведении исследований и отборе проб воды и отложений.

32. Пробоотборники и другие приборы, опускаемые в подледниковую водную среду, подлежат тщательной очистке в целях сведения к минимуму её химического и микробиологического загрязнения в соответствии с рекомендациями, приведенными в пункте 26.

33. Вполне вероятно возникновение необходимости внедрения в подледниковую водную среду различных приборов и оборудования для осуществления мониторинга. Это может потребоваться в целях определения степени долговременного антропогенного воздействия на подледниковую водную среду и должно быть оговорено в документе по оценке воздействия деятельности на окружающую среду или же это может потребоваться в научных целях, например для долговременного мониторинга геофизических или биогеохимических процессов. Внедрение дополнительного оборудования должно производиться с соблюдением ограничений в отношении допустимого микробиологического загрязнения, оговоренных в пункте 26, а в случае внедрения оборудования в научных целях должна производиться оценка степени его опасности для окружающей среды (например, в случае невозможности последующего извлечения и последствия этого) в сравнении с предполагаемым научным эффектом от такого внедрения, что должно быть изложено в документе по оценке воздействия деятельности на окружающую среду.

При наличии возможности внедряемое оборудование подлежит безусловному извлечению после выполнения своей функции.

Резолюция 3 (2017 г.)

Пересмотренные Заповедные биогеографические регионы Антарктики

Представители,

напоминая о Статье 3 Приложения V к Протоколу по охране окружающей среды к Договору об Антарктике, которая предусматривает возможность определения Особо охраняемых районов Антарктики;

напоминая о пункте 2 Статьи 3 Приложения V, призывающего Стороны к определению таких районов «в соответствии с системой геоэкологических рамочных основ»;

напоминая также о преамбуле Резолюции 6 (2012 г.), в которой приветствуется «классификация свободных ото льда участков Антарктического континента и близко соседствующих островов в районе действия Договора об Антарктике по 15 биологически различным Заповедным биогеографическим регионам Антарктики»;

приветствуя рекомендацию Комитета по охране окружающей среды о необходимости уточнения материалов по Заповедным биогеографическим регионам Антарктики с целью отражения в них самых последних результатов анализа территориального распределения биоразнообразия наземных экосистем Антарктики и включением в них 16-го биологически чётко выраженного региона;

рекомендуют своим Правительствам:

1. Руководствоваться уточнёнными материалами по Заповедным биогеографическим регионам Антарктики (ЗБРА, 2-я редакция) совместно с материалами по Анализу экологических доменов и другими материалами, согласованными в рамках системы Договора

об Антарктике, в вопросах осуществления деятельности, имеющей значение для Сторон, включая использование этих материалов в качестве динамической модели при определении районов-кандидатов на предоставление статуса Особо охраняемых районов Антарктики в рамках системы экогеографических основ согласно пункту 2 Статьи 3 Приложения V к Протоколу по охране окружающей среды к Договору об Антарктике.

2. Секретариату Договора об Антарктике обеспечить представление Резолюции 6 (2012 г.) на своём веб-сайте, как утратившей силу.

Заповедные биогеографические регионы Антарктики (2-я редакция)

Применение количественного анализа для объединения пространственно выраженных данных о биоразнообразии наземных экосистем Антарктики с данными других соответствующих методов пространственного анализа позволило определить 16 биологически чётко выраженных свободных ото льда регионов в пределах антарктического континента и близлежащих островов в районе действия Договора об Антарктике (см. таблицу 1). Полное описание применявшихся методов представлено в работах Terauds *et al.* (2012) и Terauds and Lee (2016). Заповедные биогеографические регионы Антарктики, наглядно представленные на рисунке 1, отображают наиболее оптимальную классификацию биоразнообразия наземных экосистем Антарктики на основе имеющихся в настоящее время данных и пространственных слоёв.

Слои пространственных данных по регионам общедоступны для скачивания на сайте Австралийского центра антарктических данных: *http://dx.doi.org/10.4225/15/5729930925224.*

Справочные материалы

Terauds, A., Chown, S., Morgan, F., Peat, H., Watts, D., Keys, H., Convey, P. & Bergstrom, D. (2012) Conservation biogeography of the Antarctic. *Diversity and Distributions*, 22 May 2012, DOI: 10.1111/j.1472-4642.2012.00925.x.

Terauds, A. & Lee, J.R. (2016) Antarctic biogeography revisited: updating the Antarctic Conservation Biogeographic Regions, *Diversity and Distributions,* 1–5, DOI:10.4225/15/5729930925224.

Таблица 1. Описание Заповедных биогеографических регионов Антарктики

Регион	Название	Площадь (км^2)
1	Северо-восточная часть Антарктического полуострова	1215
2	Южные Оркнейские острова	160
3	Северо-западная часть Антарктического полуострова	5183
4	Центральный район южной части Антарктического полуострова	4962
5	Земля Эндерби	2188
6	Земля Королевы Мод	5523
7	Восточная Антарктида	1109
8	Северная часть Земли Виктории	9431
9	Южная часть Земли Виктории	10038
10	Трансантарктические горы	18480
11	Горы Элсуорт	2859

12	Земля Мэри Бэрд	1128
13	Земля Адели	178
14	Земля Элсуорта	217
15	Южная часть Антарктического полуострова	2875
16	Горы Принс-Чарльз	5992

Рисунок 1. Карта Антарктики, отображающая 16 Заповедных биогеографических районов Антарктики

Резолюция 4 (2017 г.)

Зелёная антарктическая экспедиция

Представители,

напоминая о Протоколе по охране окружающей среды к Договору об Антарктике (далее – Протокол), определяющего «Антарктику в качестве природного заповедника, предназначенного для мира и науки» и устанавливающего природоохранные принципы, регулирующие осуществление научно-исследовательской деятельности, всемерно поддерживаемой и имеющей приоритетное значение согласно положениям как Договора об Антарктике, так и Протокола;

признавая большой вклад научных исследований, осуществляемых национальными антарктическими программами Сторон, как правило, под флагом научных экспедиций, в обеспечение более глубокого понимания Антарктики и её роли в глобальных природных процессах;

признавая нормативные требования в отношении проведения надлежащей оценки воздействия на окружающую среду (ОВОС) и способствование такой оценки повышению эффективности снижения воздействия деятельности на окружающую и решению вопросов кумулятивного воздействия;

отмечая наличие растущего интереса к научным исследованиям в Антарктике и всё увеличивающейся потребности в Антарктике, что может привести к росту научных исследований и связанной с этим деятельности по логистическому обеспечению, равно как и к увеличению локальных нагрузок на окружающую среду, а также необходимость отнестись со всей серьёзностью к обеспечению оптимального соотношения между охраной окружающей среды и осуществлением научной деятельности;

напоминая о принятых Сторонами обязательств в отношении охраны окружающей среды Антарктики и зависимых от неё и связанных с ней экосистем;

признавая, что Протокол и вступившие в силу Приложения к нему и действующие Меры, имеющие обязательную силу, а также ряд нынешних Резолюций, принятых Консультативным совещанием по Договору об Антарктике (КСДА) на основе консенсуса, все вместе способствуют решению задач по охране окружающей среды, равно как и неустанная работа Комитета по охране окружающей среды и КСДА по дальнейшему совершенствованию нормативной базы во имя достижения целей Договора об Антарктике и Протокола;

выражая понимание, что экологически безопасная деятельность в Антарктике заслуживает огромной признательности и всемерного поощрения;

желая разработать концепцию «зелёной экспедиции» на основе высоких принципов эффективности, гармонии и социально-экологической ответственности, нацеленную на использование всех существующих методов (включая методы, предусмотренные нынешними Резолюциями, а также новые передовые методы современного управления и технологий) для снижения антропогенного воздействия;

рекомендуют своим Правительствам:

1. Вновь подтвердить свои обязательства в отношении охраны окружающей среды Антарктики и зависимых от неё и связанных с ней экосистем и содействовать совместной работе в этом направлении.

2. Поддержать концепцию «зелёной экспедиции» и призвать свои национальные антарктические программы к осуществлению экологически безопасной научной деятельности в Антарктике.

3. Призвать свои национальные антарктические программы к более тесному сотрудничеству с другими Сторонами, в том числе к сотрудничеству и взаимодействию с такими организациями, как Научный комитет по антарктическим исследованиям (СКАР) и Совет управляющих национальных антарктических программ (КОМНАП), в целях разработки совместных проектов и содействия обмену опытом и передовыми технологиями.

4. Способствовать проведению высококачественных оценок воздействия планируемой деятельности на окружающую среду с использованием при её проведении передовых методик в целях сведения к минимуму воздействия на окружающую среду.

Резолюция 5 (2017 г.)

Создание морского охраняемого района АНТКОМ в регионе моря Росса

Представители,

напоминая о Резолюции 1 (2006 г.), в которой Консультативные стороны, осознавая, что Конвенция о сохранении морских живых ресурсов Антарктики является неотъемлемой частью Системы Договора об Антарктике, приветствуя расширение сотрудничества на практическом уровне между Консультативным совещанием по Договору об Антарктике (КСДА) и Комиссией по сохранению морских живых ресурсов Антарктики (АНТКОМ);

признавая вклад КСДА в определение и реализацию Особо охраняемых районов Антарктики и Особо управляемых районов Антарктики, а также вклад АНТКОМ в определение и реализацию морских охраняемых районов для сохранения важных участков антарктической морской природной среды;

отмечая, что достигнутое на 35-м совещании АНТКОМ соглашение о создании Морского охраняемого района в регионе моря Росса (МОР в регионе моря Росса) вступило в силу 1 декабря 2017 г.;

напоминая о Статье II Договора об Антарктике, в которой установлена свобода научных исследований в Антарктике, и признавая важность научных исследований и мониторинга для поддержки и оценки результативности в достижении целей МОР в регионе моря Росса, а также международного сотрудничества в таких научных исследованиях и мониторинге;

отмечая, что в Мере АНТКОМ по сохранению 91-05 предусмотрен регулярный пересмотр МОР в регионе моря Росса;

отмечая важность сотрудничества между КСДА и АНТКОМ;

рекомендуют своим Правительствам:

1. Приветствовать создание Морского охраняемого района в регионе моря Росса (МОР в регионе моря Росса) как значительное достижение в деле сохранения экосистем и биоразнообразия Южного океана.

2. Призвать Стороны Договора об Антарктике, которые не являются членами Комиссии по сохранению морских живых ресурсов Антарктики (АНТКОМ), ознакомиться с Мерой АНТКОМ по сохранению 91-05, в том числе с Планом управления и готовящимся планом научных исследований и мониторинга МОР в регионе моря Росса, и по мере возможности обеспечить соответствие с необходимыми мерами управления МОР в регионе моря Росса.

3. Пригласить Комитет по охране окружающей среды рассмотреть все возможные действия в рамках компетенции Консультативного совещания по Договору об Антарктике для содействия достижению конкретных целей, изложенных в Мере АНТКОМ по сохранению 91-05, в частности в отношении определения и реализации Особо охраняемых районов Антарктики и Особо управляемых районов Антарктики в регионе моря Росса и управления соответствующей человеческой деятельностью.

4. Определить возможности для проведения и поддержки соответствующих научно-исследовательских и мониторинговых мероприятий в поддержку целей и готовящегося плана научных исследований и мониторинга МОР в регионе моря Росса, в частности, посредством международного сотрудничества.

Резолюция 6 (2016 г.)

Руководство по планированию действий в чрезвычайных ситуациях, страхованию и прочим вопросам, касающимся туристической и другой неправительственной деятельности в районе действия Договора об Антарктике

Представители,

приветствуя вступление в силу Международного кодекса для судов, эксплуатирующихся в полярных водах (Полярного кодекса);

продолжая выражать обеспокоенность в отношении возможных последствий туристической или другой неправительственной деятельности для национальных антарктических программ, включая несение ими дополнительных расходов, а также в отношении безопасности поисково-спасательных операций;

желая обеспечить безопасное и самодостаточное проведение туристической или другой неправительственной деятельности в Антарктике;

желая также обеспечить надлежащее и заблаговременное выявление и сведение к минимуму всех рисков, связанных с туристической и другой неправительственной деятельностью;

напоминая о «Процедурах, обязательных для соблюдения организаторами и операторами», изложенных в Руководстве для посетителей Антарктики и в Руководстве для операторов, организующих и осуществляющих туристическую и неправительственную деятельность в Антарктике, приложенных к Рекомендации XVIII-1;

отмечая Меру 4 (2004 г.) «Страхование и планирование действий в чрезвычайных ситуациях при осуществлении туристической и неправительственной деятельности в Районе Договора об Антарктике» и желая, до вступления данной Меры в силу, предпринять конкретные шаги по содействию достижению её целей путём дополнения рекомендаций, изложенных в Мере, рекомендациями операторам, организующим или осуществляющим деятельность без сопровождения или поддержки на месте со стороны другого оператора или национальной программы;

Представители:

1. Сторонам требовать от подконтрольных ей организаторов или операторов туристической или иной неправительственной деятельности в районе действия Договора об Антарктике, в отношении которой в соответствии с пунктом 5 Статьи VII Договора об Антарктике предусматривается направление предварительного уведомления, соблюдения положений Руководства, прилагаемого к настоящей Резолюции;

2. Секретариату Договора об Антарктике обеспечить представление Резолюции 4 (2004 г.) «Руководство по планированию действий в чрезвычайных ситуациях, страхованию и прочим вопросам, касающимся туристической и другой неправительственной деятельности в районе Договора об Антарктике», на своём веб-сайте с чётким указанием того, что она утратила актуальность.

Руководство по планированию действий в чрезвычайных ситуациях, страхованию и прочим вопросам, касающимся туристической и другой неправительственной деятельности в районе действия Договора об Антарктике

1. Организаторы или операторы туристической или иной деятельности в Районе Договора об Антарктике должны до начала осуществления этой деятельности обеспечить:

a) Разработку и принятие отвечающих требованиям планов действий в чрезвычайных ситуациях и надлежащих мер по охране здоровья и технике безопасности, поисково-спасательным операциям, медицинскому обслуживанию и эвакуации. Вышеупомянутые планы и меры не должны предусматривать оказание помощи и поддержки со стороны других операторов или национальных антарктических программ без наличия на то их письменного согласия.

b) Надлежащее страховое обеспечение и другие меры для покрытия всех расходов, связанных с проведением поисково-спасательных операций, оказанием медицинской помощи и эвакуационными мероприятиями.

2. Компетентные органы вправе оговаривать удобный для них формат предоставления информации по пункту 1a настоящего руководства и аналогичному требованию Меры 4 (2004 г.).

3. По усмотрению компетентного органа в качестве доказательства соблюдения морской части требований, упомянутых в пункте 2, организаторы деятельности-операторы судов могут представлять копию Наставления по эксплуатации в полярных водах, предусмотренного Международным кодексом для судов, эксплуатирующихся в полярных водах (Полярным кодексом) или его соответствующими разделами.

4. Кроме того, подлежат соблюдению указанные ниже требования, которые прежде всего касаются организаторов или операторов деятельности, осуществляемой без сопровождения или поддержки на месте со стороны другого оператора или национальной программы.

a) Участники деятельности должны иметь достаточный и доказуемый опыт осуществления предлагаемой деятельности в полярных или эквивалентных условиях окружающей среды. Таким опытом может считаться прохождение курсов выживания в местности с холодным климатом или в удалённых районах, эксплуатация летательных аппаратов, судов или других транспортных средств в условиях и пространствах, аналогичных условиям предлагаемой деятельности.

b) Всё снаряжение, включая одежду, средства связи, навигационное, аварийно-спасательное и логистическое оборудование, должно быть в полностью исправном работоспособном состоянии с наличием надлежащего количества запасных частей и быть пригодным для надежной работы в условиях Антарктики.

c) Все участники деятельности должны быть надлежащим образом обучены работе с указанным выше оборудованием.

d) Все участники деятельности должны быть физически, психологически и по состоянию здоровья годными для осуществления деятельности в Антарктике.

e) Должно предусматриваться наличие надлежащего оборудования и средств оказания первой помощи, и по крайней мере один участник деятельности должен иметь достаточную квалификацию для оказания первой медицинской помощи повышенной сложности.

第四十届南极条约协商会议
XL Antarctic Treaty Consultative Meeting
中国 · 2017年 · CHINA · 2017

www.ingramcontent.com/pod-product-compliance
Lightning Source LLC
Chambersburg PA
CBHW051332200326
41519CB00026B/7402
* 9 7 8 9 8 7 4 0 2 4 5 4 1 *